Formación del profesorado europeo de Educación Primaria en multiculturalidad y plurilingüismo

María-Teresa del-Olmo-Ibáñez /
Alejandro Cremades-Montesinos /
Raúl Gutiérrez Fresneda (eds.)

Formación del profesorado europeo de Educación Primaria en multiculturalidad y plurilingüismo:

España, Francia, Italia y Grecia

PETER LANG

Información bibliográfica publicada por la Deutsche Nationalbibliothek
La Deutsche Nationalbibliothek recoge esta publicación en la Deutsche
Nationalbibliografie; los datos bibliográficos detallados están disponibles
en Internet en http://dnb.d-nb.de.

Catalogación en publicación de la Biblioteca del Congreso
Para este libro ha sido solicitado un registro en el catálogo CIP
de la Biblioteca del Congreso.

Esta investigación se ha realizado dentro del Proyecto GRE 19-05.
Financiado por el Programa Propio de I+D+I del
Vicerrectorado de Investigación de la Universidad de Alicante.

Universitat d'Alacant
Universidad de Alicante

ISBN 978-3-631-87182-9 (Print)
E-ISBN 978-3-631-87310-6 (E-PDF)
E-ISBN 978-3-631-87445-5 (EPUB)
DOI 10.3726/b19488

© Peter Lang GmbH
Internationaler Verlag der Wissenschaften
Berlin 2022
Todos los derechos reservados.

Peter Lang – Berlin · Bruxelles · Lausanne · New York · Oxford

Esta publicación ha sido revisada por pares.

www.peterlang.com

Tabla de contenido

Bernard Hugonnier

PRÉFACE

En raison de la mondialisation économique et de la mobilité internationale des populations qui l'accompagne, dans les classes d'école de nombre de pays européens, la langue maternelle d'un nombre important d'élèves tend à différer de la langue du pays hôte qui parfois se trouve même minoritaire parmi les élèves. Il en a résulté deux phénomènes de grande importance : en premier, un multilinguisme et en second, un multiculturalisme, qui chacun se sont amplifiés avec le temps. Ainsi, avec soixante-six langues officielles, et beaucoup plus dans certaines régions et communautés, la diversité linguistique européenne apparaît[1] comme l'une des caractéristiques culturelles majeure de l'Union l'Européenne d'aujourd'hui.

Ces deux phénomènes constituent des avantages pour les élèves autochtones : en effet, en en côtoyant d'autres parlant des langues étrangères et nantis d'une autre culture, ils peuvent eux-mêmes apprendre quelques éléments de ces langues et se familiariser avec ces cultures ce qui permet d'accroître leurs connaissances et leur ouvre de nouveaux horizons. Il en va de même des élèves allophones ; cependant ces derniers peuvent rencontrer des difficultés s'ils ne maîtrisent pas suffisamment la langue d'enseignement. Ils ne possèdent pas non plus souvent les codes opérationnels par lesquels on communique entre élèves et avec les enseignants et la culture du pays où désormais ils vivent est parfois bien distincte de la leur propre de sorte qu'ils peuvent se sentir à l'écart.

Ces phénomènes posent des enjeux considérables aux enseignants qui ne font désormais plus face à un public aussi homogène que dans le passé, tout au contraire ; c'est désormais un ensemble d'élèves parfois disparate, parlant plusieurs langues, habitués à diverses méthodes d'enseignement, différentes relations humaines et détenteurs de cultures et de traditions hétérogènes. Autant de conditions nouvelles auxquelles les enseignants doivent d'adapter sans avoir toujours reçu les formations indispensables pour être à même de répondre aux besoins des élèves.

Si, comme on peut l'imaginer le multilinguisme et le multiculturalisme sont des phénomènes qui vont se poursuivre et même s'accroître, l'avenir de la qualité de l'éducation en Europe et dans le monde va dépendre du développement

---

1   Directorate-General for Education, Youth, Sport and Culture, 2020

professionnel des enseignants : un enjeu, on le voit considérable compte tenu des besoins budgétaires que cela implique.

Or, le constat de la situation actuelle est que les programmes de formation des enseignants de l'enseignement primaire en Espagne, en France, en Italie et en Grèce, les quatre pays sur lesquels porte l'étude dont il est question dans cet ouvrage, présentent des déficiences décisives en termes de formation aux compétences en matière de multiculturalisme et de multilinguisme qui leur permettraient de répondre aux besoins de leurs élèves.

Les élèves issus de l'immigration se trouvant dans des classes d'écoles de pays dont ils ne maîtrisent pas la langue peuvent avoir de mauvais résultats scolaires en raison non pas de capacités insuffisantes mais de difficultés linguistiques. Il en résulte des inégalités d'apprentissage et donc à terme des inégalités sociales qui sont non pas du fait des élèves allophones mais de celui des institutions scolaires qui n'ont pas suffisamment préparé leurs enseignants, en un temps où on appelle à une reconnaissance des autres langues et des autres cultures et à une meilleure inclusion générale des élèves.

Les études qui sont rassemblées dans cet ouvrage le montrent très clairement : la formation ex ante des enseignants est essentielle. Mais il reste à déterminer à chaque fois la formation dont il est besoin : s'agit-il de compétences dans le domaine des langues étrangères, du multiculturalisme, du multilinguisme, de l'interculturalité, de la didactique en L2 ou en LE, ou encore des croyances des enseignants concernant l'importance que la composante linguistique et culturelle de l'enseignement peut avoir dans le développement des pratiques scolaires. On le voit: le défi est immense.

Le grand intérêt de cet ouvrage et son grand caractère innovant tient au fait qu'il présente, en plus d'un constat de la situation, une série de cinq enquêtes menées dans trois pays : l'Espagne, la France et la Grèce, utilisant des outils scientifiques ; il est également de ne pas avoir posé à chaque fois les mêmes questions tout en s'adressant à la même problématique : la formation initiale des enseignants dans le primaire leur permet-elle de répondre aux besoins d'une éducation multiculturelle et multilingue face à l'hétérogénéité croissante des élèves ? Il est enfin de présenter des études comparatives et de faire des propositions innovantes.

Les analyses permettent de mettre en avant des résultats aux conséquences suivantes et ayant sans conteste de grandes importances :

• Dans les pays où les enquêtes ont été réalisées (mais vraisemblablement la situation est la même dans tous les autres pays européens) les formations

initiales actuelles des enseignants du primaires en matière de multiculturalisme et multilinguisme sont insuffisantes pour satisfaire les besoins en classe ;
- Idéalement, les enseignements qui travaillent dans un environnement multiculturel devraient posséder des compétences dans ce domaine.
- Les enseignants ayant participé aux enquêtes sont très favorables pour suivre
de telles formations.

En conclusion on ne peut que saluer la qualité et la pertinence de cette étude que
chaque ministre de l'Éducation de l'Union européenne devrait lire avec attention. Chacun sait, en effet, que lutter contre les inégalités scolaires est depuis
longtemps une priorité ; or, la présente étude vient de montrer qu'avec les phénomènes de multiculturalisme et de multilinguisme ces inégalités ne vont pas se
réduire, tout au contraire, alors que la crise sanitaire du Covid-19 vient encore de
les accroître. Il y a donc urgence d'entreprendre les formations que cet ouvrage
appelle de ses vœux. Mais l'Union Européenne pourrait également s'inspirer de
nos amis canadiens qui ont depuis 1988 une Loi sur le multiculturalisme et qui
forment dûment leurs enseignants sur ces questions. Le Canada intègre aussi
dans ses programmes scolaires des éléments culturels des principaux pays d'origine de ses immigrants. Cela permet d'une part de faciliter l'intégration sociale
de ces derniers et donc de limiter les phénomènes de communautarisme, et d'autre part d'ouvrir sur le monde l'esprit des élèves autochtones et de faciliter ainsi le
rapprochement entre les communautés.

María-Teresa del-Olmo-Ibáñez

Formación del profesorado europeo de Educación Primaria en multiculturalidad y plurilingüismo. España, Francia, Italia y Grecia. Proyecto y balance

1. El proyecto "Formación del profesorado europeo de Educación Primaria en multiculturalidad y plurilingüismo. España, Francia, Italia y Grecia"

Este volumen es el resultado de una investigación de concepción europeísta y finalidad de análisis y balance, siempre desde una perspectiva humanista y personalista con voluntad de atención primordial a los derechos humanos y a la educación como uno de ellos. El trabajo se ha realizado dentro del proyecto GRE 19–05, financiado por la Universidad de Alicante y coordinado desde el Área de Didáctica de la Lengua y la Literatura Española, Departamento de Innovación y Formación Didáctica. De la misma universidad, han participado el Departamento de Psicología Evolutiva y Didáctica y el Departamento de Filologías Integradas, Área de Filología Francesa. En cuanto al resto de instituciones incluidas en el proyecto, el estudio en Italia ha estado a cargo de investigadores del Dipartimento di Scienze della Formazione de la Università Roma Tre y de la Università Niccolò Cusano; en el correspondiente a Francia, ha participado el ISFEC (Institut Supérieur de Formation de l'Enseignement Catholique) Aquitaine rattaché à l'Institut Catholique de Toulouse; y el de Grecia se ha realizado en el Department of Education de la Aristotle University of Thessaloniki. Además, hemos contado con la colaboración de profesores del Instituto Universitario de Investigación José Ortega y Gasset-Gregorio Marañón, de la Universidad Complutense de Madrid; del Departamento de Didáctica General y Didácticas Específicas de la Universidad de Alicante, de la Universidad Central del Ecuador y de la experta en derechos humanos, María Fernanda Medina Beltrán.

Durante los últimos años, los estudiantes del Grado de Maestro en Educación Primaria de la Universidad de Alicante que realizaban las prácticas en colegios de la provincia constataban en sus memorias las importantes transformaciones que ya desde hace algún tiempo se conocían en cuanto a la diversidad cultural y lingüística del alumnado. Sin embargo, las profundas implicaciones de este nuevo perfil de los discentes en la didáctica de la L1 o lengua/s oficial/es y de escolarización no se ven proporcionalmente reflejadas en la literatura académica, como tampoco en estudios de balance de sus consecuencias. Como resultado del nuevo panorama de globalización y movilidad generales, es preciso asumir que esa lengua escolar no es ya la primera o la lengua madre para la totalidad de los alumnos de nuestros centros. Incluso, dependiendo de las zonas geográficas, se dan casos en los que los alumnos nativos son minoría. Además, el alumnado extranjero es también heterogéneo en cuanto a su origen y cultura.

En repetidas ocasiones se había contrastado este hecho, y se había comprobado la preocupación que genera, con colegas de diversas instituciones universitarias y educativas europeas. La percepción del asunto y de su problemática eran similares en todos los casos. Se hacía evidente la necesidad de analizar la situación partiendo de la realidad inmediata en nuestros países. Fundamentalmente hay cuatro hechos que se entendían como paradójicos: 1) por un lado, sí que existe, tanto oficial y administrativa como académicamente, una asunción de la multiculturalidad y el multilingüismo sociales y educativos; 2) por otro, los resultados negativos que registran los informes oficiales en cuanto a rendimiento académico e integración del alumnado no nativo son recurrentes, a pesar de que esos mismos documentos también identifican claramente una serie de causas y algunos de los países europeos ya cuentan con una tradición prolongada y asentada como receptores de inmigración; 3) tercero, esos documentos, igualmente, coinciden en la necesidad de incrementar la calidad de la formación del profesorado y de la enseñanza; 4) por último, siempre señalan el aprendizaje de la lengua de la sociedad receptora como factor imprescindible y esencial para la mejora de todos los aspectos anteriores. Y, sin embargo, la atención por parte de los investigadores en cuanto a análisis, balance y propuestas de calado sobre la formación del profesorado de Educación Primaria en esas competencias multiculturales/interculturales y multilingüísticas/plurilingüísticas/interlingüísticas sigue siendo escasa y concentrada en cuestiones muy específicas.

Una variable de importancia esencial, y que se constatará en el balance comparado que se pretende, es la diferencia en cuanto a tradición y experiencia como países receptores de inmigración que presentan los cuatro que participan en este estudio: mientras Francia se encuentra entre los 'antiguos' países de acogida (junto con Bélgica, Dinamarca, Alemania y Reino Unido), Grecia, Italia y España están clasificados como 'recientes' y su historia migratoria es de emigración principalmente. Este es uno de los aspectos que hace más significativa esta investigación, puesto que el resto de los países europeos son, asimismo, heterogéneos en este aspecto y pueden adscribirse a uno de los dos grupos, siempre cada uno con sus particularidades (*Emilie Project. Final Report*, 2009).

2. El contexto social, administrativo y académico

Es bien sabido que tres de los rasgos más importantes que, hasta ahora, han definido la sociedad del siglo XXI son la globalización y la movilidad, por un lado; por otro, la multiculturalidad y el multilingüismo, que se derivan directamente de las anteriores; y, en tercer lugar, la inclusión de la tecnología en la vida cotidiana, casi sin restricciones de edad y con todas sus consecuencias (Piccione, 2017a y 2017b). La actualización de los conocimientos en competencias y alfabetización digital y en el desarrollo de metodologías docentes que incluyan las tecnologías y sus recursos sí que han recibido cumplida atención y estudio. Por parte de las administraciones e instituciones educativas se han elaborado documentos específicos y desde los organismos europeos se han redactado y actualizado marcos de referencia para el desarrollo de las competencias digitales: *DigComp 2.0: The Digital Competence Framework for Citizens* (Council of Europe, 2013), Dig.Comp 2.1. *The Digital Competence Framework for Citizens. With eight proficiency levels and examples of use* (*The Digital Competence Framework for Citizens. With eight proficiency levels and examples of use*, 2017) o *DigComp 2.0: The Digital Competence Framework for Citizens. Update Phase 1: The Conceptual Reference Model* (Vuorikari et al., 2016). En la literatura académica también se encuentra amplia investigación de muy diversa índole. Muchos estudios son de carácter general, con análisis sobre identidades y dinámicas relacionales en internet (Papacharissi, 2011; Linne, 2018), estudios sobre la alfabetización digital y transmedia (González-Martínez et al., 2018; Jenkins e Ito, 2015; Jenkins, 2008), o relacionados con cuestiones metodológicas (Mañas Pérez y Roig-Vila, 2019; Cabero Almenara et al., 2017), por poner algunos ejemplos. Sobre todo, son muy abundantes los referidos específicamente a la explotación de aplicaciones y recursos. Sin embargo, en estos últimos, no se entiende, muchas veces, el sentido que tienen más allá de una descripción de su explotación instrumental en el aula. Al mismo tiempo, surgen voces que insisten en que los augurios no se han cumplido en cuanto a los beneficios que se había supuesto comportarían las tecnologías en el ámbito educativo. Las expectativas se han probado muy mermadas, incluso en los nativos digitales. Se ha evidenciado que, aunque estos han desarrollado habilidades tecnológicas en sus actividades sociales y de ocio, no son capaces de transferirlas e incorporarlas a sus estrategias de aprendizaje autónomo ni de rentabilizarlas para la construcción de su conocimiento como cabría esperar (Silva Quiroz y Maturana Castillo, 2017).

Con respecto a la relación entre competencias digitales y multiculturalidad específicamente (Costel, 2020: Banzato y Coin, 2019), son significativos los resultados de una investigación en prensa (Cremades-Montesinos y Martinez-Roig, en prensa) sobre el reconocimiento de los elementos multiculturales en las lecturas digitales por parte de alumnos del Grado de Maestro en Educación Primaria de la Universidad de Alicante. El primer dato sorprendente es el alto porcentaje de participantes que no identifican la lectura digital dentro de su autobiobibliografía de lectura y que afirman que no se encuentra entre sus modalidades lectoras; y, el segundo, que tampoco descubren multiculturalidad en aquellas que sí que reconocen. El hecho de que consideren inexistentes los elementos multiculturales en el entorno digital debe suponer una llamada de atención que haga revisar la formación que estos alumnos están recibiendo y cuestionar seriamente si se está atendiendo al desarrollo de su conciencia y pensamiento crítico. Esta misma carencia afecta a otras cuestiones como el multilingüismo ya que tampoco son conscientes de su contacto con diversas lenguas de manera habitual en el uso de la red. Dos componentes intrínsecos del entorno digital no son registrados por los futuros maestros en sus lecturas habituales de todo tipo. En todo caso, aunque la formación en competencias digitales se incluye también en este libro en su relación con la multiculturalidad y el plurilingüismo, lo que se pretende destacar en este punto es el contraste entre la abundante literatura sobre formación en competencias digitales frente a la escasa producción sobre la instrucción en competencias en multiculturalidad y plurilingüismo en la didáctica de primeras lenguas para los maestros de Educación Primaria.

Entre los asuntos clave pendientes está la familiarización del profesorado con metodologías docentes mediante las que afrontar una situación cultural y lingüística diversa en la cotidianeidad de sus clases (Hermansson et al., 2021). Una mirada a los planes de estudio de las propias facultades participantes en el proyecto hizo evidente la ausencia de formación en estas dos competencias para los estudiantes de maestro en Educación Primaria en lo referente a las primeras lenguas o lenguas oficiales. Algún trabajo reciente sobre la cuestión en zonas geográficas fronterizas como el de Raud y Orehhova (2020) subraya la necesidad de diseñar los programas de formación inicial a partir de las evidencias de diversidad en los centros educativos. Y es de esa situación académica y de lo prioritario de su actualización de las que parte la gestación de este proyecto.

Según el *Education and Training Monitor 2020. Teaching and learning in a digital age* (Directorate-General for Education, Youth, Sport and Culture, 2020), las condiciones socioeconómicas son todavía el determinante más decisivo en los resultados educativos en Europa. Los alumnos de procedencia inmigrante presentan un serio déficit con respecto a sus iguales nativos en cuanto a la adquisición de destrezas básicas. Las diferencias aparecen directamente relacionadas con la concentración de alumnos de origen común o similar y con la inferior calidad de la enseñanza en determinados centros. Un elemento constante en todos los informes, siempre definido como esencial y para el que recurrentemente se reclama atención, es la adquisición de las lenguas. Esto es lógico, simplemente, por ser la competencia comunicativa una de las destrezas básicas. Asimismo, en todos los documentos aparece como una cuestión indefectiblemente vinculada con la calidad de la enseñanza y entre los retos que debe afrontar la profesión docente en Europa.

Con sesenta y seis lenguas oficiales, y muchas más con entidad en algunas áreas y comunidades, la diversidad lingüística aparece en ese informe (Directorate General for Education, Youth, Sport and Culture, 2020) como uno de los rasgos culturales de la Europa actual. Es decir, la multiculturalidad se da por supuesta e implícita en la diversidad lingüística, o, más bien, la pluricultura-lidad, tal y como ya se había definido en el MCER (2002). Se entiende como algo propio que debe ser protegido y valorado en aras de afianzar la identidad europea. Pero es preciso matizar en cuanto a la especificidad de la situación de multilingüismo y el objetivo del plurilingüismo. Es decir, no comprende únicamente los idiomas del territorio de la Unión Europea, sino que, además, requiere la consideración de las lenguas de los inmigrantes y refugiados para los que es perentorio adquirir las de la sociedad de acogida en su proceso de inclusión. Así, el panorama multilingüe europeo debe incluir las lenguas nacionales, las regionales, las minoritarias y las de inmigración. Por este motivo, desde el Consejo de Europa se propugnó un perfil trilingüe que iría asentando una conciencia de herencia cultural y lingüística (*Council Recommendation*, 2019). Esa competencia trilingüe se planifica en dos fases a lo largo del proceso formativo: primero, adquirir la competencia comunicativa en la lengua escolar y en otra europea durante la etapa de Educación Primaria; y, segundo, un nivel intermedio alto en otro idioma comunitario al finalizar la Secundaria Superior o el Bachillerato. En su ejecución se debería favorecer el equilibrio entre la promoción del lenguaje oficial, la enseñanza de lenguas extranjeras y el apoyo para que los alumnos mantengan su lengua madre. Frente a la línea general hasta el momento, consistente en una visión monolingüe con la implementación de programas de aprendizaje de lenguas extranjeras, recientemente se ha optado por la incorporación de metodologías multilingües, inclusivas e innovadoras. Estas se pueden resumir en las siguientes: 1) incluir activamente en los procesos de aprendizaje los repertorios lingüísticos de los alumnos, 2) considerar de manera real y efectiva el multilingüismo, incluso en los casos minoritarios y de inmigrantes, 3) propiciar la conciencia metalingüística mediante el repertorio plurilingüe de los estudiantes (Cenoz y Gorter, 2013). Además, la Comisión Europea (2018) ofrece orientaciones metodológicas y recursos específicos para la introducción del plurilingüismo en los centros escolares, incluyendo las lenguas minoritarias según la interpretación de cada uno de los estados miembros (European Commission/EACEA/Eurydice, 2019).

El informe de *Education and Training Monitor 2020. Teaching and learning in a digital age* (Directorate-General for Education, Youth, Sport and Culture, 2020) da cuenta de otro documento (European Comission, 2015) *Language teaching and learning in multilingual classrooms*) según el cual los docentes consideraban, ya entonces, que su formación debería cualificarlos para desarrollar su actividad en entornos multilingües y para responder a las necesidades de aquellos alumnos que no fueran competentes en la lengua de escolarización. Sin embargo, los profesores en formación declaraban no recibir preparación para dichos entornos y los que estaban en activo afirmaban no contar con recursos pedagógicos para poder afrontarlos.

Frente a esas carencias, el documento *TALIS 2018 Results. Teachers and School Leaders as Lifelong Leaders* (OCDE, 2019) confirma que, dependiendo del tipo de diversidad que se considere, las escuelas que presentan cualquiera de ellas en todo el mundo oscilan entre un 17 y un 31 %. Si se tiene en cuenta que es improbable que en un mismo centro confluyan todas las posibles variantes, el porcentaje se eleva considerablemente. En cuanto a la diversidad lingüística y cultural, los datos son de un 30 % de escuelas en las que el 1 % de los estudiantes son refugiados políticos, de guerra, religiosos o por desastres naturales; un 20 % de los centros tienen al menos un 10 % de alumnos cuya primera lengua no es ni la de escolarización, ni ningún dialecto derivado de ella; un 17 %, presentan el 10 % de discentes inmigrantes o de padres nacidos fuera del país; y un 20 %, cuyos niños con dificultades económicas (ligadas en muchos casos a la inmigración) representan un 30 % de su alumnado.

El informe de la Unión Europea de 2015 sobre *Language teaching and learning in multilingual classrooms* ya apuntaba muchas de las ventajas del multilingüismo y ofrecía recursos para su aplicación en la práctica docente y para alcanzar la interculturalidad. Aportaba evidencias en cuanto a que la competencia en la lengua madre favorece la competencia en la lengua de escolarización, reduce las diferencias entre alumnos nativos y extranjeros, consolida la confianza de los estudiantes, su consciencia y orgullo de la propia cultura y, a la larga, incrementa sus oportunidades laborales. Destacaba, igualmente, como medidas para la mejora de los resultados, lo conveniente de consolidar la conciencia cultural y lingüística a través del aprendizaje de lenguas y del resto de materias del currículum, de involucrar a los padres en las actividades escolares y en la educación de los hijos, y de favorecer actitudes positivas en los maestros en cuanto al uso de las lenguas maternas para el aprendizaje. Asimismo, ofrecía pautas para los responsables de la elaboración e implementación de las políticas educativas, daba cuenta de las iniciativas debidas a la Comisión Europea, presentaba un análisis de lo que se consideraba la formación adecuada del profesorado y sus condiciones y una relación de actividades probadas en diversos países para el desarrollo de aproximaciones plurales a las lenguas y a las culturas.

El profesorado de Educación Primaria aparece ya en ese texto como especialmente decisivo. Por esta razón deben recibir instrucción específica en multilingüismo y competencias multiculturales para su actuación, sobre todo en el momento de la admisión de los niños y cuando se produce la inmersión. Consecuentemente, puesto que la lengua de escolarización es una segunda lengua o lengua extranjera para muchos de los alumnos, todos los profesores, aunque vayan a enseñar dentro de los programas la lengua oficial, deben recibir formación en adquisición de lenguas extranjeras o adicionales. Deben poder atender a estudiantes que desconocen la lengua de escolarización y ser capaces de valorar la diversidad cultural e incorporarla en su docencia, lo cual requiere, además, instrucción en interculturalidad. El informe reclamaba, asimismo, que se incluya en la formación inicial de los maestros una instrucción adaptada a la realidad del porcentaje de clases multilingües.

Como se ve, situación, causas, necesidades y propuestas existen y son conocidas. Sin embargo, a pesar del panorama descrito, de la abundante información sobre el contexto y de la cumplida documentación oficial sobre la cuestión desde hace ya suficientes años, la situación no parece haber mejorado y los resultados académicos tampoco. Esta fue la razón que motivó el planteamiento del proyecto y lo que justifica su realización. Los datos obtenidos en las encuestas en los cuatro países participantes permiten valorar el panorama actual cuando ya han pasado algunos años desde la elaboración de varios de los informes que se han citado aquí y de casi dos años de una situación sanitaria que tampoco es posible obviar.

3. El proyecto

Como ya se ha dicho, el proyecto está coordinado desde el Área de Didáctica de la Lengua y la Literatura Españolas del Departamento de Innovación y Formación Didáctica de la Universidad de Alicante. El grupo de investigadores participante es interdisciplinar en su especialización y pluricultural y plurilingüe como convenía al asunto y a los objetivos, e imponía la coherencia de su planteamiento global humanista. Una evidencia más de la necesidad general de formación en pluriculturalidad y plurilingüismo es la normalización de este tipo de colaboraciones en todos los ámbitos profesionales. Esto hace evidente la exigencia de instrucción en ambas competencias desde la Educación Primaria y durante todo proceso formativo. Las generaciones que han puesto en marcha estas dinámicas de trabajo y colaboración transnacionales son bien conocedoras de las carencias formativas que han debido suplir por sí mismas para poder desenvolverse en tales entornos. Si se ofrecen planes de estudio adecuados a los maestros para la Educación Básica, se podrá continuar y ampliar esa trayectoria en la Educación Secundaria y en la Superior de manera natural y se prolongará en la actividad profesional como algo asimilado e inherente a sus dinámicas relacionales y en todos los campos. Las bases de todo desarrollo formativo están en la Educación Infantil y en la Primaria. Por todas esas razones el grupo de investigadores se constituyó con especialistas en Humanidades, Filología, Educación, Psicología y Pedagogía de cuatro países europeos distintos y se ha contado con colaboradores de las áreas de Historia y Sociología y expertos en derechos humanos, también de América Latina.

La procedencia geográfica diversa del equipo de investigación se sustenta, asimismo, en el hecho de que sus países se encuentran entre los mayores receptores de inmigrantes en la Unión Europea actualmente. Pero, además, como se ha indicado, su experiencia, tradición y actuaciones en ese ámbito difieren entre todos ellos (*Emilie Project. Final Report.* 2009). De esta manera, la intención paradigmática que se pretende permite extrapolar los resultados y propuestas a los diferentes países europeos, independientemente de su situación en cuanto a acogida de migrantes.

Es importante destacar también que el proyecto, además de los investigadores con experiencia consolidada, ha integrado a jóvenes que se encuentran iniciando esta actividad dentro de su carrera, cuya labor se ha centrado en diferentes aspectos y etapas del proyecto. Es decir, se ha concedido gran importancia a la 'transversalidad académica', que aparece ya como criterio de valoración en muchas de las convocatorias de la UE. Desde el primer momento se entendió que este tipo de colaboraciones es fundamental para los futuros profesionales, tanto en su aprendizaje como en la práctica colaborativa con otros de mayor experiencia y en un entorno europeo real, y que las aportaciones de los jóvenes también proporcionan nuevos horizontes y perspectivas a las investigaciones. Por esta razón, se incluyó en algunos de los grupos de trabajo a posgraduados que están completando su formación docente en másteres de profesorado y también doctorandos que inician su carrera de investigación en innovación educativa.

En cuanto a los objetivos que se establecieron, se concretan en tres:

1. Realizar un estudio comparado de la formación recibida por los profesores españoles, franceses, italianos y griegos de Educación Primaria en activo en cuanto a metodología para la didáctica de L1 y L2 y en cuanto a competencias

multiculturales y plurilingües en entornos de diversidad cultural y lingüística.

2. Determinar cuál es la percepción y actitud ante la diversidad del alumnado por parte de los profesores en los centros de Educación Primaria de los países implicados en el estudio y contrastarla con el estado de la cuestión.

3. Alcanzar conclusiones sobre el contexto docente real en esa etapa educativa que permitan la elaboración de propuestas metodológicas adecuadas a la presente situación social y educativa de multiculturalidad y plurilingüismo.

Por último, hay tres datos que es obligado citar puesto que añaden valor al interés, la conveniencia y la utilidad del proyecto:

1. La elaboración reciente de un marco de referencia con descriptores de competencia lingüística para estudiantes de 7 a 10 años y de 11 a 15 años (Council of Europe, 2018a), que adaptan a las edades comprendidas en la Educación Primaria y Secundaria las innovaciones del volumen complementario del MCER (Council of Europe, 2018b).

2. Los estándares establecidos por el *Marco de Referencia* y sus volúmenes complementarios para cada una de las etapas supondrán unos parámetros para los currículos educativos en cada país, pero que podrán ser comunes a todos en cuanto a los niveles e indicadores estipulados en ellos.

3. La movilidad de profesorado, no solo de Educación Superior en los programas Erasmus para PDI, sino en los cada vez más frecuentes intercambios y colaboraciones entre centros de Educación Primaria y Secundaria, así como en los programas de enseñanza en el extranjero desde los correspondientes ministerios de educación, también hacen necesarios unos referentes comunes y el conocimiento de los diversos entornos docentes del espacio europeo (y no europeo). Esto facilitará la comprensión de los sistemas educativos particulares con arreglo a unos elementos comunes con los que todos los profesionales en movilidad podrán estar familiarizados.

3.1. La selección de los participantes

Los participantes pertenecen al cuerpo de profesores de Educación Primaria de todos los centros de los países de los investigadores del proyecto, sin discriminación de sus titularidades. El criterio consistió únicamente en que fueran profesores en activo y la encuesta se envió a las direcciones oficiales de los colegios, localizadas en las páginas institucionales de los ministerios de educación de cada país. También se envió a direcciones de blogs, grupos de trabajo de maestros y de contactos personales de los investigadores y de sus amigos y/o conocidos.

La encuesta tiene carácter anónimo y diferencia a los participantes en cuanto a tres variables: género, curso en que imparten docencia y años de experiencia docente: menos de ocho años, entre nueve y quince y más de dieciséis en ejercicio de la profesión.

3.2. El método y sus fases

El método empleado es cuantitativo y comparatista para la investigación empírica. Tiene también una parte de revisión teórica sistematizada en cuanto al establecimiento de los marcos de referencia del estado de la cuestión y en la aportación de los trabajos de índole teórica que contextualizan el asunto desde la perspectiva histórica y la de futuro de la Unión Europea. Por otra parte, presenta reflexión epistemológica sobre determinadas cuestiones atinentes al objeto de la investigación, lo que supone una incorporación de la metodología humanística conforme al planteamiento del proyecto. Entendemos que la mera investigación cuantitativa termina en sí misma si no va acompañada de todos estos aspectos debidos a los planteamientos y a las disciplinas humanísticas.

En una primera fase, y punto de partida como ya se ha indicado, dadas las circunstancias socioeducativas de los cuatro países participantes, se estableció la necesidad común de evaluar la formación del profesorado de Educación Primaria en cuanto a multiculturalidad y plurilingüismo. A continuación, se elaboró un cuestionario que fue consensuado entre todos los investigadores de manera que resultara adecuado a los sistemas educativos y la idiosincrasia de sus países. En tercer lugar, la encuesta fue validada y se tradujo a las cuatro lenguas que se han empleado habitualmente en el proyecto, incluyéndola en un formulario de Google, desde el que cada grupo de trabajo realizó el envío a las direcciones electrónicas oficiales de los centros de su territorio.

El resto de las fases del proceso (de recuento, interpretación y presentación de los resultados) se realizó ya por cada uno de los equipos de los diferentes países estudiados, los cuales, aunque se mantuvo la comunicación, tuvieron autonomía para organizar la presentación de los resultados. Finalmente, se preparó la publicación coordinada de todos los trabajos, organizada según los países.

3.3. Procedimiento e instrumentos

La hipótesis principal es que los planes de estudio de los Grados de Maestro en Educación Primaria en España, Francia, Italia y Grecia presentan carencias decisivas en cuanto a formación en competencias en multiculturalidad y plurilingüismo, las cuales dificultan que los maestros respondan a las necesidades de su alumnado diverso.

El instrumento empleado ha sido una escala Likert de veinticuatro preguntas, cuyas respuestas presentan una gradación desde 'Muy en desacuerdo' y 'En desacuerdo' hasta 'De acuerdo' y 'Muy de acuerdo' correspondiéndoles los números del 1 al 4 respectivamente.

El cuestionario aparece categorizado de la siguiente manera: "a.- Formación en didáctica de L2" y "b.- Formación en plurilingüismo", con cuatro preguntas cada una; "c.- Formación en multiculturalidad", con cinco preguntas; "d.- Consecuencias académicas y sociales de la lengua de origen del alumnado", que consta de cuatro; y "e.- Percepción, actitud y actuación del profesorado", formada por siete. Dentro de las cuatro primeras categorías, los enunciados de las cuestiones se han estructurado según la formación inicial, en primer lugar, y, después, según la formación especializada, de posgrado o permanente, diferenciando dentro de este grupo entre la obtenida a través de las administraciones públicas de educación y la recibida en universidades u otras instituciones académicas. La última categoría se centra en la autoconsideración que tienen los maestros, por un lado, en cuanto a la influencia de la multiculturalidad y del multilingüismo en el aula, sus actitudes ante ambas y su preparación didáctica para poder responder a las necesidades del alumnado extranjero respecto de la enseñanza de segundas lenguas, plurilingüismo y multiculturalidad; y, por otro lado, en cuanto las derivaciones y consecuencias sociales y académicas que piensan que la diversidad implica.

La encuesta se formateó en un formulario Google y se difundió a las direcciones de los centros y de los contactos personales directamente desde esa plataforma. Y el mismo recurso y el *software* SPSS de IBM (versión de 2021), o similar, fue el utilizado para la extracción, representación e interpretación de los resultados obtenidos.

4. Estructura y descripción de los capítulos

La estructura y los contenidos del presente volumen se han organizado de la siguiente forma: en primer lugar, este capítulo pretende ofrecer una visión general y presentar la filosofía y el sentido del proyecto, así como los contenidos de cada una de sus partes y un balance global de los resultados.

A continuación, hay una parte de capítulos de índole general sobre los que se construye el marco del proyecto. En primer lugar, María Fernanda Medina Beltrán (experta en Derechos Humanos y Paz, ITESO, Guadalajara, México) y el Dr. López Vega (Instituto Universitario de Investigación Ortega-Marañón, Universidad Complutense de Madrid) presentan una síntesis histórica y actual de los derechos humanos y del fenómeno migratorio, de la multiculturalidad y sus implicaciones que dota de un marco histórico y situacional al proyecto desde el punto de vista de los derechos humanos, entre los que sitúan el de la educación y el conocimiento de las lenguas.

La aportación de la Dra. Roig Vila y de los Dres. Sierra Pazmiño y Cazárez Valdiviezo sitúa la imprescindible formación en competencias digitales en su esencial transversalidad como vía para la multiculturalidad y el plurilingüismo contextuales.

El capítulo presentado por la Dra. Devriésère completa esta parte de ejes referenciales y generales con una perspectiva de futuro en su síntesis de las expectativas en estos campos dentro del espacio europeo en su agenda hasta 2025.

A partir de ahí empieza la parte estrictamente de la investigación en la que los capítulos se han distribuido según los países objeto de estudio. Los resultados de la encuesta en España se presentan de acuerdo a sus tres bloques: la primera, centrada en las cuestiones de plurilingüismo y formación en didáctica de L2, ofrece, asimismo, una síntesis de la situación educativa respecto del alumnado no nativo en nuestro país y la firma la autora de estas líneas; la segunda, debida al profesor Cremades-Montesinos, se ocupa de las preguntas relativas a la multiculturalidad, el multilingüismo y sus consecuencias sociales y académicas; y, la tercera, del Dr. Gutiérrez Fresneda, las concernientes a las creencias, las percepciones, la actitud y la actuación del profesorado respecto a ellas.

En el apartado correspondiente a Francia, a la luz de los resultados de la encuesta y teniendo en cuenta que se trata del país con mayor experiencia y tradición como receptor de los cuatro participantes, la Dra. Cornet elabora una valiosa reflexión teórica sobre la formación del profesorado de las escuelas francesas del siglo XXI en cuanto a plurilingüismo y multiculturalidad, planteando la cuestión *"entre projets didactiques, défis éducatifs et utopie"*. El capítulo de la Dra. Marti da cuenta de los resultados de las respuestas del profesorado francés.

El estudio de Italia, firmado por los profesores investigadores Piccione, Geat y De Cicco incluye el análisis de los datos y la propuesta de la metodología del cuidado frente al mero desarrollo de competencias como reflexión para recuperar el sentido humanístico de la educación. Se centra en la idea de la mente multicultural y de la narración como metodología para alcanzarla.

Por último, el estudio en Grecia, a cargo del Dr. Zarifis, presenta de manera global la situación en este país, confrontando los datos obtenidos con las medidas que ya se están aplicando por parte de las escuelas y de la administración para la formación del profesorado en los centros con alumnos de origen diverso.

5. Síntesis de balance de los resultados

Los resultados obtenidos de las encuestas al profesorado de cada uno de los países participantes han puesto sobre la mesa, en primer lugar, la influencia determinante del contexto social en el docente. El elemento diferencial y previo que los autores han situado por delante ha sido la condición histórica del país como receptor o como generador de flujos migratorios en tanto que antecedente importante de la situación actual. En este aspecto, Francia cuenta con un largo recorrido acogiendo población de origen extranjero y con varias generaciones de descendientes nacidos ya en su territorio, sin embargo, en muchos casos las respuestas de sus maestros presentan resultados más negativos que en el resto de países. Por su parte, España, Italia y Grecia han afrontado la situación recientemente, si bien de manera muy intensa. En todos los casos, incluso en Grecia, de cuyo estudio se desprende una mayor organización administrativa en cuanto a la distribución del alumnado de origen extranjero, la práctica de la enseñanza de la lengua del país se describe como planteada desde una perspectiva monolingüe, aun cuando la realidad del uso comunicativo siempre se reconoce plurilingüe.

Igualmente, se ha puesto de manifiesto la necesidad de crear procedimientos sistematizados y coordinados en todos los países para monitorizar la elaboración, aplicación y resultados de programas coherentes y con una mínima homogeneidad que permitan solucionar los déficits conocidos e identificar y dar respuesta a otros nuevos.

En España y en Italia, sin ser altos, aparecen porcentajes aproximados al 50 % de respuestas en cuanto a formación en didáctica de L2. En el primer caso, se ha interpretado como una consecuencia del bilingüismo que presentan algunas de nuestras comunidades autónomas en las que todo el profesorado debe estar capacitado para impartir ambas lenguas oficiales. El número de respuestas afirmativas decae en Francia y en Grecia. Y hay también un descenso en los cuatro países en relación con la formación en multiculturalidad y plurilingüismo. No obstante, es cierto que los datos mejoran algo en las respuestas debidas al profesorado con menos años en ejercicio, lo cual se ha considerado como una tendencia a mejorar en estos aspectos en cuanto a formación se refiere. En general, como se verá en los capítulos correspondientes, los profesores son escépticos en este punto. Consideran insuficiente esa instrucción para poder responder a las necesidades comunicativas de su alumnado ya que no superan porcentajes de alrededor del 50 % y en el caso de Francia no llegan a un 20 %.

Los datos en cuanto a dificultades de aprendizaje de la L1 y resultados académicos de los alumnos no nativos también son bastante altos sobre todo en estos últimos y homogéneos en todas las encuestas, entre un 60 y un 70 %; excepto, una vez más, en Francia que presenta porcentajes del 51,3 % en cuanto a los que piensan que los alumnos extranjeros tienen más dificultades para el aprendizaje de la lengua escolar y del 45,5 en cuanto a la superación de los niveles curriculares.

La percepción de los maestros en referencia al grado de integración de los estudiantes no nativos se mantiene nuevamente alrededor del 50 % en España e Italia, pero se acusa mucho la diferencia en Francia, con un 76 % en desacuerdo con que tengan más dificultades de integración que los nativos; y un 67 % de los profesores griegos que, por el contrario, piensan que sí que las tienen.

La cuestión sobre la posible diferencia según el género en los resultados académicos de los alumnos con una lengua diferente de la escolar presenta también unicidad con porcentajes de desacuerdo que oscilan entre el 74,2 de Francia, el 75,6 de Italia y el 79 % de España que la niegan, frente a solo un 51,2 % en Grecia.

Finalmente, el grupo de preguntas atinentes a las actitudes de los maestros frente a las cuestiones aquí estudiadas presenta peculiaridades. Mientras en España, Italia y Grecia manifiestan un interés alto por conocer la cultura y los sistemas lingüísticos de sus alumnos de origen extranjero y consideran positivo este conocimiento, en Francia existe ese reconocimiento pero en un nivel que va únicamente desde casi el 50 % hasta un máximo de 60 %.

Los porcentajes disminuyen mucho en todos los países en el caso de la consideración de la variedad lingüística del aula como una dificultad para los procesos de enseñanza-aprendizaje; y, más todavía, en lo que se refiere a la variedad cultural. Por lo tanto, de manera generalizada, los profesores declaran que las diferencias lingüísticas y culturales no suponen un obstáculo para el entorno del aula.

Finalmente, los maestros manifiestan haber aplicado con éxito estrategias de didáctica de lenguas en entornos multilingües y multiculturales, pero sin pasar en ningún caso de un máximo del 74 % correspondiente a las respuestas de Italia.

Por lo tanto, ha quedado evidenciada la necesidad de prestar atención a estos contenidos de cara a que la formación de los maestros resulte coherente con la realidad social y cultural de la Europa presente. La disposición del profesorado es claramente receptiva y positiva ante un alumnado heterogéneo que precisa un cuidado personalizado, una perspectiva humanista no solo de la docencia, sino también de la formación integral del sujeto, con todo lo que esto implica de responsabilidad, de personalismo y de universalidad. Y para poder alcanzar todo esto, el conocimiento de las lenguas del país de acogida es imprescindible.

La presentación de los resultados de este proyecto representa, asimismo, la conclusión del mismo, pero también el inicio de otro recorrido que prolonga esta línea de investigación atendiendo a diversos elementos que se han visibilizado durante el estudio y que precisan atención. Son muchas las derivaciones y aspectos de calado que se han ido identificando durante nuestro análisis. Se han tenido todos en cuenta y asumido como compromiso profesional y humano puesto que cualquier asunto relacionado con la educación solo puede abordarse desde esa perspectiva.

Agradecimientos

La experiencia del trabajo en un equipo multicultural, multilingüe, europeo e internacional ha entrañado algunas dificultades, pero, sobre todo, ha demostrado, una vez más, la realidad posible de colaboración y comunicación intercultural y plurilingüe. El resultado supone una satisfacción muy grande y el agradecimiento para todos los participantes que han apoyado, facilitado, minimizado dificultades, aportado su colaboración y soluciones de índole diversa y actitudes positivas en todo momento. Especialmente a Alejandro Cremades Montesinos por la coordinación académica, el formateo y difusión de las encuestas, la responsabilidad en la edición de este libro y su apoyo incondicional siempre. Y a Raúl Gutiérrez Fresneda por su soporte en los aspectos empíricos de la investigación.

Además, la dificultad y el reto habituales en todo proyecto se han visto, en este caso, agravados por la situación de emergencia sanitaria que ha afectado profundamente a toda actividad social. El ámbito educativo lo acusó especialmente y fue urgente una reacción rápida y gran esfuerzo por parte de los profesores, quienes se han visto desbordados por el trabajo en este periodo. Por esta razón el primer agradecimiento es para los maestros que han respondido a la encuesta y que han hecho posible el estudio y las potenciales mejoras derivadas del mismo.

Muy especialmente queremos mostrar nuestra gratitud al profesor Hugonnier, quien honra este libro con su generosa colaboración y presentación en el prefacio. Le agradecemos profundamente su atención, tiempo, dedicación y confianza en nuestro proyecto y el placer que ha sido tratar con él.

También queremos mostrar nuestro reconocimiento a las muchas personas que han colaborado de una manera u otra en las diferentes fases del proyecto: María José Guillén Sáez, Lucía Caparrós Cantó, Montserrat Planelles Ibáñez, Amélie Lesieur, Pauline Gallot, Theodora Nikou, Vassiliki Akratou y Nicolas Kourentis, Romina Carla Curone Prieto, Tiziana Di Carlo, Anna Corrizzato. Y, como siempre, gracias a Carmen Selva Ibarra, a Asunción Pagán Antón, a Manolo García Bonasa y a Sergio Tortosa Bordería.

Finalmente, agradecemos a la Universidad de Alicante la financiación del proyecto y al Ministerio de Educación de Grecia su orientación en la búsqueda de las escuelas y los profesores que participaron en la encuesta.

Referencias bibliográficas

Banzato, M. y Coin, F. (2019). Self-efficacy in multimodal narrative educational activities: Explorative study in a multicultural and multilingual italian primary school. *Media and Communication*, 7(2 Critical Perspectives), 148–159. doi:10.17645/mac.v7i2.1922

Cabero Almenara, J., Roig Vila, R. y Mengual Andrés, S. (2017). Conocimientos tecnológicos, pedagógicos y disciplinares de los futuros docentes según el modelo TPACK. *Digital Education Review*, 32, 85–96.

Cenoz, J. y Gorter D. (2013). Towards a Plurilingual Approach in English Language Teaching: Softening the Boundaries Between Languages. *Tesol Quarterly*, 47(3), 591–599.

Carretero, S., Vuorikari, R. y Punie, R. (2017). *DigComp 2.1. The Digital Competence Framework for Citizens. With eight proficiency levels and examples of use* Publications Office of the European Union.

Consejo de Europa y Ministerio de Educación, Cultura y Deporte/Instituto Cervantes (2002). *Marco Común Europeo de Referencia para las Lenguas.* https://cvc.cervantes.es/ensenanza/biblioteca_ele/marco/cvc_mer.pdf

Costel, C. (2020). Developing intercultural communication skills through practical and digital activities. *Analele Universitatii Ovidius Constanta, Seria Filologie*, 31(1), 163–174. Retrieved from www.scopus.com

Council of Europe, (2013). *DigComp 2.0: The Digital Competence Framework for Citizens.*

Council of Europe (2018a). *Collated Representative Samples of Descriptors of Language Competences Developed for Young Learners*, Vol. 1: Ages 7–10 & Vol. 2: Ages 11–15, Council of Europe, https://rm.coe.int/1680697fca y (https://rm.coe.int/1680697fc9)

Council of Europe (2018b). *Common European Framework of Reference for Languages: Learning, Teaching, Assessment. Companion Volume with New Descriptors. Council Recommendation of 22 May 2019 on a comprehensive approach to the teaching and learning of languages*, OJC 189, 5.6.2019.

Council of Europe. (2019). Council recommendation of 22 May 2019 on a comprehensive approach to the teaching and learning of languages (2019/C 189/03).

Cremades-Montesinos, A. y Martinez-Roig, R. (en prensa). Consciencia de la multiculturalidad en los estudiantes del Grado de Maestro en Educación Primaria a través de la autobiobibliografía de lectura en formato digital.

Directorate-General for Education, Youth, Sport and Culture (2020). *Education and Training Monitor 2020. Teaching and learning in a digital age.* Publications Office of the European Union.

Emilie Project. Final Report. A European Approach to Multicultural Citizenship. Legal Political and Educational Challenges. (2009).

European Commission (2018). *Accompanying document to the Proposal for a Council Recommendation on acomprehensive approach to the teaching and learning of languages.*

European Commission/EACEA/Eurydice (2019). *The Teaching of Regional or Minority Languages in Schools in Europe. An Eurydice Report.*

González-Martínez, J., Serrat-Sellabona, E., Estebanell-MinGuell, M., Rostan-Sánchez, C. y Esteban-Guitart, M. (2018). Sobre el concepto de alfabetización transmedia en el ámbito educativo. Una revisión de la literatura. *Comunicación y sociedad,* (33), 15–40.

Hermansson, C., Norlund Shaswar, A., Rosén, J. y Wedin, Å. (2021). Teaching for a monolingual school? (in)visibility of multilingual perspectives in swedish teacher education. *Education Inquiry,* doi:10.1080/20004508.2021.1885588

Jenkins, H. (2008). *Convergence culture. La cultura de la convergencia de los medios de comunicación.* Paidós.

Jenkins, H. e Ito, M. (2015). *Participatory culture in a networked era: A conversation on youth, learning, commerce, and politics.* John Wiley & Sons.

Linne, J. W. (2018). Nomadización, ciudadanía digital y autonomía. Tendencias juveniles a principios del siglo XXI, *Chasqui. Revista latinoamericana de comunicación.* 137, 39–54.

Mañas Pérez, A. y Roig-Vila, R. (2019). Las Tecnologías de la Información y la Comunicación en el ámbito educativo. Un tándem necesario en el contexto de la sociedad actual. *Revista Internacional d'Humanitats,* 45: 75–86.

OECD (2019). *TALIS 2018 Results. Teachers and School Leaders as Lifelong Leaders.* OECD Publishin. https://doi.org/10.1787/1d0bc92a-en.

Papacharissi, Z. (2011). *A networked self: Identity, community, and culture on social network sites.* Routledge.

Piccione, V.A. (2017a). La narración biográfica y autobiográfica por un sentido pedagógico. *Educazione. Giornale di Pedagogia crítica,* I, 55–78.

Piccione, V.A. (2017b). "La narrazione, la rete, la testa ben fatta". M Geat, *Il pensiero letterario come fondamento di una testa ben fatta.* Roma Tre Press.

Raud, N. y Orehhova, O. (2020). Training teachers for multilingual primary schools in europe: Key components of teacher education curricula. *International Journal of Multilingualism,* doi:10.1080/14790718.2020.1718678

Silva Quiroz, J. y Maturana Castillo, D. (2017). Una propuesta de modelo para introducir metodologías activas en educación superior. *Innovación educativa*, *17*(73), 117–131.

Vuorikari, R., Punie, Y., Carretero Gómez, S. y Van den Brande, G. (2016). *DigComp 2.0: The Digital Competence Framework for Citizens. Update Phase 1: The Conceptual Reference Model.* Publication Office of the European Union. DOI: doi:10.2791/11517

María Fernanda Medina Beltrán

Antonio López Vega

Migración, multiculturalidad y derechos humanos en perspectiva histórica. Marco y valores para la experiencia docente

Resumen: En este capítulo se presenta una síntesis histórica con proyección hacia el presente del fenómeno migratorio en Europa, con la consecuente multiculturalidad y sus implicaciones en la historia contemporánea, que busque ofrecer un marco histórico y situacional, que aunque necesariamente simplificador, introduzca al lector en los temas aquí tratados. Se rastrean los principales hitos históricos que han llevado a la paulatina consecución de la protección de los derechos humanos, especialmente de la niñez migrante y refugiada.

Palabras clave: Niñez, migración, asilo, multiculturalidad, educación

1. Antecedentes. El camino a la Declaración Universal de 1948

La historia de la humanidad puede ser vista como un arduo camino a lo largo de los siglos hacia el reconocimiento de la dignidad humana. Para que esta sea efectivamente reconocida y garantizada en toda su diversidad, es necesario contar con una base jurídica sólida que lo haga posible. Tomando en cuenta el contexto y las limitaciones que la cosmovisión de cada época conlleva, en esta primera parte haremos un breve recorrido por aquellos documentos que han ido sentando las bases para que, poco a poco, se haya ido ampliando el concepto y protección a la igualdad y dignidad humana.

Sin duda podríamos remontarnos a textos tan antiguos como el Código de Hammurabi (1750 a. C.), el Cilindro de Ciro (539 a. C.), el Código de Justiniano (529 d. C.), la Carta Magna (1215 d. C.), o las Leyes de Indias (1550 d. C.), por poner algunos ejemplos, como fundamento esencial para aspectos tales como que los más fuertes no opriman a los débiles, la libertad de religión, la abolición de la esclavitud, la igualdad racial, la justificación de detención (*habeas corpus*) o la igualdad de los seres humanos en plenitud de dignidad, entre otros.

Sin embargo, los textos fundamentales para la cuestión que nos ocupa son mucho más recientes. Aunque no se puede negar la deuda histórica con estos primeros documentos que, al fin, sentaron las bases para la construcción de las declaraciones de derechos modernas como lo son la Declaración de Derechos de Virginia, la Declaración de Independencia de Estados Unidos, la Declaración de los Derechos del Hombre y del Ciudadano, la Declaración de Derechos de la Mujer y la Ciudadana o la Declaración Universal de Derechos Humanos, por citar los esenciales.

Con el Siglo de las Luces llegarían las revoluciones del mundo Atlántico. En América, en 1776, los Estados Unidos de América –país que se autoidentifica como nación de inmigrantes– lograban su independencia del Reino Unido. La *Declaración de Independencia de los Estados Unidos de América* del 4 de julio daba, de este modo, carta de naturaleza a la *teoría del contrato civil* de John Locke. Expresaba, en síntesis, que todos los hombres son creados iguales, tienen derechos inalienables, poseen soberanía y que los gobiernos se formaban para proteger lo que Thomas Jefferson llamó "la vida, la libertad y la búsqueda de la felicidad" del pueblo. Aunque este documento dejaba fuera a los esclavos y a los pueblos originarios, constituyó la base de lo que se convertiría en el "sueño americano", anhelado por tantos millones de personas en todo el mundo.

Cabe mencionar que un mes antes de dicha declaración, se proclamaba la *Declaración de Derechos* de Virginia, considerada la primera declaración de derechos humanos moderna de la historia. Aquella declaración establecía que todos los hombres son libres, independientes y tienen derechos inherentes (artículo I), el derecho de *Hábeas Corpus* (artículo VIII), la libertad de prensa (artículo XII) y, también, regulaba la conformación de la milicia integrada por el pueblo (artículo XIII), entre otros.

Por su parte, en Francia, unos años más tarde, cuando la Bastilla era tomada el 14 de julio de 1789 y el Tercer Estado se autoproclamaba en Asamblea Nacional, se iniciaba en el continente europeo la elaboración de una serie de textos que serían fundamentales en la conformación de sociedades compuestas por ciudadanos libres e iguales ante la ley. En la *Declaración de Derechos del Hombre y del Ciudadano* de ese mismo año, se establecía que todos los hombres "nacen y permanecen libres e iguales en derechos" (artículo I) y que nadie debería ser incomodado por sus opiniones (artículo X). Asimismo, advertía, por vez primera, que para que una sociedad goce de garantías jurídicas, ha de respetarse la efectiva separación de poderes –que, como es bien sabido, el barón de Montesquieu había delimitado en Ejecutivo, Legislativo y Judicial– y garantizarse los derechos individuales por ley (artículo XVI). Por más progresista que fuera este texto para su tiempo, no deja de llamar la atención que solo protegía a aquellas personas que cumplieran con dos condiciones. La primera, que fueran varones; y, la segunda, que tuvieran el estatus de ciudadano.

Así pues, como respuesta a esta falta de reconocimiento de la otra mitad de la población, dos años más tarde, al tiempo que los girondinos intentaban imponer sus reformas, aparecía la *Declaración de Derechos de la Mujer y Ciudadana* el 5 de septiembre de 1791. Este texto proponía de manera pionera la emancipación femenina en el sentido de igualdad de derechos garantizados por un sistema jurídico basado en la igualdad fundamental entre hombres y mujeres. Establecía en su artículo I que "La mujer nace, permanece y muere libre al igual que el hombre en derechos". En este texto también exigía el derecho a voto, el acceso al empleo público de las mujeres, a la vida política, a poseer y controlar propiedades, el derecho a la educación y a la igualdad de poder en distintos ámbitos, a formar parte del ejército o a gozar de igualdad fiscal, entre otras reivindicaciones. Este texto se debió a Olympe de Gouges, seudónimo de Marie Gouze, ilustrada que militó contra la esclavitud y que, dos años más tarde, fue detenida y juzgada, sin representación de un abogado, y guillotinada por los jacobinos en noviembre de 1793.

Ya en el siglo XIX, después de que Napoleón sembrara de sangre y fuego los caminos de Europa aparecieron, en el Congreso de Viena, los Estados-nación. Corría 1815 y el nuevo Estado de Derecho Liberal veía amanecer, junto a él, el derecho internacional que, en adelante, regularía las relaciones en el escenario mundial con el objetivo de dirimir controversias y evitar conflictos. Al tiempo que sancionaba la emergencia de los nuevos sujetos históricos –los ciudadanos y los Estados-Nación en sustitución de los súbditos y las monarquías y estados modernos–, su vocación de protección y promoción de la dignidad humana en la esfera internacional fue posicionando un nuevo tema en la agenda internacional que, poco a poco, iría ganando protagonismo: los derechos humanos.

Unas cuantas décadas después surgió una importante rama del derecho internacional. Fue, de este modo, en la Batalla de Solferino de 1859 –que enfrentaba al Piamonte y la Cerdeña, apoyados por el Segundo Imperio Napoleónico, contra el Imperio austrohúngaro–, el epicentro del derecho internacional humanitario que, a partir de entonces, comenzaría su desarrollo. El 24 de junio de ese año, el filántropo y humanista suizo Henry Dunant, horrorizado ante el dolor y sufrimiento de los soldados tras la batalla, organizó a la población civil para montar lo que se puede considerar el primer hospital de campaña. Sin importar el bando al que pertenecieran los contendientes, se atendió a todos cuantos pudieron. La experiencia fue tan impactante que Dunant se vio en la necesidad de escribir sus memorias e impresiones de ese día en un libro titulado *Un recuerdo de Solferino* (1862), el cual, aunque tuvo un tiraje más bien pequeño, logró un gran impacto. Un año más tarde fundó, junto con un grupo de médicos, humanistas y juristas, el Comité Internacional de la Cruz Roja (CICR). Desde entonces, el CICR ha puesto especial atención en la población civil desplazada dentro de un mismo país y en la apremiante situación que viven los refugiados.

En gran medida los esfuerzos del hombre considerado el padre de la Cruz Roja, también llevaron a la creación del I Convenio de Ginebra (1864-1865) que buscó el mejoramiento de las condiciones de los militares heridos en campaña. A partir de entonces, el derecho internacional humanitario buscó establecer principios de humanidad, imparcialidad y neutralidad, así como restricciones en el uso de las armas y los métodos de guerra, obligando a las partes en conflicto a distinguir entre combatientes y civiles, intentando reducir la ya de por sí difícil situación a la que se enfrentaban los segundos al estar atrapados en zonas de conflicto. Los diferentes *Convenios de Ginebra*, que llegarían en adelante (1906, 1929,1949) tendrían como fin proteger a los miembros de las fuerzas armadas del mar, a los prisioneros de guerra y a la población civil respectivamente.

Dos décadas más tarde, llegaría otra heroína de la historia: Bertha von Suttner (1843-1914). En 1889 publicó *Abajo las armas,* icono del pacifismo internacional, que rápidamente se tradujo a distintos idiomas a finales del siglo XIX y que suscitó innumerables debates sobre el militarismo y la guerra. En tiempos de la conocida como *Paz Armada,* donde las ansias colonialistas de las grandes potencias se estaban preparando para un posible enfrentamiento a gran escala –que, finalmente, llegaría en 1914 con la Gran Guerra–, los postulados de Bertha von Suttner fueron atacados, no por sus principios, sino por quién los sostenía. Los hombres, que entonces hacían la política internacional, desacreditaron su opinión por el hecho de ser mujer. Con todo, la historia le guarda un lugar de honor en sus páginas. En su juventud, Bertha von Suttner había trabajado con Alfred Nobel y se atribuye a su amistad, que convenciera al inventor de la dinamita para que estableciera unos premios anuales que reconocieran la labor realizada en algunas áreas científico-experimentales, la literatura y, también, la paz. En 1905, Bertha von Suttner se convertiría en la primera mujer distinguida con el Premio Nobel de la Paz y la segunda mujer laureada con un Nobel después de que le fuese concedido en Física a Marie Curie.

La I Guerra Mundial fue el epicentro de un desplazamiento sin precedentes de personas fuera de sus países. Tan solo en el caso de Bélgica, más de 1.5 millones de personas tuvieron que huir ante la llegada del ejército alemán. Aunque la Sociedad de Naciones, creada tras la I Guerra Mundial para "promover la cooperación internacional y para lograr la paz y la seguridad", no consideró explícitamente los derechos humanos dentro de sus estatutos, pronto llegaría la II Guerra Mundial que funcionaría de catalizador en este sentido. El horror vivido entre 1939 y 1945, cuando Adolf Hitler decidió llevar a cabo su proyecto megalómano, nacionalista y racial, y que daría lugar al mayor conflicto bélico de la historia de la humanidad, tuvo como consecuencia 60 millones de muertos, seis de ellos judíos exterminados por los nazis. El poder destructivo de la maquinaria bélica industrializada y mecanizada, que ya había devastado Europa en 1914, se multiplicó entonces. Ya durante la guerra, Franklin D. Roosevelt dirigió al Congreso su discurso del Estado de la Unión el 6 de enero de 1941. Entonces se refirió a la defensa de las cuatro libertades humanas esenciales –expresión, religión, derecho a una vida en paz y a vivir sin miedo–, que debían, a su juicio, conducir a la reducción mundial del armamento. Unos meses después, tras el ataque a Pearl Harbor. Estados Unidos entraría en la II Guerra Mundial. El resto de la historia es bien conocida. Tras el lanzamiento de las bombas nucleares sobre Hiroshima y Nagasaki, en agosto de 1945, se abría una nueva página en la historia de la humanidad y, por ende, en la historia de los derechos humanos.

La II Guerra Mundial generó 1 675 000 de personas refugiadas en Europa, África y Oriente Próximo, las mismas que fueron, en gran medida, atendidas por el Comité Internacional de la Cruz Roja. Al ver la magnitud de esta tragedia humana, se estableció, en 1947, la Organización Internacional de Refugiados, que sería sustituida por el Alto Comisionado de Naciones Unidas para los Refugiados en 1950 (CICR, 2001).

Un año más tarde, se adoptaron dos documentos que sentarían las bases para la protección de los derechos de las personas en situación de movilidad. Por un lado, se creó el Comité Intergubernamental Provisional para los Movimientos de Migrantes desde Europa (CIPMME) –mismo que iría evolucionando hasta convertirse, en 1989, en la Organización Internacional de las Migraciones (OIM)–. Actualmente, si bien no existe un consenso general sobre el término *migración*, la OIM lo define de esta forma:

> el movimiento de una persona o grupos de personas, ya sea a través de una frontera internacional o dentro de un estado. Es un movimiento poblacional que abarca cualquier tipo de desplazamiento de personas, independientemente de su longitud, composición y causas; incluye la migración de refugiados, personas desplazadas, migrantes económicos y personas que se desplazan para otros fines, incluida la reunificación familiar (OIM, p.211).

Por otro lado, en 1951 también se creó la Convención de Naciones Unidas sobre el Estatuto de los Refugiados, mismo que establece que un refugiado es aquella persona que

> debido a fundados temores de ser perseguida por motivos de raza. religión, nacionalidad, pertenencia a determinado grupo social u opiniones políticas, se encuentre fuera del país de su nacionalidad y no pueda o, a causa de dichos temores, no quiera acogerse a la protección de tal país; o que, careciendo de nacionalidad y hallándose, a consecuencia

de tales acontecimientos, fuera del país donde antes tuviera su residencia habitual, no pueda o, a causa de dichos temores, no quiera regresar a él.

Esta definición nos hace recordar una de las cuatro libertades proclamadas por Roosevelt y que fueron impulsadas por su mujer, Eleonor Roosevelt, como presidenta de la Comisión de Derechos Humanos de Naciones Unidas: derecho a vivir sin miedo. Su empuje e influencia fueron cruciales para que el 10 de diciembre de 1948, se sancionara la *Declaración Universal de los Derechos Humanos* (DUDH). Los Estados miembros de Naciones Unidas se comprometieron entonces a respetar y proteger los derechos que amparaban aquella *Declaración*. Estos estaban regidos por los principios de universalidad, interdependencia, indivisibilidad y progresividad. La DUDH se convertiría en "el patrón por el que medimos el progreso en el mundo", por decirlo con Kofi Annan, secretario general de Naciones Unidas (1997–2006) (CER, 1951; ONU s/f; DUDH, 1948).

La desolación que dejó la guerra y la cantidad de personas desplazadas y despojadas de todo medio para subsistir encontraron protección en el artículo XIII de la DUDH, que establece: "1. Toda persona tiene derecho a circular libremente y a elegir su residencia en el territorio de un Estado" y "2. Toda persona tiene derecho a salir de cualquier país, incluso del propio, y a regresar a su país". En aquel momento las proyecciones eran optimistas y se pensaba que, tal como lo señala el numeral 5 del Capítulo I del *Estatuto de la Oficina del Alto Comisionado de las Naciones Unidas para los Refugiados*, ACNUR tardaría, a lo sumo, tres años en completar su labor: "facilitar la repatriación voluntaria de tales refugiados o su asimilación en nuevas comunidades nacionales". Después de este plazo se realizaría un análisis para determinar si debía continuar con su mandato. Más de setenta años después su labor no solo sigue siendo necesaria, sino que se ha vuelto imprescindible.

Tan solo en 2020 los conflictos, la violencia, los desastres naturales como consecuencia del cambio climático, entre otros, han provocado 48 millones de desplazamientos internos, 26,4 millones de refugiados y 4,1 millones solicitantes de asilo. Aunque los titulares de los noticieros puedan llevar al espectador a pensar que Europa es el epicentro de la crisis de los refugiados en el mundo, lo cierto es que el 86 % de los refugiados se encuentran en países en desarrollo y, ahora mismo, los países de acogida con mayor volumen de refugiados son Alemania, Turquía, Pakistán, Uganda y Colombia (ACNUR, 1950, 2020).

Por su parte, la migración en el mundo también ha ido en notable aumento. En el año 2000, la migración internacional se estimaba en 155 millones, cifra que para 2015 había subido a 244 millones y, según el último informe mundial de la OIM (2020), hoy en día existen alrededor de 272 millones de migrantes –casi dos terceras partes de estos son migrantes laborales–, cifra que representa al 3,5 % de la población mundial. Si bien este porcentaje podría considerarse pequeño en relación con el número de personas que viven en su país de origen, llama la atención que dicha cifra ya supera las proyecciones que se tenían para el año 2050: 2,6 % de la población mundial o 230 millones de migrantes internacionales (OIM, 2018, 2020).

Si bien la mayoría de los menores migrantes se mudan de sus países dentro de un contexto familiar seguro, también existen aquellos niños, niñas y adolescentes no acompañados –MENAS como se les conoce en España– que han tenido que emprender la trayectoria de forma totalmente desprotegida: en total, alrededor del mundo existen 31 millones de niños migrantes. En cuanto al fenómeno del refugio, ACNUR estima que el 42 % de los refugiados son niños –entre 2018 y 2020 una media de 290 000 y 340 000 niños nacieron como refugiados cada año–, cifra que la OIM sitúa en 13 millones. Asimismo, hay 936 000 menores solicitantes de asilo (OIM, 2020; ACNUR, 2020)

Esto nos lleva a analizar un documento más reciente, pero de un alcance mucho mayor: la *Convención sobre los derechos del niño* (CDN) adoptada por la Asamblea General de Naciones Unidas en su resolución 44/25 del 20 de noviembre de 1989. Los 41 artículos iniciales del documento más ratificado de la historia están encaminados a la no discriminación, la primacía del interés superior del menor, el derecho a la vida, la supervivencia y pleno desarrollo, y la participación infantil (CDN, 1989).

Los Estados se han enfrentado a grandes retos para la implementación de medidas que lleven a la consecución de los objetivos planteados en la *Declaración*, tanto así que se han tenido que habilitar tres protocolos facultativos: "Protocolo Facultativo de la *Convención sobre los derechos del niño* relativo a la Venta de Niños", la "Prostitución Infantil" y la "Utilización de los Niños en la Pornografía" (A/RES/54/263, 2000), *Protocolo facultativo de la convención sobre los derechos del niño* relativo a la "Participación de Niños en los Conflictos Armados" (A/RES/54/263, 2000) y *Protocolo de la convención sobre los derechos del niño* relativo a un procedimiento de comunicaciones (A/RES/66/138, 2011). En su artículo 5º, este último protocolo habilita al Comité de los Derechos del Niño – un *órgano de tratado*[1] que se encarga de supervisar la aplicación, tanto de la *Convención de los derechos del niño*, como sus protocolos facultativos– para recibir

---

1   Los *órganos de tratado* son aquellos órganos conformados por expertos internacionales independientes y creados para la supervisión de la aplicación de los tratados de derechos humanos.

comunicaciones por parte de, o en nombre de personas o grupos de personas que "afirmen ser víctimas de una violación por el Estado parte de cualquiera de los derechos enunciados en cualquiera de los siguientes instrumentos en que ese Estado sea parte" –la Convención o cualquiera de sus protocolos facultativos–.

Desde la adopción del tercer protocolo sobre los *Derechos del niño*, el Comité ha recibido un considerable número de comunicaciones sobre todo tipo de violaciones a los derechos de los menores. En concreto: ¿qué sucede con los derechos de los niños que viven fuera de sus países natales y están en situación de refugio o asilo? Entre todos los derechos enunciados en la CDN, el que aquí nos ocupa es el derecho a la educación, mismo que está reconocido en sus artículos 20, 28 y 29. El artículo 20 señala que, en caso de que un menor sea temporal o permanentemente privado de su medio familiar, el Estado se hará cargo de sus cuidados y, al considerar soluciones a la situación del menor, "se prestará particular atención a la conveniencia de que haya continuidad en la educación del niño y a su origen étnico, religioso, cultural y lingüístico". Por su parte, los artículos 28 y 29 reconocen el derecho del niño a la educación y a cómo debe de encaminarse.

Actualmente, de los más de setenta casos pendientes ante el Comité de los Derechos del Niño, más de dos terceras partes hacen referencia a menores en condición de movilidad humana que han sido arbitrariamente puestos en situación de peligro mortal al ser deportados de los países de los que huían; otros hacen referencia a menores que han sido separados de sus padres en campos de refugiados o de menores no acompañados que han sido sometidos a pruebas médicas para determinar su edad y puestos en centros de detención junto con adultos[2]. Finalmente, hay doce casos pendientes que hablan específicamente sobre violaciones al derecho a la educación del menor (Bélgica: 55/2018; España: 114/2020, 115/2020, 116/2020, 117/2020, 118/2020; Bosnia y Herzegovina: 124/2020; Suiza: 126/2020; Francia: 130/2020, 132/2020; Finlandia: 131/2020; Suiza: 95/2019).

Como se puede ver, el acceso a la educación de la niñez refugiada y migrante es un problema transversal a toda Europa, no solo por las trabas administrativas basadas en estatus de nacionalidad o residencia, sino que, una vez superadas dichas trabas, los menores se enfrentan a problemas para acceder a una educación real y efectiva debido, en muchas ocasiones, a las diferencias de lengua y

---

2   El artículo 37 de la CDN estipula claramente que los menores serán privados de su libertad "sólo como medida de último recurso y durante el período más breve que proceda" y que todo niño privado de su libertad deberá de estar separado de los adultos.

cultura. No es de sorprender que el nivel de deserción escolar de los menores que han nacido fuera de Europa pero que viven dentro de sus fronteras sea del doble en comparación con los menores nativos (ACNUDH, 2021).

2. Multiculturalidad y Derechos Humanos

> *"Eliminar las brechas en la educación de la niñez refugiada y migrante es fundamental para su desarrollo y bienestar, y esto puede tener un efecto positivo para la sociedad en general. La educación también tiene el poder cohesivo de ayudar a los niños refugiados y migrantes y sus familias a establecer vínculos con las comunidades locales y contribuir en ellas. Invertir en una educación inclusiva y de calidad nos ayudará a cumplir con nuestra responsabilidad de garantizar que ninguna generación se quede atrás"*
>
> Manfred Profazi
> Asesor regional principal de la OIM
> para Europa y Asia Central

La *Declaración Universal de la UNESCO sobre la Diversidad Cultural*, adoptada en París en 2001 establece, en su artículo primero, que la diversidad cultural es un patrimonio común de la humanidad. Asimismo, menciona que "en nuestras sociedades cada vez más diversificadas, resulta indispensable garantizar una interacción armoniosa y una voluntad de convivir de personas y grupos con identidades culturales a un tiempo plurales, variadas y dinámicas". La diversidad cultural, apunta, es un factor de desarrollo y un 'medio de acceso a una existencia intelectual, afectiva, moral y espiritual satisfactorio." Por ello, es indispensable impulsar políticas públicas que favorezcan puntos de encuentro para un intercambio cultural, integración, cohesión, participación y paz social (UNESCO, 2001).

Los menores nacidos fuera de la Unión Europea que se encontraban en edad escolar (5-19 años) durante el 2018 representaban el 2.5 %. Si bien la mayoría de estos menores residían en seis países –Alemania (688 669), Reino Unido[3] (569 308), Francia (555 192), España (492 520), Italia (389 180) y Suiza (215 601)– la facilitación del acceso a la educación de calidad para la niñez migrante y refugiada es un desafío para la Unión Europea en su conjunto (ACNUR et al., 2019).

---

3   La salida del Reino Unido de la Unión Europea se efectuó el 1 de febrero del 2020, por lo que los datos aquí presentados corresponden a la realidad de ese momento histórico.

Según un informe publicado por ACNUR, OIM y UNICEF en 2019 los retos para ofrecer una educación de calidad a los menores son numerosos. Por un lado, las barreras legales y administrativas que muchas veces los dejan totalmente fuera del sistema educativo, a saber: la regularización de menores de entre tres y cinco años y mayores de quince años, ya que estos rangos de edad no están dentro de la educación obligatoria; barreras culturales y de lenguaje; estereotipos y discriminación; falta de recursos humanos y financieros para las escuelas; y, también, menores no acompañados que alcanzan la mayoría de edad, por mencionar algunos.

Asimismo, es importante recordar que muchos de estos menores vienen huyendo de contextos de extrema violencia y precariedad, por lo que, además de la barrera del lenguaje, también se observa un retraso educativo importante y unos retos psicosociales sumamente desafiantes. En este sentido, las escuelas deben de proveer apoyo adicional, sobre todo a los recién llegados, para que puedan mejorar su rendimiento. En este sentido, la capacitación y formación al profesorado sobre cómo trabajar con niñez migrante y refugiada es imprescindible para que puedan apoyar a los menores con los múltiples desafíos a los que se enfrentan a su corta edad. Igualmente, es imprescindible conocer e interesarse por la situación de vida específica de cada menor. Algunos de ellos siguen viviendo en condiciones de extrema precariedad con un limitado acceso a una alimentación balanceada. Además, viven en lugares muy apartados –muchas veces en campos de refugiados– por lo que el traslado hacia y desde la escuela suelen ser largos, mermando aun más su capacidad de rendimiento educativo (ACNUR et al., 2019).

Ayudar a los menores a integrarse en las sociedades de acogida es una responsabilidad de todos. Sin embargo, es en la escuela en donde los menores deben de aprender a desarrollar su personalidad, aptitudes, capacidad mental y física al máximo de sus posibilidades, así como el respeto por los derechos humanos y las libertades fundamentales (art. 29, CDN). Es también en las escuelas donde se debe trabajar en que el pluralismo cultural se convierta en la materia prima para construir sociedades en donde impere la integración, la protección a los derechos humanos y la cultura de paz.

Referencias bibliográficas

A/RES/66/138 (2011). *Protocolo facultativo de la Convención sobre los Derechos del Niño relativo a un procedimiento de comunicaciones*: https://www.acnur. org/fileadmin/Documentos/Proteccion/Buenas_Practicas/9532.pdf

A/RES54/263 (2000). *Protocolo facultativo de la Convención sobre los Derechos del Niño relativo a la participación de niños en los conflictos armados*: https://www.ohchr.org/sp/professionalinterest/pages/opaccrc.aspx

A/RES54/263 (2000). *Protocolo facultativo de la Convención sobre los Derechos del Niño relativo a la venta de niños, la prostitución infantil y la utilización de niños en la pornografía*: https://www.ohchr.org/sp/professionalinterest/pages/opsccrc.aspx

ACNUDH (2021). *Tabla de casos pendientes ante el Comité de los Derechos del Niño*: https://www.ohchr.org/Documents/HRBodies/CRC/TablePendingCases.pdf

ACNUR (1950). *Estatuto de la Oficina del Alto Comisionado de las Naciones Unidas para los Refugiados*: https://www.acnur.org/5b07680a4.pdf

ACNUR (2020). *Informe Annual 2020*: https://eacnur.org/files/reports/file/2020_memoriaanual_sp_web.pdf

ACNUR et.al. (2019). *Access to education for refugee and migrant children in Europe*: file:///C:/Users/User/Downloads/Access%20to%20education%20europe-20.pdf

ACNUR. (2019) *ACNUR, OIM y UNICEF instan a los estados europeos a que impulsen la educación para la niñez refugiada y migrante*. Consultar: https://www.acnur.org/noticias/press/2019/9/5d781e534/acnur-la-organizacion-internacional-para-las-migraciones-oim-y-unicef-instan.html

ACNUR: https://eacnur.org/es/que-es-acnur/historia-de-acnur?utm_source=menu

Comité Internacional de la Cruz Roja (2001). *Refugiados y personas civiles desplazadas en el interior de un mismo país: línea de conducta del CICR*: https://www.icrc.org/es/doc/resources/documents/misc/5tdq3p.htm

Convención de los Derechos del Niño (1989): https://www.ohchr.org/sp/professionalinterest/pages/crc.aspx

Convención sobre el Estatuto de los Refugiados (1951): https://www.acnur.org/5b0766944.pdf

Declaración Universal de los Derechos Humanos (1948): https://www.ohchr.org/EN/UDHR/Documents/UDHR_Translations/spn.pdf

McGraw Hill, A. (2018). *Historia de Estados Unidos. Un país e formación*. Brinkley

López Vega, A. (2014) *1914. El año que cambió la historia*. Taurus

OIM (2020). *Informe sobre las migraciones en el mundo*: file:///C:/Users/User/Downloads/WMR_2020_ES%20(2).pdf

OIM. (2011). *Key Migration Terms*: https://www.iom.int/key-migration-terms

OIM. (2018). *World Migration Report* 2018: https://www.iom.int/wmr/world-migration-report-2018

ONU (s/f). *Las mujeres que dieron forma a la Declaración Universal de los Derechos Humanos*: https://www.un.org/es/observances/human-rights-day/women-who-shaped-the-universal-declaration

UNSESCO. (2001). *Declaración Universal de la UNESCO sobre la Diversidad Cultural. Adoptada por la 31ª reunión de la Conferencia General de la UNESCO París, 2 de noviembre de 2001.* Consultar: https://www.congreso.es/docu/docum/ddocum/dosieres/sleg/legislatura_10/spl_70/pdfs/30.pdf

Viviane Devriésère

Multilinguisme et interculturalité : les perspectives actuelles de la formation en Europe

Résumé : Le plurilinguisme, le multilinguisme et l'interculturalité continuent d'occuper une place centrale en Europe. Ils correspondent au projet politique d'une Europe fondée sur l'unité dans la diversité et au modèle de société qu'elle souhaite promouvoir. L'importance de l'éducation et de la formation est réaffirmée : l'espace européen de l'éducation 2025 et au-delà souligne le rôle très important des établissements d'enseignement et de formation et des enseignants pour la construction d'une société inclusive, digitale, ouverte, respectueuse de la différence. De nouvelles modalités de fonctionnement, d'enseignement, de diffusion sont préconisées.

Mots clés : Europe, espace européen de l'éducation 2025 et au-delà, plurilinguisme, interculturel.

Le plurilinguisme, le multilinguisme et l'interculturalité

Le plurilinguisme, le multilinguisme et l'interculturalité sont constitutifs de l'Union européenne fondée sur la devise « Unité dans la diversité ». Dans cette mosaïque de peuples qu'est l'Europe, la diversité culturelle et linguistique est à la fois une réalité mais aussi une valeur fondamentale de l'Union européenne. Celle-ci a fait reposer sa politique sur la promotion et le respect de la diversité culturelle et linguistique et sur la création d'un dialogue interculturel dans l'ensemble de l'Union et au-delà. La charte des droits fondamentaux de l'Union européenne, adoptée en 2000, interdit les discriminations fondées sur la langue et rend obligatoire le respect de la diversité linguistique. Dès 2012, le traité sur l'Union européenne réaffirmait ces droits et obligations : l'article 3 soulignait que l'Union « respecte la richesse de sa diversité culturelle et linguistique et veille à la sauvegarde et au développement du patrimoine culturel européen (Traité sur l'Union européenne, 2021). »

Si la promotion de la diversité linguistique a une telle place dans l'Union européenne, c'est qu'elle constitue un enjeu politique essentiel : elle vise la construction d'un modèle de société. L'Europe veut promouvoir une société ouverte, tolérante, valorisant la diversité et un héritage culturel riche de celle-ci (JO de l'UE, 2021). La politique linguistique de l'Union européenne est donc un moyen

de construire une telle société en promouvant la diversité des peuples, la compréhension entre ces derniers, et, partant, les valeurs européennes de respect des
droits et de la dignité humaine, y compris celles appartenant à des minorités, de
démocratie, d'égalité.

L'espace européen de l'éducation européen

La contribution de la Commission européenne à la réunion des dirigeants de
novembre 2017 à Göteborg, "Renforcer l'identité européenne par l'éducation et
la culture" présentait la vision d'un espace européen de l'éducation et mettait l'accent sur la place centrale de l'éducation, de la culture et de la mobilité, appelant
de ses vœux un espace européen où les jeunes Européens auraient « une bonne
connaissance de deux langues en plus de leur (s) langue (s) maternelle (s) en
sortant de l'enseignement secondaire supérieur et où les personnes auraient un
sens aigu de leur identité en tant qu'Européens, ainsi que du patrimoine culturel
et linguistique commun de l'Europe et de sa diversité » (Communication de la
Commission au Parlement européen, 2021). L'enjeu politique est donc fort : ce
qui est recherché au travers de l'espace européen de l'éducation, c'est que se déve-
loppt une meilleure compréhension de l'Union et de ses États membres ainsi
que des autres cultures et que se construise, en plus des identités nationales, une
identité européenne.

L'espace européen de l'éducation 2025 et au-delà (2021–2030) poursuit les
mêmes visées : il comporte plusieurs priorités stratégiques, dans lesquelles les
cultures, les langues et la mobilité réaffirment leur place centrale. La priorité
« Faire de l'apprentissage tout au long de la vie et de la mobilité une réalité pour
tous » indique que « dans l'espace européen de l'éducation, les apprenants et le
personnel éducatif pourront facilement coopérer et communiquer entre disciplines, cultures et frontières ». L'importance de l'« épanouissement personnel, social
et professionnel de tous les citoyens » est rappelée et passe par la promotion
des valeurs démocratiques, de l'égalité, de la cohésion sociale, de la citoyenneté
active, du dialogue interculturel et du multilinguisme[1]. Il est à noter que l'espace
européen de l'éducation définit des domaines prioritaires pour progresser dans la
réalisation de ces priorités stratégiques définies pour la coopération européenne,
domaines qui visent à permettre de poursuivre la coopération sur des questions
perçues comme particulièrement importantes et où il reste encore des défis à
relever, et que le premier domaine prioritaire, qui concerne la « qualité, équité,

---

1   Journal officiel C66 de l'UE.

inclusion et réussite dans le domaine de l'éducation et de la formation », vise à « encourager et soutenir l'enseignement et l'apprentissage des langues ainsi que le multilinguisme, permettant ainsi aux apprenants, aux enseignants et aux formateurs de profiter d'un véritable espace européen de l'apprentissage ». Ceci souligne l'importance essentielle de cet enseignement dans les années à venir. L'éducation du XXIe siècle doit développer particulièrement ces compétences. En effet, connaître plusieurs langues permet d'être sensibilisé à plusieurs cultures et de développer des compétences interculturelles.

> L'acquisition d'un répertoire plurilingue tout au long de la vie est associée au développement d'une conscience de la complexité culturelle de l'environnement, qui est évidente, en particulier au sein des pays européens. (…) Les individus peuvent devenir capables de vivre avec d'autres dans de nouveaux environnements linguistiques, et peuvent devenir, en conséquence, capables de comprendre les valeurs et les comportements d'autres groupes. (Beacco, 2007)

Ces compétences sont essentielles dans des sociétés multiculturelles démocratiques, dans lesquelles l'éducation doit servir, certes, à acquérir des compétences de base et à entrer dans un monde du travail en pleine mutation, mais aussi à former des citoyens responsables, ouverts, tolérants capables de mieux vivre ensemble dans des sociétés inclusives.

> La maîtrise des langues nationales par tous, dans leurs formes écrites en particulier, et celle des langues étrangères sont des compétences de plus en plus indispensables aux activités professionnelles tout autant qu'à la cohésion sociale. Les actions organisées pour lutter contre la marginalisation font inévitablement intervenir la communication verbale, comme condition et forme de la socialisation (Beacco, 2007)

Comme le souligne Bernard Hugonnier, c'est donc par l'éducation que se construit une démocratie apaisée en apprenant aux élèves à vivre avec les autres et à accepter les différences. Le plurilinguisme et l'interculturel y jouent donc un rôle essentiel. Cette éducation citoyenne, durable, est un véritable défi qui doit inciter les systèmes d'éducation et de formation à reconsidérer l'enseignement et l'apprentissage des langues et les possibilités offertes par l'Europe et sa diversité linguistique, et à proposer de nouveaux modes d'apprentissage, avec une offre élargie de langues dans les classes et en dehors des salles de classe.

De nouvelles modalités de formation et d'apprentissage

Les modalités de formation et d'apprentissage de l'espace européen de l'éducation 2025 et au-delà, jusqu'en 2030, s'adossent au cadre stratégique « Education et formation 2020 » et prennent en compte les leçons tirées de la pandémie de la Covid 19.

Il est préconisé que soit promu un enseignement et un apprentissage en ligne et mixtes, assortis d'une lutte contre les inégalités dans l'accès au savoir qu'engendrent ces nouvelles modalités d'enseignement.

> Il faut susciter un changement profond des comportements et des compétences de chacun, en commençant par les systèmes et les établissements d'enseignement et de formation, en tant que catalyseurs. Ces derniers doivent intégrer les dimensions écologique et numérique dans leur développement organisationnel. Il faut pour cela investir, notamment dans les écosystèmes d'éducation numériques, non seulement afin d'intégrer une perspective de durabilité environnementale et les compétences numériques de base et avancées à tous les niveaux et dans tous les types d'éducation et de formation, mais aussi pour faire en sorte que les infrastructures d'éducation et de formation soient dûment préparées à affronter ces changements et à dispenser l'enseignement nécessaire pour y faire face (JO de l'UE, 2021).

Le caractère essentiel des enseignants, de leur formation, de leur motivation, de leur bien-être est souligné, ainsi que celle d'un accès plus large à des mobilités afin d'améliorer la qualité et l'inclusion dans le domaine de l'éducation et de la formation et de promouvoir le multilinguisme. Les échanges de bonnes pratiques et l'apprentissage par les pairs, qui avaient une large place dans le cadre stratégique « Education et formation 2020 », doivent continuer à se développer. L'apprentissage mutuel doit trouver sa place dans les cinq domaines prioritaires de l'espace de l'éducation 2025 et au-delà : qualité, équité, inclusion et réussite dans le domaine de l'éducation et de la formation ; apprentissage tout au long de la vie et mobilité ; enseignants et formateurs ; enseignement supérieur ; transitions écologique et numérique. Il s'agira « d'actions d'apprentissage par les pairs et de conseil entre pairs, de conférences et de séminaires, d'ateliers, de forums ou groupes d'experts de haut niveau, de tables rondes, d'études, d'analyses, de coopération via internet et, le cas échéant, avec la participation des parties prenantes concernées (JO de l'UE, 2021) ».

La stratégie européenne des années à venir fait de l'inclusion sa priorité : pour cela, il faut que les établissements d'enseignement et de formation associent « tous les acteurs de l'école », qu'ils créent « des environnements éducatifs inclusifs, sains et durables », qu'ils proposent une éducation de qualité pour tous les apprenants, y compris ceux « issus de l'immigration et d'autres groupes vulnérables », grâce à ces actions d'apprentissages, à de nouveaux environnements d'apprentissage et à des approches individuelles, afin de promouvoir « les valeurs démocratiques, l'égalité, la cohésion sociale, la citoyenneté active et le dialogue interculturel ». Pour cela, les établissements d'enseignement supérieur devront développer de nouvelles formes de coopération, plus flexible set mettre l'accent sur la diffusion des résultats de leur recherche.

Les résultats et les bonnes pratiques devront être diffusés largement, pour profiter au plus grand nombre, dans le cadre de la science ouverte à laquelle l'Europe invite les chercheurs. Soulignons à ce propos l'intérêt que porte l'Europe aux sciences citoyennes et particulièrement à la science ouverte. Le nouvel espace européen de la recherche et de l'innovation met l'accent sur cette dernière. La recherche en Europe est appelée à être mise au service des sociétés et de leur amélioration. « La science ouverte, y compris la généralisation de l'accès ouvert aux publications et aux données de la recherche, joue un rôle crucial pour renforcer l'impact, la qualité, l'efficacité, la transparence et l'intégrité de la R&I, et rapproche la science et la société (Conclusions sur le nouvel espace européen de la recherche, 2021) ». Elle doit permettre un meilleur accès des citoyens aux résultats de la recherche et au progrès scientifique et joue un rôle essentiel dans le modèle de société voulu par l'Europe dont l'éducation, la formation, la recherche doivent permettre l'amélioration en favorisant l'épanouissement et le bien-être personnels des citoyens et une citoyenneté active et responsable, dans le cadre d'un apprentissage tout au long de la vie. La science ouverte est donc au service de ce modèle de société européenne.

Ce projet européen est essentiel pour entrer dans l'espace européen de l'éducation 2025 et au-delà. Portant sur une thématique clé, il ouvrira positivement, nous en sommes convaincue, sur d'autres projets traitant de la question centrale de la formation des enseignants, laquelle reste un enjeu majeur des années à venir.

Références bibliographiques

Beacco J.C., (2007). « *De la diversité linguistique à l'éducation plurilingue : guide pour l'élaboration des politiques éducatives en Europe* ».

Commission européenne, (2021). "Communication de la Commission au Parlement européen".

Conseil de l'Union européenne (2021). "Conclusions sur le nouvel espace européen de la recherche".

Hugonnier, B. *Education au futur : Nouveaux défis. Nouvelles réponses.* Rapport du groupe d'experts d'EvalUE préparé pour l'UNESCO dans le cadre de la coalition mondiale de l'éducation. In press.

Journal officiel C66 de l'UE.

Traité sur l'Union européenne, consultable sur le lien https://eur-lex.europa.eu/resource.html?uri=cellar:2bf140bf-a3f8-4ab2-b506-fd71826e6da6.0002.02/DOC_1&format=PDF, consulté le 12 juillet 2021.

Rosabel Roig-Vila

Diego Xavier Sierra Pazmiño

José Luis Cazarez Valdiviezo

La formación en competencias digitales docentes como elemento transversal para abordar la multiculturalidad y el plurilingüismo en el aula

Resumen: En la sociedad actual, conocida como sociedad de la información, se destaca la importancia y trascendencia de la formación docente respecto a las competencias digitales. Las mismas son necesarias para hacer frente a las expectativas y retos planteados en el nuevo paradigma pedagógico y prácticas educativas conforme al siglo XXI. A partir de este contexto, el presente trabajo aborda el concepto de competencia digital, los principales modelos de referencia existentes al respecto, así como las características que debe reunir una formación docente en esta línea. Al respecto, se expone la necesidad de contextualizar dicha formación en los rasgos específicos de cada comunidad donde se ubica un determinado centro educativo. La multiculturalidad y el plurilingüismo propios de dicha comunidad exigen que se aborde la formación en competencias digitales de forma transversal con el fin de lograr una educación coherente con el contexto mismo donde se ubica.

Palabras clave: competencia digital docente, tecnología educativa, interculturalidad, multilingüismo, formación inicial docente

1. Introducción

En la sociedad actual es ya habitual el uso cotidiano de la tecnología digital, no solo en el ámbito personal, sino también en el profesional, cultural, social, económico, entre otros. En este caso, el ámbito educativo no es una excepción y en él se desarrolla una gran variedad de propuestas didácticas donde las Tecnologías de la Información y la Comunicación (TIC) tienen un papel relevante (Cabero-Almenara y Roig-Vila, 2019; González-Calatayud, Prendes-Espinosa y Roig-Vila, 2021; Gourlay, 2021; Roig-Vila, Romero-Guerra y Rovira-Collado, 2021). Por ello, desde las instituciones escolares se deben propiciar los correspondientes procesos y estrategias de desarrollo de las competencias digitales que son necesarias para el alumnado, al cual, no solo estamos formando como futuros ciudadanos y ciudadanas, sino que ya conforman, *per se*, un colectivo que interacciona diariamente con la tecnología.

En este proceso es fundamental que el profesorado posea, asimismo, las competencias digitales necesarias para llevar a cabo esta tarea y es que, en definitiva, en la actual sociedad de la información, las organizaciones educativas no pueden dejar de lado a los individuos que las conforman y con los que se relaciona por cuanto se refiere a las habilidades y destrezas que les son necesarias en su desarrollo.

Así, en la escuela, en términos generales, debe llevarse un proceso que permita la adquisición de una serie de competencias digitales por parte del alumnado, así como una actualización de la formación del profesorado respecto a las mismas. En este último caso, se trata del *lifelong learning* inherente a la función docente, especialmente importante en una sociedad "líquida" (Baumann, 2020) que cambia continuamente y a la cual debemos adaptarnos, como es el caso originado por la pandemia reciente (OCDE, 2020). En este caso, los espacios educativos presenciales se han suplido por espacios virtuales o híbridos, los cuales exigen nuevas competencias (Imants, Meijer y Blankesteijn, 2020).

Es importante, pues, este proceso de reciclaje, especialmente en la formación inicial docente, donde es fundamental y se hace necesario incorporar las competencias básicas de la función docente, incluidas las competencias digitales (Pangrazio y Sefton-Green, 2021). Ahora bien, la adquisición de dichas competencias no puede hacerse de manera descontextualizada respecto a la situación que los futuros docentes encontrarán al llegar al centro educativo. Al contrario, debe ser una formación que tenga en cuenta los aspectos que componen el aula actual, entre los que se encuentran la diversidad cultural y lingüística del alumnado. Analicemos, pues, en los siguientes apartados, el tándem entre competencia digital e interculturalidad y multilingüismo, el cual debe hacerse visible en la formación del docente por las características mismas de nuestra actual escuela, así como sociedad.

2. Competencias digitales. Principales referencias internacionales

Vivimos en la denominada sociedad de la información, donde la tecnología digital es una pieza fundamental en cualquier ámbito: profesional, personal, familiar, empresarial, educativo, administrativo, entre otros. Tareas cotidianas como informarse, comunicarse con otras personas, trabajar o buscar trabajo, comprar en línea, formarse, entre otros, exigen un uso correcto de la tecnología digital. Estamos rodeados de entornos que cada vez se digitalizan más y que exigen unas habilidades específicas para desenvolverse en ellos las cuales se denominan "competencias digitales", es decir, un conjunto de conocimientos, destrezas, capacidades, habilidades y actitudes necesarias en torno al uso eficaz, crítico, seguro y creativo de las tecnologías de la información y la comunicación para alcanzar los objetivos relacionados con el trabajo, la empleabilidad, el aprendizaje, el tiempo libre, la inclusión y participación en la sociedad.

Ante este escenario, el sistema educativo no puede dar la espalda a estas competencias y deben articularse los medios necesarios para ser abordadas en el aula. Para ello, es necesario, en primer lugar, preguntarse qué competencias digitales se requieren para desenvolverse en nuestra sociedad. En este sentido, diversas iniciativas internacionales han propuesto varias clasificaciones, como por ejemplo la referida a la *International* Society for Technology in Education (ISTE, 2020) ubicada en EE. UU. Esta asociación desarrolló en 2016 los denominados "Estándares de Tecnologías de la Información y la Comunicación" (NETS) aplicados a los estudiantes. Desde entonces, han desarrollado estándares para otros agentes educativos y colectivos. Las áreas de competencia digital que establece el ISTE giran en torno a los siguientes factores: ciudadano empoderado, ciudadano digital, constructor de conocimiento, diseñador innovador, estrategias para comprender y resolver problemas de forma que aprovechen el poder de los métodos tecnológicos para desarrollar y probar soluciones, comunicadores creativos, colaborador global.

En el contexto europeo cabe citar el proyecto DigComp (The Digital Competente Framework for Citizens) del Joint Research Centre (https://ec.europa.eu/jrc/en/) de la Comisión Europea, que se inició en diciembre de 2010 con el objetivo de identificar las competencias necesarias –conocimientos, habilidades y actitudes– en un ciudadano o ciudadana para ser "digitalmente competente" y así poder elaborar un marco de referencia a nivel europeo para dichas competencias digitales (Ferrari, 2013). Como resultado del proyecto se publicó en 2013 un marco de referencia dentro del informe DIGCOMP: A Framework for Developing and Understanding Digital Competence in Europe. El informe fue elaborado tras el extenso trabajo de análisis desarrollado a lo largo del proyecto, recogiendo datos de diversas fuentes y con un amplio proceso de contraste con diferentes agentes implicados. Se delimitaron 21 competencias digitales englobadas en cinco áreas: información, comunicación, creación de contenido, seguridad y resolución de problemas. El estudio recoge una ficha detallada para cada una de estas competencias, indicando, además de una descripción básica: a) referencias para autoevaluarse con base en afirmaciones sobre el dominio de cada competencia, dentro de una escala de tres valores de dominio: básico, intermedio y avanzado; b) ejemplos de los conocimientos, habilidades y actitudes asociados a cada competencia; c) ejemplos de la aplicación de cada competencia, en sus tres niveles de dominio, en dos ámbitos de referencia: el estudio/aprendizaje y el desempeño de un empleo.

Este marco en su versión actual, DigComp 2.1 (Carretero, Vuorikari y Punie, 2017), alude a aspectos tales como la búsqueda y evaluación de información en Internet o la gestión de datos. Asimismo, atañen a la interacción con otras personas: compartir información, colaborar, participar y seguir unas normas de conducta. También hacen referencia a la creación de contenido digital y los derechos de autor, así como a la seguridad, la protección de dispositivos, la protección de datos personales y privacidad, y la protección de la salud y el bienestar. Por último, aluden a la resolución de problemas técnicos, uso creativo de lo digital e identificación de brechas digitales. El objetivo de este marco es ser exhaustivo y extensivo, pero no dogmático, es decir, no todos los ciudadanos deben tener todas las competencias digitales que se describen. La finalidad de este marco de referencia es que pueda servir como guía y clasificación de competencias digitales para propuestas específicas de alfabetización digital. Tal es el caso del proyecto "Educación digital. Acciones de competencias digitales" del Centro de Inteligencia Digital de Alicante (https://cenid.es/) que está desarrollando el Grupo de Investigación Interdisciplinar en Docencia Universitaria-Educación y Tecnologías de la Información y Comunicación/Educación Inclusiva (GIDU-EDUTIC/IN) de la Universidad de Alicante con el fin de observar y calibrar la situación actual en Alicante en torno al caudal de competencias digitales que posee la ciudadanía en este contexto.

DigComp ha apoyado a instituciones y autoridades educativas y de empleo, así como organizaciones y empresas de la UE al ofrecer herramientas específicas para mejorar y optimizar las habilidades digitales. Por ejemplo, Francia ha desarrollado PIX y el País Vasco creó IKANOS (Cilli y Domiciano, 2021), ambos instrumentos de evaluación para evaluar la competencia digital . Otros ejemplos son la iniciativa "Pane e Internet" (Bilotta, 2020) de formación y cultura de alfabetización digital, desarrollada en la región de Emilia-Romagna (Italia), y el Indicador de Habilidades Digitales creado por la Comisión Europea para medir el nivel de competencia digital de la población de la UE.

En la misma línea, el Instituto Nacional de Tecnologías Educativas y de Formación del Profesorado (INTEF) del Ministerio de Educación español ha establecido un "Marco de Referencia de la Competencia Digital Docente" (http://aprende.intef.es/mccdd) y ofrece también un test gratuito de autoevaluación. Se trabaja sobre las cinco áreas de competencia digital propuestas en el proyecto DigComp para hacer una adaptación aplicada a la función docente, con indicadores evaluables que pueden ser acreditados tras las correspondientes acciones formativas. Se determinan, así, 21 competencias, de las cuales se establecen seis niveles competenciales progresivos de manejo: A1 Nivel básico, A2 Nivel básico, B1 Nivel intermedio, B2 Nivel intermedio, C1 Nivel avanzado y C2 Nivel avanzado.

Por último, y con el fin de tener una visión panorámica internacional, cabe citar la propuesta de la UNESCO en torno al marco DigComp. En este sentido, si bien DigComp 2.1 cubre una amplia gama de competencias, un comité de este organismo concluyó que carecía de dos áreas críticas: a) fundamentos de familiaridad con *hardware* y *software*, que a menudo se da por sentado en los países más ricos; y b) competencias relacionadas con el desarrollo profesional. Es así cómo determinó un marco global con siete áreas de competencia (Cateriano-Chavez et al, 2021). A partir de este modelo son numerosas las investigaciones que abogan por esta propuesta. Así, el proyecto EDU1DIGITAL está inmerso en el diagnóstico y análisis en la provincia de Alicante de la autopercepción que tiene la ciudadanía respecto a las competencias digitales adquiridas. En concreto, se está realizando la investigación en las diversas comarcas de la provincia, así como las diversas franjas de edad de la población.

3. Competencias digitales docentes. Claves para una formación basada en la interculturalidad y el multilingüismo

Los retos que se plantean en la sociedad actual, para los cuales el profesorado debe formar a su alumnado, exigen una formación docente que se ubique, ya no únicamente desde la perspectiva del docente como ejecutor de un currículo previamente elaborado y estático, sino como un actor fundamental dentro del proceso educativo (Carvalho y Yeoman, 2021). Así pues, es necesario repensar la formación docente desde y para la reflexión crítica, teniendo en cuenta las características del contexto: debe realizarse un análisis sobre el currículo y sobre sus propias prácticas, así como la pertinencia de estas en relación con los contextos donde se desarrollan (Instefjord y Munthe, 2017). En este sentido, debemos tener en cuenta cuáles son las demandas que dicho contexto exige al modelo de profesionalización docente, lo cual supone nuevas formas de concebir e implementar las políticas en materia de formación. En este caso, los docentes dejan de ser el "objeto" de la política para transformarse en sujetos centrales en su construcción (Montero y Gewerc, 2018).

Es indiscutible la relación entre la formación inicial, así como el *lifelong learning*, y el desempeño profesional, así como también es evidente la relación entre el desempeño docente y la calidad de los aprendizajes (Cabero-Almenara, Romero-Tena y Palacios-Rodríguez, 2020). Por ello, debemos delimitar las competencias que influyen en la calidad docente, entre las que se encuentran las competencias digitales, pero siempre atendiendo, en definitiva, al rol que desempeña el docente en la sociedad.

Repensar las competencias digitales docentes en la sociedad actual exige repensar cuál es el nuevo docente que la sociedad necesita. Asimismo, el proceso formativo requiere recuperar la visión de los contextos escolares donde sucede el hecho educativo. En este caso, es importante repensar, no solo lo vinculado a las competencias digitales, sino, en conjunto, la formación docente, desde todo aquello que emerge de la misma sociedad, como la interculturalidad y el multilingüismo (Gómez, 2020). La diversidad cultural forma parte de nuestra sociedad, de nuestra escuela, y el docente no puede obviar, relegar u omitir este hecho (Merma y Gavilán, 2019). Al contrario, debe incorporarlo a las competencias docentes, en este caso digitales, necesarias para el desarrollo de una educación de calidad. Para ello, se requiere de una formación que debe caracterizarse por sólidos conocimientos didácticos, disciplinarios y pedagógicos, pero, además, se debe capacitar al docente en herramientas necesarias que sirvan para cuestionar sus prácticas e innovarlas en base al contexto escolar y social. Asimismo, será fundamental la reflexión crítica sobre la práctica, con el fin de lograr una mejora continua de la misma (Tonner-Saunders y Shimi, 2021).

En nuestro caso, el docente juega un papel fundamental en los procesos de enseñanza-aprendizaje mediados principalmente por TIC. Por ello, es esencial la obtención de conocimientos específicos. Entre estos existe un modelo que especifica de manera clara dichos conocimientos indispensables, como es el modelo TPACK formulado por Mishra y Koehler (Cabero-Almenara, Roig-Vila y Mengual-Andrés, 2017). TPACK son las siglas de Technological Pedagogical Content Knowledge (Conocimiento Tecnológico, Pedagógico y Disciplinar) y, con ello, se quiere plasmar un referente en torno a la tipología y naturaleza de las competencias digitales del docente. El modelo TPACK se fundamenta, en parte, en el denominado "Conocimiento Didáctico del Contenido", originalmente formulado por Shulman (1986), que manifestaba la idea de que los docentes deben poseer conocimientos sobre el contenido y la pedagogía. Apoyándose en esta idea, Mishra y Koehler (2006) formularon su modelo TPACK, que pretende delimitar los diferentes tipos de conocimientos que el profesorado necesita poseer para integrar las TIC de forma eficaz en el aula. Ahora bien, el modelo ha recibido una serie de críticas, fundamentalmente por su carácter generalista. (Cabero y Martínez, 2019). Por ello, se ha ido estableciendo el avance hacia propuestas en las que se hace necesario incorporar distintos tipos de componentes, tales como las actitudes del docente, características del alumnado y del contexto, principalmente. Solo así se pueden establecer ambientes de aprendizaje donde aspectos como la interculturalidad y el multilingüismo puedan ser abordados de forma coherente.

4. A modo de conclusión

Es necesario tener en cuenta que las TIC son un medio, no un fin, y que deben contemplarse en el ámbito educativo en los planes de actuación amplios, donde se tengan en cuenta una serie de factores contextuales. Así, las herramientas tecnológicas deben obedecer a estrategias y planificaciones curriculares donde estén presentes lineamientos ético-sociales que aseguren una educación arraigada en el contexto social actual y que no generen situaciones problemáticas, tanto sociales como personales (Roig-Vila, Prendes-Espinosa y Urrea-Solano, 2020).

En esta tarea de integración de las TIC en la educación y el desarrollo adecuado de las competencias digitales en los docentes, es necesario realizar un esfuerzo importante desde el punto de vista académico e institucional, así como en la misma formación y capacitación del profesorado sobre la tecnología digital. Como indica Yanes (2010), es necesaria, en definitiva, una formación en competencias digitales basada en modelos pedagógicos que permitan la disposición de medios digitales al servicio del desarrollo de una conciencia política y ética razonadas. Al mismo tiempo, deben realizarse intervenciones tecnológicas educativas adecuadas a los contextos actuales, con el fin de crear una sociedad acorde con los parámetros que la definen, como es el caso de la interculturalidad y el multilingüismo.

Referencias bibliográficas

Bauman, Z. (2020). *Sobre la educación en un mundo líquido*. Paidós.

Bilotta, A. (2020). Nuovi servizi per nuovi bisogni: una rassegna sulle biblioteche pubbliche italiane. *Biblioteche Oggi*, 6(2). http://dx.doi.org/10.3302/2421-3810-202002-052-1

Cabero, J. y Martínez, A. (2019). Las tecnologías de la Información y Comunicación y la formación inicial de los docentes. Modelos y Competencias Digitales. *Revista de currículum y formación del profesorado, 23*(3), 248–268.

Cabero-Almenara, J. y Roig-Vila, R. (2019). The Motivation of Technological Scenarios in Augmented Reality (AR): Results of Different Experiments. *Applied Sciences, 9*(14). https://doi.org/10.3390/app9142907

Cabero-Almenara, J., Roig-Vila, R. y Mengual-Andrés, S. (2017). Conocimientos tecnológicos, pedagógicos y disciplinares de los futuros docentes según el modelo TPACK. *Digital Education Review*, 32, 85–96. http://hdl.handle.net/11441/69058

Cabero-Almenara, J., Romero-Tena, R. y Palacios-Rodríguez, A. (2020). Evaluation of Teacher Digital Competence Frameworks Through Expert Judgement: the Use of the Expert Competence Coefficient. *Journal of New Approaches in Educational Research*, 9(2), 275–293. https://doi.org/10.7821/naer.2020.7.578

Carretero, S. Vuorikari, R. y Punie, Y. (2017). The digital competence framework for citizens. Publications Office of the European Union. http://svwo.be/sites/default/files/DigComp%202.1.pdf

Carvalho, L., y Yeoman, P. (2021). Performativity of Materials in Learning: The Learning-Whole in Action. *Journal of New Approaches in Educational Research*, 10(1), 28–42. http://dx.doi.org/10.7821/naer.2021.1.627

Cateriano-Chavez, T. J., Rodríguez-Rios, M. L., Patiño-Abrego, E. L., Araujo-Castillo, R. L., Villalba-Condori, K. (2021). Competencias digitales, metodología y evaluación en formadores de docentes. *Campus Virtuales*, 10(1), 153–162.

Cilli, T. L. B. y Domiciano, C. L. C. (2021). Letramento digital: competências digitais necessárias e ferramentas de diagnóstico aplicadas à formação docente. Revista CB Tecle, 1(1),

Ferrari, A. (2013). DIGCOMP: *A Framework for Developing and Understanding Digital Competence in Europe*. European Commission, Joint Research Centre, Institute for Prospective Technological Studies. https://publications.jrc.ec.europa.eu/repository/bitstream/JRC83167/lb-na-26035-enn.pdf

Gómez Navarro, D. A. (2020). Apropiación social y comunitaria de las TIC: desafíos para las universidades interculturales en México. *Revista Dilemas Contemporáneos*, 2. https://doi.org/10.46377/dilemas.v32i1.2010

González-Calatayud, V., Prendes-Espinosa, P. y Roig-Vila, R. (2021). Artificial Intelligence for Student Assessment: A Systematic Review. *Applied Sciences*, 11(12), 5467. https://doi.org/10.3390/app11125467

Gourlay, L. (2021). There is no 'Virtual Learning': the materiality of Digital Education. *Journal of New Approaches in Educational Research*, 10(1), 57–66. http://dx.doi.org/10.7821/naer.2021.1.649

Imants J., Meijer P. C., y Blankesteijn, E. (2020). Expansive Learning in Teacher Education's Hybrid Spaces: The Challenges and Possibilities in and Beyond Learning Studios. *Frontiers Education*, 5(64), 1–13. https://doi.org/10.3389/feduc.2020.00064

Instefjord, E. J. y Munthe, E. (2017). Educating digitally competent teachers: A study of integration of professional digital competence in teacher education. *Teaching and Teacher Education*, 67, 37–45. https://doi.org/10.1016/j.tate.2017.05.016

ISTE [The International Society for Technology in Education] (2020). *ISTE Standards*. https://iste.org/standards

Merma, G. y Gavilán, D. (2019). Análisis de las valoraciones del alumnado para repensar la autoridad docente y la formación para la ciudadanía. *Educatio Siglo XXI*, 37, 55–72,67. https://doi.org/10.6018/educatio.363381

Mishra, P. y Koehler, M. (2006). Technological pedagogical content knowledge: A Framework for Teacher knowledge. *Teachers College Record*, 108(6), 1017– 1054. http://punya.educ.msu.edu/publications/journal_articles/mishra-koehlertcr2006.pdf

Montero, L., y Gewerc, A. (2018). La profesión docente en la sociedad del conocimiento. Una mirada a través de la revisión de investigaciones de los últimos 10 años. *Revista de Educación a Distancia (RED)*, 56. https://doi.org/10.6018/red/56/3

OCDE (2020). Teachers' training and use of information and communications technology in the fase of the COVID-19 crisis. *Teaching in Focus*, 35. OECD Publishing. https://doi.org/10.1787/696e0661-en

Pangrazio, L. y Sefton-Green, J. (2021). Digital Rights, Digital Citizenship and Digital Literacy: What's the Difference? *Journal of New Approaches in Educational Research*, 10(1), 15–27. https://doi.org/10.7821/naer.2021.1.616

Roig-Vila, R., Prendes-Espinosa, P., Urrea-Solano, M. (2020). Problematic Smartphone Use in Spanish and Italian University Students. *Sustainability*, 12(24), 10255. https://doi.org/10.3390/su122410255

Roig-Vila, R., Romero-Guerra, H., Rovira-Collado, J. (2021). BookTubers as Multimodal Reading Influencers: An Analysis of Subscriber Interactions. *Multimodal Technologies and Interaction*, 5(7), 39. https://doi.org/10.3390/mti5070039

Shulman, L. S. (1986). Those who understand: Knowledge growth in teaching. *Educational Researcher*, 15(2), 4–14

Tonner-Saunders, S., Shimi, J. (2021). Hands of the World intercultural project: developing student teachers' digital competences through contextualised learning. *Píxel-Bit, Revista de Medios y Educacion*, 61, 7–35. https://doi.org/10.12795/pixelbit.88177

Yanes Guzmán J. (2010). *Las TIC y la Crisis de la Educación*. Biblioteca Digital Virtual Educa.

María-Teresa del-Olmo-Ibáñez

Formación en Didáctica de L2/LE y plurilingüismo en el profesorado de Educación Primaria en España

Resumen: Este trabajo concluye en la necesidad de incluir formación en segundas lenguas y plurilingüismo en la instrucción inicial y continua de los maestros españoles. La sociedad española es diversa, multicultural y multilingüe y el alumnado de las escuelas responde a esas mismas características. El maestro no especialista afronta la situación sin haber recibido formación en multiculturalidad o plurilingüismo, puesto que la Didáctica de la Lengua y Literatura Españolas y sus programas se concibieron para alumnos nativos. El objetivo de esta investigación es balancear la formación en didáctica de L2/LE y plurilingüismo que reciben los maestros, partiendo de la hipótesis de que es insuficiente. La metodología es cuantitativa mediante una encuesta en formato de escala Likert, con un total de ocho preguntas. Para cada una se numera, entre 1 y 4 respectivamente, en una gradación desde "Muy en desacuerdo", "En desacuerdo", "De acuerdo" a "Muy de acuerdo". En el estudio participaron 262 maestros de centros escolares, sin distinción de su titularidad, de todo el territorio español. Los resultados han cumplido los objetivos y se ha confirmado la hipótesis de partida.

Palabras clave: didáctica de la Lengua y la Literatura, formación del profesorado, competencia docente, competencia plurilingüe, didáctica de segundas lenguas, didáctica de ELE, Educación Primaria

3. Introducción

El presente trabajo analiza las respuestas de los profesores de Educación Primaria en activo en España en cuanto a la formación que han recibido sobre didáctica de segundas lenguas, lenguas extranjeras y plurilingüismo. Aunque los currículos de la educación obligatoria se ajustan a las indicaciones de la Unión Europea y en las áreas de lenguas asumen los principios del *Marco Común Europeo de Referencia* (2002), frecuentemente, la realidad del aula dista mucho todavía de incorporar su metodología y su filosofía en general. Por otro lado, en la actualidad, la sociedad española es diversa, multicultural y multilingüe; y el alumnado de los centros escolares responde a esas mismas características. Esto deriva en que las asignaturas de Lengua y Literatura Españolas no corresponden ya, en muchos casos, a la enseñanza/aprendizaje de la lengua madre o la primera lengua de la totalidad de los alumnos. Muy al contrario, en porcentajes variados pero siempre considerables, para muchos de ellos suponen el aprendizaje de una segunda lengua, de una lengua extranjera o de una lengua adicional, como quiera denominarse (Judd et al., 2001). Por su parte, en general, el profesorado afronta esta situación sin haber recibido formación específica en cuanto a multi-culturalidad/pluriculturalidad o multilingüismo/plurilingüismo, ya que las asig-naturas sobre la lengua del país, así como el resto de su formación inicial y, en gran parte, la permanente, fueron concebidas y sus programas planteados desde una perspectiva didáctica orientada a alumnos nativos.

El panorama anteriormente descrito conduce a la necesidad de evaluar la instrucción en competencias en multiculturalidad/interculturalidad y multilin-güismo/plurilingüismo como parte de la competencia docente del maestro de Educación Primaria y su metodología didáctica. Este estudio focaliza concreta-mente en el profesorado de esa etapa en activo en España. Y su pertinencia se confirma por el hecho de que ya, a partir del MCER, se han elaborado documen-tos que lo complementan exclusivamente centrados en el aprendizaje de lenguas para las edades que coinciden con las de los alumnos de esta etapa (Consejo de Europa, 2018).

Con el objetivo de establecer un balance sobre el asunto, se diseñó una encuesta con un total de veinticuatro preguntas conforme a la escala Likert en la que se establecieron las siguientes categorías: a.- Formación en didáctica de L2; b.- Formación en plurilingüismo; c.- Formación en multiculturalidad; d.- Con-secuencias académicas y sociales de la lengua de origen del alumnado; y e.- Per-cepción, actitud y actuación del profesorado. La parte del cuestionario analizada en este capítulo incluye las dos primeras categorías, a y b, con cuatro preguntas cada una. Para cada pregunta se estableció una gradación numerada desde el 1 hasta el 4 a los que corresponden "Muy en desacuerdo", "En desacuerdo", "De acuerdo" y "Muy de acuerdo" respectivamente.

En el estudio participaron 262 maestros de todo el territorio español y se dará cuenta de los resultados a partir de los datos obtenidos, contrastándolos con la bibliografía sobre el estado de la cuestión.

En primer lugar, se ofrece una descripción del contexto socioeducativo espa-ñol en relación con el multilingüismo; después, se presentará una síntesis del estado de la cuestión mediante una búsqueda bibliográfica de literatura sobre el tema en las principales bases de datos; a continuación, se dará cuenta de la meto-dología y de los resultados obtenidos; finalmente se discutirán los resultados y se ofrecerán las conclusiones.

La investigación forma parte del Proyecto GRE 19–05, financiado por la Uni-versidad de Alicante, sobre la "Formación del profesorado europeo de Educación Primaria en multiculturalismo y plurilingüismo. España, Francia, Italia y Grecia".

1.1 Panorama migratorio en España

Si bien la inmigración es un fenómeno reciente en España, también es cierto que ha evolucionado de manera muy rápida hasta ocupar la décima posición entre los veinte principales países de destino de las migraciones internacionales (Consejo Económico y Social de España, 2019). Hasta la mitad de la década de los años 70, el país había sido uno de los focos de partida de emigrantes. Entre 1951 y 1975 salieron más de 1,6 millones de personas (p. 41), entre 1971–1975 la emigración al exterior supuso 412 945 personas, y entre 1976–1980 se redujo a 80 111. La primera etapa de España como receptora se sitúa entre 1980 y 1985 aproximadamente. Se produjo después de la aprobación de la primera ley de extranjería, *Ley Orgánica 7/1985, de 1 de julio, sobre Derechos y libertades de los extranjeros en España*, y de otras reformas de índole laboral e integración que fueron definiendo la política inmigratoria y permitiendo que el fenómeno se convirtiera en estructural (p. 43). El primer hecho relevante en la evolución de los flujos migratorios recientes, después del descenso motivado por la crisis iniciada en 2008, es la rápida recuperación que presentan a partir de 2017 con un incremento de medio millón de personas en esa fecha y la intensificación de su ritmo de crecimiento. No obstante, todavía lejos de las 920 000 entradas que se produjeron en 2007 (p. 45).

1.2 La integración de los inmigrantes en el sistema educativo español

En el mismo informe del Consejo Económico y Social aparece un capítulo dedicado a la integración de los extranjeros en el sistema educativo no universitario (pp. 161–177). Empieza por constatar los cambios que este ha sufrido debido al alumnado inmigrante, puesto que la educativa es una de las políticas públicas más decisivas para conseguir la inclusión social. Una quinta parte de los extranjeros que residen en España tiene menos de veinte años y la mayoría de ellos se encuentran en edad de escolarización obligatoria. Otro dato fundamental es que un 30 % de ese grupo ya es nacido en nuestro país. Esto dificulta la identificación del alumnado de origen exterior, ya que las estadísticas del Ministerio de Educación solo consideran extranjero a aquel que no posee la nacionalidad española frente a otras instituciones, como la OCDE, que tienen en cuenta el país de nacimiento no solo de los estudiantes, sino también el de sus padres. El informe recoge los datos del Ministerio de Educación que refleja un 2 % de este grupo de alumnos en 2000, hasta alcanzar un 9 % en el curso 2017–2018.

Las cifras de entrada de extranjeros han situado a España entre la media de los países receptores durante las dos últimas décadas. La Figura 1 representa la evolución del alumnado extranjero desde 2000–2001 hasta 2017–2018 y la Figura 2 completa los datos con los porcentajes en el curso 2019–2020 y su distribución en las comunidades autónomas (Secretaría General Técnica, Subdirección General de Estadística y Estudios del Ministerio de Educación y Formación Profesional, 2019).

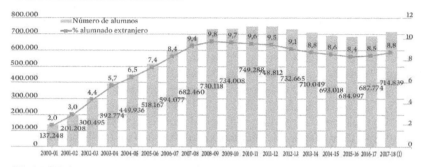

GRÁFICO 51. EVOLUCIÓN DEL ALUMNADO EXTRANJERO ESCOLARIZADO EN ENSEÑANZAS NO UNIVERSITARIAS DE RÉGIMEN GENERAL

(1) Datos avance.
Fuente: Ministerio de Educación y Formación Profesional, Subdirección General de Estadística y Estudios, Estadística de las Enseñanzas no universitarias.

Fig. 1: Evolución del alumnado extranjero escolarizado desde 2000–2001 hasta 2017–2018
Fuente: Consejo Económico y Social de España, (2019, p. 162)

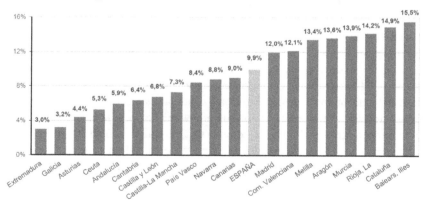

Porcentaje de alumnado extranjero sobre el total de alumnado, por comunidad autónoma. EE. Régimen General no universitarias. Curso 2019-2020

Fig. 2: Porcentaje del alumnado extranjero según comunidades autónomas durante el curso 2019–2020
Fuente: Secretaría General Técnica, Subdirección General de Estadística y Estudios del Ministerio de Educación y Formación Profesional (2019, p. 8)

En cuanto a la composición de este alumnado, su procedencia es diversa y, hasta 2017-2018, siguió la evolución representada en la Figura 3 (Consejo Económico y Social de España, 2019, p. 162). Esta información, además, permite prever las necesidades en cuanto a enseñanza de la lengua española de acuerdo con su origen. Excepto en el porcentaje correspondiente a América del Sur y un ligero descenso en el de África, se puede hablar de estabilidad, con variaciones menores, lo cual también constituye un dato valioso de cara a la formación en multilingüismo/plurilingüismo requerida por parte de sus maestros.

GRÁFICO 52. EVOLUCIÓN DEL ALUMNADO EXTRANJERO EN ENSEÑANZAS NO UNIVERSITARIAS DE RÉGIMEN GENERAL POR ÁREA GEOGRÁFICA DE PROCEDENCIA

(1) Datos avance.
Fuente: Ministerio de Educación y Formación Profesional, Estadística de las Enseñanzas no universitarias.

Fig. 3: Evolución del alumnado extranjero escolarizado en España en 2000-2001, 2009-2010 y 2017-2018 según procedencia geográfica

Fuente: Consejo Económico y Social de España, (2019, p. 162)

Para completar la evolución en los dos últimos años, los datos del Ministerio de Educación sobre el número total de alumnos extranjeros, 795 525 en 2018-19 y 863 952 en 2019-20, respectivamente, confirman su tendencia ascendente con las cifras más altas alcanzadas hasta el momento (Secretaría General Técnica, Subdirección General de Estadística y Estudios del Ministerio de Educación y Formación Profesional, 2019, p. 8). El mismo informe (p. 9) ofrece, además, un panorama del número de alumnos extranjeros en cada comunidad autónoma diferenciando su porcentaje, como se ve en la Figura 4. Se puede apreciar cómo su presencia es generalizada, con un 9.9 % respecto del total para todo el territorio español. Una vez más, queda claro que su perfil es heterogéneo y los porcentajes en cuanto a la procedencia de los estudiantes se mantienen, excepto en los correspondientes a Asia y Oceanía, que casi se triplica respecto de 2017-18.

Los porcentajes son variables en cada comunidad autónoma, pero en todas hay presencia de alumnos no nativos. Y es preciso recordar que no se contabilizan entre estos los estudiantes nacidos en España, aunque el origen de sus padres sea diferente.

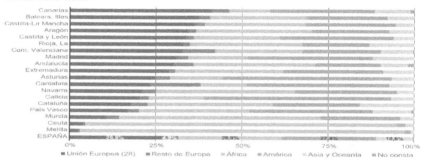

Fig. 4: Distribución porcentual del alumnado extranjero según su origen y distribución por comunidad autónoma

Fuente: Secretaría General Técnica, Subdirección General de Estadística y Estudios del Ministerio de Educación y Formación Profesional (2019)

Para completar el panorama educativo, conviene dar cuenta de los resultados referidos al fracaso escolar y al abandono de los estudios posobligatorios por parte de la población estudiantil inmigrante. Según el informe del Consejo Económico y Social de España (2019, p. 170), que toma los datos del promedio de PISA 2015, tanto el fracaso como el abandono escolar son mayores en los alumnos inmigrantes de primera generación respecto de los nativos. Esa diferencia se reduce en los de la segunda generación. Las causas a las que se atribuye son las dificultades de adaptación, tanto idiomáticas como culturales. La procedencia del alumnado, su lengua y cultura, condicionan la adquisición de la lengua del país receptor, la de las competencias y del conocimiento y el proceso de inclusión social. Otras variables importantes son la edad de incorporación al sistema educativo (aquellos que lo hacen en Educación Infantil obtienen mejores resultados en Primaria y Secundaria), las expectativas parentales en cuanto a educación (las cuales se incrementan conforme lo hace su nivel socioeconómico), el tiempo de estancia en el país y el conocimiento del idioma. También pesan las expectativas de los propios estudiantes, que se ven determinadas por las de sus padres; su autoestima, su nivel de español, la edad, el género, la influencia de las amistades en la adolescencia, sus niveles de identificación con el país de residencia y, por último, su percepción de la discriminación. Por otra parte, el informe tiene en cuenta el estudio de la OCDE (2018) sobre resiliencia en estudiantes de origen inmigrante de primera generación en el que España figura en primera posición, con un 71 % de sentimiento de pertenencia a la escuela. No obstante, se matiza que son datos globales que varían según la idiosincrasia de cada nacionalidad de origen, de cómo valoran la educación y el esfuerzo y de su manera de relacionarse o aislarse de la sociedad receptora. Esas variables llegan a explicar en un 50 % las diferencias de los resultados académicos entre unos grupos y otros. El informe, siguiendo los datos de la OCDE, señala que, si en la mayoría de los casos las divergencias vienen determinadas por el nivel socioeconómico, en el caso de España no ocurre así. Por tanto, es preciso buscar sus causas en otras variables.

Uno de los aspectos que se subrayan en ese estudio es la importancia de la situación socioeconómica de los alumnos con padres inmigrantes, pero nacidos ya en el país de acogida, y de su inclusión. A la vista de los problemas que ha generado la carencia de medios y la falta de integración en países con una mayor tradición e historia como receptores, esta cuestión debería recibir análisis específico y suficiente.

Otros de los condicionantes que determinan los resultados residen en el centro escolar. Los estudios que recoge el informe atribuyen las diferencias entre estudiantes nativos y extranjeros al nivel de estudios y socioeconómico de los padres de los compañeros, al de autonomía del centro, a la oferta de actividades extracurriculares y a la ratio de profesores. El papel de estos es fundamental y el propio informe indica que el trayecto desde su formación inicial y en la continua es largo y debe atenderse a la revisión de sus contenidos, que es, precisamente, una de las hipótesis de las que parte nuestra investigación. La formación debe ser holística desde una perspectiva tanto aptitudinal como actitudinal y estar dirigida a todo el profesorado, no solo al de lenguas.

En lo que respecta a las políticas educativas adoptadas por cada comunidad autónoma para facilitar la inclusión, los programas son diversos, aunque se pueden clasificar conforme a 'medidas para la acogida', 'atención a la diversidad lingüística y cultural', 'cuidado de las familias' y 'formación de los docentes receptores'. A pesar de esas acciones, el informe reconoce que ni por parte de la administración central ni por las autonómicas hay monitorización ni evaluación de las políticas aplicadas de acuerdo a las indicaciones del Parlamento Europeo en su documento *Research for Cult Committee – Migrant Education: Monitoring and Assessment* (Policy department Structural and Cohesion Policies, Migrant education: monitoring and assessment, 2017). Quizá la situación del reparto de competencias en cuanto a Educación sea una de las cuestiones que también hay que tener en cuenta si se quiere evaluar la efectividad del sistema y hacer balance y reflexión de los resultados que se están obteniendo.

El capítulo del informe dedicado a "La integración en el sistema educativo" termina destacando, como es habitual en todos los estudios, lo esencial del conocimiento de la lengua del país de acogida para que pueda realizarse la inclusión académica y social. En el caso de España, incluso con un alto porcentaje de alumnos extranjeros de habla hispana, la adquisición de la lengua es prioritaria. Se reconoce la existencia de dispositivos en todas las comunidades, pero se constata su ineficacia, cuyas causas también parecen estar identificadas: la carencia de un marco teórico sistematizado y suficiente, así como de un diseño curricular específico para estas necesidades de enseñanza/aprendizaje y la distancia entre las orientaciones de la normativa y la realidad del aula.

1.3 Algunos datos sobre el profesorado y los centros de Educación Primaria en España

Para seguir completando el panorama actual de la práctica docente en la Educación Primaria en España, se va a describir, a partir de las fuentes oficiales, cuál sería el perfil de su profesorado. En cuanto al número de maestros, en el curso 2009–2010, había 240 040; en 2014–2015, 241 587; en 2018–2019, 246 533; y en 2019–2020, 249 184 (Secretaría General Técnica, Subdirección General de Estadística y Estudios del Ministerio de Educación y Formación Profesional, 2019, p. 14). De los contabilizados en 2018–2019, el 17.9 % eran hombres y el 82.1 % mujeres. En cuanto a sus edades: 6.1 % tenían menos de treinta años; 29.4 % se situaban entre los treinta y los treinta y nueve; 31.0 % entre cuarenta y cuarenta y nueve; 28.6 % entre cincuenta y cincuenta y nueve; y un 4.8 % tenían de sesenta en adelante.

Otra información relevante es la media en cuanto al número de alumnos por profesor en cada una de las comunidades autónomas y con respecto a la media en todo el país, la cual sería de 12.2 según aparece en la Figura 5.

Número medio de alumnos por profesor[1] por comunidad autónoma. Enseñanzas de Régimen General no universitarias. Curso 2018-2019

(1) Calculado en equivalente a tiempo completo de alumnado y profesorado.

Fig. 5: Ratio de alumnos por profesor y comunidad autónoma en enseñanzas no universitarias

Fuente: Secretaría General Técnica, Subdirección General de Estadística y Estudios del Ministerio de Educación y Formación Profesional (2019)

En cuanto a los centros de enseñanzas generales en España, la Comisión Europea recoge los datos y cifras que aparecen en la Tabla 1 (Comisión Europea. *Euridyce. National Education Systems*, 2021), en la que aparecen desglosados según la enseñanza impartida y según su titularidad:

Tabla 1: Estadísticas de los centros que imparten enseñanzas generales en España

Estadísticas sobre centros que imparten enseñanzas generales						
Tipo de centro educativo	Niveles CINE impartidos	Principal orientación de los programas impartidos	Número de centros educativos			
			Total	Públicos	Privados: enseñanza concertada	Privados: enseñanza no concertada
Escuelas de Educación Infantil	0	-	9 114	4 514	1 537	3 063
Colegios de Educación Primaria	0,1	-	10 288	9 810	365	113
Centros de Educación Primaria y Secundaria obligatoria	0,1,2,3	G	2 044	498	1 465	81

(*Continúa en la página siguiente*)

Tabla 1: Continuación

Estadísticas sobre centros que imparten enseñanzas generales						
Tipo de centro educativo	Niveles CINE impartidos	Principal orientación de los programas impartidos	Número de centros educativos			
			Total	Públicos	Privados: enseñanza concertada	Privados: enseñanza no concertada
Centros de Educación Secundaria	2,3	G, V	4 967	4 058	439	470
Centros de Educación Primaria y Secundaria	1,2,3	G, V	1 535	5	1 220	310

Fuente: Subdirección General de Estadísticas y Estudios. Ministerio de Educación y Formación Profesional. Enseñanzas no universitarias. Centros y servicios educativos. Curso 2018–2019 (último acceso 27/5/2020)
CINE =Clasificación Internacional normalizada de la Educación (ISCED = International Standard Classification of Education)
Fuente: Eurydice, Comisión Europea (2021).

1.4 La movilidad europea e internacional. Otra razón para formar en plurilingüismo

El informe del Ministerio de Educación y Formación Profesional (2019) incluye al final un apartado que refleja los datos del programa Erasmus + con respecto a los proyectos en los que ha participado España en la convocatoria de 2020. Aquí únicamente se van a mencionar aquellos concernientes a la Educación Primaria. Los relacionados con movilidad del personal fueron 603 proyectos, en los que tomaron parte 5 337 profesionales, con un importe de 9 472,9 euros. En cuanto a 'Asociaciones de intercambio escolar (Acción Clave 2)': 678 proyectos, con 7 936 profesionales y 16 869 alumnos participantes y un importe de 26 297,2 euros. Finalmente, 'Asociaciones estratégicas orientadas a la educación escolar (Acción Clave 2)': 49 proyectos, por un importe de 8 700,0 euros. Hay que dejar constancia de que los datos de las dos asociaciones estratégicas figuran como pendientes de resolución en el informe.

En cualquier caso, la progresiva intervención de los centros y del profesorado español en estas convocatorias, como solicitantes coordinadores o como participantes, es una razón más que añadir a las anteriores y que confirman la necesidad de formación en competencias de pluriculturalidad y plurilingüismo para los docentes dentro, también, de un espacio profesional de movilidad para ellos (Bense, 2016).

Además, en este apartado, no es posible obviar los programas en el extranjero que ofrece el Ministerio de Educación y Formación Profesional para profesorado visitante en Estados Unidos y Canadá (https://www.educacionyfp.gob.es/eeuu/convocatorias-programas/convocatorias-eeuu/ppvv.html), para auxiliares de conversación, también en Estados Unidos y Canadá; para centros bilingües en Europa Central, Oriental y China; en la cátedra Princesa de Asturias, para personal docente funcionario; o becas ofrecidas por la Embajada de Francia en España para profesores españoles de francés (https://www.educacionyfp.gob.es/servicios-al-ciudadano/catalogo/profesorado/convocatorias-para-el-extranjero.html). Las convocatorias son diversas y pueden optar los profesores interinos y los funcionarios de carrera (como asesores técnicos en el exterior).

Asimismo, es interesante conocer el *International Spanish Academy Program* en Estados Unidos y Canadá, promovido igualmente por el Ministerio de Educación y Formación Profesional de España. Consiste en la implantación de currículos de inmersión bilingües (inglés y español) en colegios e institutos de excelencia, con planes de estudio sobre lengua, cultura e historia de España, asistidos y reconocidos por el Ministerio. (https://www.educacionyfp.gob.es/eeuu/en_US/convocatorias-programas/convocatorias-eeuu/isa).

Estos programas suponen un número considerable de plazas y posibilidades de trabajo muy valiosas no solo desde el punto de vista laboral, sino también de cara al enriquecimiento personal, al desarrollo docente y como experiencias que pueden contribuir a la mejora del sistema educativo de nuestro país. Sin embargo, no son muy conocidos, ni tampoco suelen tenerse en cuenta en las orientaciones sobre el futuro profesional que se ofrecen a los estudiantes de Magisterio. Lo mismo ocurre en cuanto a las posibilidades de planificar las trayectorias docentes desde la perspectiva de la enseñanza de español como LE, sea en España o en el extranjero. Aunque en este ámbito siempre queda cuestionar las condiciones laborales y económicas de estos profesionales, las cuales dejan mucho que desear, y su falta de regulación.

Son todas las nombradas en este epígrafe, junto con las que ya se han descrito en los anteriores, razones de peso que justifican y urgen a la incorporación de contenidos en didáctica de segundas lenguas y plurilingüismo en los programas universitarios y en la educación permanente de los maestros

1.5 Estado de la cuestión

El hecho de que la lengua es el instrumento fundamental para la inclusión no plantea ninguna duda. Lo que es preciso determinar es la importancia y la atención que realmente se le concede tanto desde las instituciones administrativas y académicas como en la literatura que configura el estado de la cuestión sobre la formación inicial y permanente del profesorado de Educación Primaria en España. Se ha constatado la disonancia entre lo propugnado por las instituciones europeas, fundamentalmente a través del MCER, implícito en el currículo de Educación Primaria, y la realidad de la práctica docente. El *Informe sobre la inmigración en España: efectos y oportunidades* (Consejo Económico y Social, 2019), al que se ha venido haciendo referencia en este trabajo, concluye el capítulo centrado en la inclusión social y académica precisamente con esta misma consideración. Recoge el consenso en cuanto a que los sistemas educativos más inclusivos y con un apoyo lingüístico bien establecido consiguen mejores resultados en la equiparación entre alumnos extranjeros y nativos. Pero también señala que, en nuestro país, por un lado, no existe ni un marco teórico suficiente ni una sistematización curricular específicos para este asunto; y, por otro lado, tampoco se realiza una monitorización que permita suplir esos déficits descritos en la aplicación de la normativa en la intervención didáctica escolar.

Para la determinación del marco teórico, además de la literatura gris, se ha realizado una búsqueda en *Web of Science* y SCOPUS, comenzando por los trabajos de revisión sobre el tema. Después, se ha recurrido a términos de búsqueda identificadores de los aspectos concretos implicados en la cuestión.

En primer lugar, con los términos de 'Didáctica de L2 y Educación Primaria' no se han encontrado estudios de revisión sistemática en general. Únicamente algunos centrados en la enseñanza de las destrezas básicas para lenguas extranjeras (Feng et al., 2021) o en diversas aplicaciones tecnológicas para la didáctica de lenguas (Pinto et al., 2021; Zhang y Zou, 2020).

Sí que aparecen hasta una veintena de revisiones sistemáticas a partir de los términos 'maestros de escuela primaria' y 'formación', siempre enfocadas sobre cuestiones concretas. Entre ellas no se encuentran ni el plurilingüismo ni la didáctica de segundas lenguas o extranjeras desde el punto de vista de los profesores de la lengua de escolarización. Principalmente se ocupan de aplicaciones tecnológicas para la alfabetización, analógica o digital (Gibson, y Smith, 2018), para el acercamiento entre la instrucción formal e informal (Gallego-Lema et al., 2020), para la resolución de dificultades de aprendizaje lector, para inglés u otras lenguas extranjeras o adicionales, competencias STEM, etc. Centradas en la enseñanza de lenguas y relacionadas con el multilingüismo, se ha localizado una revisión sobre la situación en Sudáfrica (Wildsmith-Cromarty y Balfour, 2019) y otra en Ghana (Appiah y Ardila, 2020) en los últimos años. En relación con la formación del profesorado, Calafato (2020) revisa trabajos publicados entre 2009 y 2018 en los que se analiza la identidad multilingüe de los profesores no nativos. Teniendo como punto de partida la voluntad de aplicar iniciativas de este tipo en muchos países, se trata de literatura que ha dedicado atención al análisis de esos profesionales en cuanto que pueden representar un modelo idóneo de sujeto plurilingüe, no solo para los docentes, sino también para los alumnos. Los resultados del conjunto de esas investigaciones concluyen en la necesidad de reconsiderar los programas formativos del profesorado de manera que incorporen prácticas como translingüismo, cambio de códigos, comparaciones interlingüísticas y reflexión sobre su consciencia lingüística y las habilidades asociadas a esta. Además, señalan la conveniencia de alcanzar un nivel intermedio en, al menos, un idioma adicional por parte de todo el profesorado. De esta manera, tendrían una visión más holística del aprendizaje, podrían adquirir ellos mismos las competencias que se pretende que desarrollen sus alumnos y comprenderían los procesos por los que pasan estos. Asimismo, ha sido objeto de estudio el perfil del profesor multilingüe desde perspectivas cualitativas y cuantitativas (Calafato, 2019 y 2020; Kramsch y Zhang, 2018).

En cuanto a percepción de sus competencias en didáctica de segundas lenguas y/o plurilingüismo por parte del profesorado de la primera lengua, no aparece ningún resultado tampoco en *Web of Science* como revisión sistemática, aunque sí algunos trabajos enfocados en cuestiones y/o zonas geográficas específicas. Varios coinciden en señalar cómo, a pesar de la situación de 'súper diversidad' o 'diversidad de diversidades' del siglo XXI, persiste todavía la perspectiva monolingüe en la didáctica de las lenguas (Costley y Leung 2020; Lundberg, 2019). Incluso en los casos en los que el profesorado expresa actitudes positivas ante el multilingüismo, también reconocen que no son capaces de ponerlo en práctica con sus estudiantes (Haukås, 2016) y esto se atribuye a la falta de recursos y herramientas para poder implementarlos (Schedel y Bonvin, 2017). Es frecuente el interés por la utilidad de las estrategias translingüísticas (Cenoz, y Gorter, 2020), precisamente para superar las tensiones que se originan en los programas monolingües cuando el entorno es claramente plurilingüe, que es lo más habitual (Major, 2020; Schissel et al., 2021). Casi todos concluyen subrayando el mismo problema que se ha visto en España: aunque las políticas y los currículos defienden la multiculturalidad y el plurilingüismo, la realidad del aula no demuestra la aplicación de sus estrategias y/o recursos. En la misma línea, Gorter y Arocena (2020) recogen los cambios que se producen en las creencias del profesorado en cuanto al multilingüismo después de conocer la metodología del translingüismo como parte de su formación permanente. En cuanto a esta, Lundberg (2019) estudia el caso de Suiza, un país ya de por sí plurilingüe, y demuestra la necesidad de consolidar políticas educativas que estipulen para la Educación Primaria y la Secundaria un multilingüismo generalizado. Las respuestas de los maestros participantes en su investigación confirman que los de lenguas extranjeras se sienten más capacitados para cumplir con las indicaciones curriculares. Los del resto de las asignaturas declaran prestar atención únicamente a la lengua escolar y solo como instrumento para la enseñanza de sus materias.

Wassell et al. (2018) se sitúan en lo que entienden como el origen de la cuestión y centran su investigación en los trabajos sobre las creencias de los formadores del profesorado en cuanto a la diversidad y su actuación consecuente. Las actitudes de estos, a través de sus intervenciones docentes y de los contenidos de los planes de estudio que elaboran, se transmitirán a los futuros maestros. Por lo tanto, es necesario reconsiderar los programas de los grados universitarios y de formación continua para responder al paisaje diverso de las escuelas actuales. El periodo al que pertenecen las investigaciones que revisan comprende desde 2001 hasta 2016 y la síntesis de sus conclusiones son, primero, que existe una incipiente preparación en cuanto a ciertos aspectos de la diversidad, pero que es todavía insuficiente para conseguir aulas realmente inclusivas; y, segundo, constatan una carencia de investigación empírica sobre la influencia de la educación intercultural y de estudios sobre la formación que sus instructores ofrecen a los futuros maestros en este aspecto. En relación con esta última cuestión, Raud y Orehhova (2020) contrastan los planes de formación de profesorado de Educación Primaria en algunas universidades de Austria, Alemania, Estonia, Italia, Eslovaquia y Eslovenia que se encuentran en sus zonas fronterizas y multilingües con las orientaciones proporcionadas por la Comisión Europea en cuanto a la formación para ese tipo de escuelas. Las universidades participantes tienen experiencia en el trabajo trilingüe a partir de las lenguas oficiales, las de las minorías étnicas y del inglés como lengua adicional, por lo que pueden constituir modelos para responder a la situación actual de plurilingüismo en casi todos los países. La revisión de sus planes de estudio evidencia que ya existen puntos de coincidencia en algunas universidades europeas en cuanto a la formación que se ofrece a los futuros maestros de cara a la diversidad lingüística de los colegios.

Para contextualizar el asunto en España, es preciso tener en cuenta la organización territorial del país en comunidades autónomas. La educación es una de las competencias transferidas a los gobiernos autonómicos y, por tanto, en cada una se adoptan perspectivas y medidas de forma independiente. Debido a esto, los estudios suelen centrarse en zonas concretas (García-Lastra y Osoro Sierra, 2021) y se ocupan tanto de la implantación del bilingüismo o plurilingüismo como de las medidas para la inclusión de los alumnos inmigrantes, o presentan propuestas específicas para la formación en plurilingüismo en los programas de las Facultades de Educación (Campos-Bandrés, 2021; Romero Alfaro y Zayas Martínez, 2017; Rodríguez Muñoz y Madrid Navarro, 2016, Amengual Pizarro, 2013).

Como punto de partida sobre el estado de la cuestión en España se ha tomado la revisión sistemática sobre la relación entre la lengua y el rendimiento académico de los alumnos inmigrantes debida a Álvarez-Sotomayor y Martínez-Cousinou (2020). Los autores documentan, desde los años noventa, una literatura abundante en cuanto a inmigración, adquisición de la lengua escolar y rendimiento académico de los alumnos extranjeros. Como no puede ser de otra forma y tal como ya se ha visto en los informes oficiales citados, la mayoría de los trabajos sostienen que el desconocimiento del idioma académico condiciona negativamente los resultados de aprendizaje. Pero el estudio evidencia también que no hay análisis empíricos que evalúen simultáneamente esas dos variables y, por tanto, tampoco se ha elaborado un balance riguroso en cuanto a la relación entre ambas. La investigación pretende determinar el estado de la cuestión en cuanto a lo siguiente: primero, trabajos referidos a los niveles de español o de las otras lenguas oficiales de España que tienen los hijos de inmigrantes y cómo se han obtenido esos datos; segundo, los centrados en el rendimiento académico de estos alumnos y sus diferenciales respecto de los nativos; y, tercero, en cuanto a cómo y en qué grado están determinados esos diferenciales por la competencia en la lengua escolar.

Lo que ofrecen frente a otros estudios previos similares es mayor exhaustividad, visión crítica y sistematización desde una visión interdisciplinar. Los criterios taxonómicos que aplican para categorizar las publicaciones son los siguientes: 1) las que ofrecen posicionamientos teóricos, 2) las que contextualizan España en cuanto a los inmigrantes y sus lenguas de origen, 3) las que miden de manera empírica el dominio de la lengua escolar por parte de los alumnos con padres inmigrantes, 4) las que se centran en el rendimiento académico de ese alumnado y 5) las que se ocupan de la relación entre el dominio de la lengua y los resultados escolares. Los autores subrayan la escasez de literatura que analice la relación entre conocimiento de la lengua y rendimiento académico, a pesar del aparente interés por parte de los entornos de investigación, los políticos y los profesionales. Como se ve, también están ausentes las publicaciones sobre la formación del profesorado y su influencia en cualquiera de las cuestiones reseñadas. Aparece una mención al profesorado en los trabajos que analizan la variable de los factores escolares. No obstante, tampoco se centran en su formación, sino en la influencia de sus posibles estereotipos sociales perceptivos y discriminatorios, derivados de categorizaciones raciales, culturales, nacionales o con relación al tiempo de residencia de los estudiantes en España.

Existen algunos estudios específicos sobre la formación del profesorado de los alumnos no nativos para los que el español es una segunda lengua (Moral Barriguete, 2013). Rodríguez-Izquierdo et al (2020), a partir de las creencias de los participantes en su investigación, concluyen en la necesidad de un desarrollo profesional basado en el plurilingüismo. Su trabajo se centra en cuatro centros de las afueras de Sevilla, con un profesorado étnica, socioeconómica y lingüísticamente homogéneo, el cual comparte también la carencia de formación en didáctica del español como segunda lengua o lengua extranjera. A pesar del hecho de que España es multilingüe, si bien la Comunidad de Andalucía solo tiene el castellano como lengua oficial, una vez más, constatan la mentalidad monolingüe de los profesores no especializados frente a los especialistas en lenguas (sobre todo extranjeras) que sí que reconocen las ventajas del plurilingüismo. Estos últimos otorgan mayor importancia al aprendizaje del español, pero no consideran la diversidad lingüística como una desventaja. La formación diferente que reciben los especializados en didáctica de lenguas extranjeras frente a la del resto del profesorado es la causa de que estos consideren la diversidad idiomática como un impedimento para el desarrollo académico. La investigación de Cenoz y Santos (2020), centrada en el País Vasco, que cuenta con dos lenguas cooficiales (castellano y vasco), analiza los beneficios de aplicar la metodología translingüística en aras de conseguir el trilingüismo en centros de Educación Primaria y Secundaria en los que anteriormente se habían enseñado separadamente los dos idiomas oficiales y el inglés.

Finalmente, Rodríguez Muñoz y Madrid Navarro (2016) y, también, Níkleva y Contreras-Izquierdo (2020) han realizado un estudio parcial en algunas universidades españolas, principalmente en Andalucía, sobre las creencias que los propios estudiantes de magisterio tienen en cuanto a su formación para enseñar el español como segunda lengua a los alumnos inmigrantes. Existen algunos antecedentes de análisis, también parciales, de las opiniones del profesorado en activo en cuanto a la formación recibida para poder responder a esas mismas necesidades y la urgencia de la revisión de los planes de estudio de los grados de Educación Primaria y de educación permanente (del-Olmo-Ibáñez y Cremades-Montesinos, 2019 y Níkleva, 2017 y 2015). Pero, como se ha visto, la investigación en la formación del profesorado de lengua española en Educación Primaria sigue manteniendo una perspectiva monolingüe. Son escasos los estudios en los que verdaderamente se analice la necesidad de formación en didáctica de lenguas adicionales y en desarrollo de la competencia plurilingüe teniendo en cuenta la realidad del entorno docente actual.

2. Metodología

La metodología aquí aplicada es la general del proyecto del que forma parte esta investigación. En una primera fase, dadas las circunstancias socioeducativas de los cuatro países participantes, se estableció la necesidad común de evaluar la formación del profesorado de Educación Primaria en cuanto a plurilingüismo, multiculturalidad y otras cuestiones atinentes. A continuación, se elaboró una encuesta consensuada de manera que fuera aplicable en sus sistemas educativos y se procedió a su traducción a las cuatro lenguas de los investigadores, coherentemente con la perspectiva y la filosofía de la investigación. En tercer lugar, la encuesta fue validada y se procedió a su formateo en *Google Forms*.

El resto de las fases del proceso se realizó ya por cada uno de los equipos de los diferentes países mediante la distribución del cuestionario a través de esa plataforma. En España, se envió a las direcciones de todos los centros registrados en la página web del Ministerio de Educación y Formación Profesional y a las de algunos grupos y foros de maestros localizados a través de contactos personales pertenecientes a o relacionados con ese colectivo.

Para el análisis de los datos se han distribuido las categorías de las preguntas entre los tres componentes del equipo español conforme al orden en que aparecen sus contenidos en la encuesta: didáctica de L2 y plurilingüismo (del-Olmo-Ibáñez), multiculturalidad y sus consecuencias académicas y sociales (Cremades-Montesinos), y las creencias y actitudes del profesorado respecto de los anteriores (Gutiérrez Fresneda).

2.1 Participantes

Los participantes son 262 maestros españoles en activo en todo el territorio español, sin hacer distinción en cuanto a la titularidad de los centros. Un 77.9 % son mujeres y un 22.1 % son hombres, lo que es representativo del colectivo ya que, según las cifras del Ministerio en su último informe, el 82.1 % eran mujeres y el 17.9 % hombres. Aunque finalmente no se ha considerado en los resultados, la segunda variable para establecer su perfil es el curso de Educación Primaria en el que declaran haber impartido en algún momento o impartir su docencia: el 50.8 %, en primero; el 34.4 %, en segundo; 35.1 %, en tercero; 34.7 %, en cuarto; 36.3 %, en quinto; y 40.5 %, en sexto, por lo que se puede decir que conocen todos los ciclos de la etapa de Educación Primaria. En cuanto a su actividad profesional, 42.7 % ha manifestado tener menos de ocho años de experiencia docente; el 25.6 %, entre 9 y 15; y, el resto, un 31.7 %, más de 16.

2.2 Instrumentos

Los instrumentos utilizados han sido una escala Likert para la estructuración de la encuesta y el *software* SPSS de IBM (versión de 2021) para el análisis de los datos. En cuanto a la fiabilidad y consistencia de la herramienta, se confirmó mediante la estimación del alfa de Cronbach (Welch y Comer, 1988), cuyo coeficiente de 0 779, se sitúa en el nivel de confiabilidad alta de acuerdo con la escala de Ruiz (1998).

La encuesta consta de un total de veinticuatro preguntas, organizadas en cinco categorías, de las cuales "a.- Formación en didáctica de L2" y b.- Formación en plurilingüismo", con cuatro cuestiones cada una, son las analizadas en este capítulo. Los enunciados se han estructurado, dentro de cada categoría, considerando, en primer lugar, la formación inicial; después, la de especialización y permanente, distinguiendo entre la ofrecida por las administraciones autonómicas y la obtenida en universidades u otras instituciones académicas; y, por último, la autoconsideración de los participantes en cuanto a su formación en didáctica de segundas lenguas y plurilingüismo para poder responder a las necesidades del alumnado. Las respuestas se han organizado conforme a una escala graduada desde el 1 hasta el 4, correspondiendo, respectivamente, a "Muy en desacuerdo", "En desacuerdo", "De acuerdo" y "Muy de acuerdo".

Los datos obtenidos se han interpretado porcentualmente en cuanto al total de respuestas, por un lado, y, por otro, diferenciando según los años de experiencia docente de los participantes.

3. Resultados

Las respuestas, estructuradas según la escala descrita y conforme a los valores asignados, han proporcionado los datos en cuanto a la opinión de los profesores de Educación Primaria españoles respecto de su formación en didáctica de segundas lenguas y en plurilingüismo.

a. Formación en didáctica de L2

En la Tabla 2, de manera global, se aprecia que las respuestas son bastante equilibradas en cuanto a la formación inicial dentro del programa universitario entre los que declaran no haberla recibido (47.7 %) y los que sí (52.3 %). Esta situación puede ser debida a que, en España, en las comunidades autónomas del País Vasco, Galicia, Valencia, Cataluña y las Islas Baleares, en las que coexisten dos lenguas oficiales, todos los maestros de Educación Primaria deben estar capacitados para impartir ambas y, por tanto, reciben formación a tal efecto. Las diferencias aparecen en la Tabla 3, que desglosa las respuestas según los años de actividad docente. Mientras que los que tienen menos de 8 años de experiencia laboral dan un porcentaje de 63.4 % de respuestas favorables, este desciende a 52.2 % en los de entre 9 y 15 años de trabajo y a 37.4 % en los de más de 16 años. Puede indicar la estabilización de la enseñanza de las dos lenguas en los territorios bilingües, ya que, cada vez más, se prepara de manera habitual al profesorado de esas zonas. No obstante, incluso en comunidades monolingües, el porcentaje alto de docentes que no recibe formación en segundas lenguas debería tenerse en cuenta de cara a la presencia de alumnos no nativos en las aulas para los que ninguna de las lenguas oficiales de España es la primera.

La tendencia global (Tabla 2) se mantiene en la siguiente pregunta: los que afirman no haber recibido formación desde la administración suponen un 61.9 % del total frente al 38.2 % que responden que sí. Si se consideran las respuestas con arreglo a los años de experiencia, solo el 36.6 % de los más jóvenes se muestran de acuerdo con haber recibido enseñanza desde la administración; el porcentaje sube a 41.8 % en los que han ejercido entre 9 y 15 años, y vuelve a 37.4 % entre los de más de 16 años. En cualquier caso, la carencia de formación continua y de cursos de especialización proporcionados por la administración educativa sigue reflejándose.

Los que dicen no haber obtenido instrucción especializada en instituciones académicas superiores desde los resultados globales (Tabla 2) son un 58.4 % en contraposición al 41.6 % que afirman haberla recibido. Los resultados de la pregunta en la Tabla 3, conforme a cada uno de los tres grupos según años de actividad: 41.1 %, 43.3 % y 41.6 %, respectivamente, en este caso, vuelven a presentar similitud con los generales y a constatar la poca formación obtenida por los maestros en ejercicio después de la inicial.

La última pregunta en esta primera categoría corresponde al balance que hacen los participantes sobre su formación en didáctica de segundas lenguas en referencia a las necesidades de sus alumnos. De nuevo, el cómputo global de las respuestas aparece equilibrado entre el desacuerdo y el acuerdo: 52.7 % / 47.3 % y respecto de los porcentajes de las preguntas anteriores, que se han mantenido entre esas cifras en todos los casos. El desglose en la Tabla 3, por años de experiencia docente, de menos a más, vuelve a reflejarlo, con 50.4 % / 56.7 % / 51/8 % de desacuerdo y mantiene, por tanto, la coherencia con los resultados anteriores.

Tabla 2: Porcentajes de las respuestas totales sobre la formación recibida en didáctica de L2

ÍTEMS	Muy en desacuerdo	En desacuerdo	De acuerdo	Muy de acuerdo
1. He recibido formación en didáctica de segundas lenguas en el programa de mis estudios universitarios.	23.3	24.4	30.9	21.4
2. He recibido formación en didáctica de segundas lenguas en cursos de especialización ofrecidos por la administración de Educación/CEFIRES/ Consejería/Dirección Territorial.	40.5	21.4	23.7	14.5
3.- He recibido formación en didáctica de segundas lenguas en cursos de especialización ofrecidos por universidades u otras instituciones de educación superior.	35.5	22.9	27.5	14.1
4.- Tengo la suficiente formación en didáctica de segundas lenguas para atender las necesidades comunicativas del alumnado.	21.0	31.7	37.0	10.3

Fuente: Elaboración propia de la autora

Tabla 3: Porcentajes de las respuestas sobre la formación recibida en didáctica de L2 según años de experiencia docente

ÍTEMS	Muy en desacuerdo	En desacuerdo	De acuerdo	Muy de acuerdo
1. He recibido formación en didáctica de segundas lenguas en el programa de mis estudios universitarios.				
Menos de 8 años	13.4	23.2	39.3	24.1
Entre 9 y 15 años	20.9	26.9	34.3	17.9
Más de 16 años	38.6	24.1	16.9	20.5
Total	23.3	24.4	30.9	21.4
2. He recibido formación en didáctica de segundas lenguas en cursos de especialización ofrecidos por la administración de Educación/ CEFIRES/Consejería/Dirección Territorial.				
Menos de 8 años	41.1	22.3	26.8	9.8
Entre 9 y 15 años	35.8	22.4	20.9	20.9
Más de 16 años	43.4	19.3	21.7	15.7
Total	40.5	21.4	23.7	14.5

Tabla 3: Continuación

ÍTEMS	Muy en desacuerdo	En desacuerdo	De acuerdo	Muy de acuerdo
3.- He recibido formación en didáctica de segundas lenguas en cursos de especialización ofrecidos por universidades u otras instituciones de educación superior.				
Menos de 8 años	32.1	26.8	30.4	10.7
Entre 9 y 15 años	40.3	16.4	22.4	20.9
Más de 16 años	36.1	22.9	27.7	13.3
Total	35.5	22.9	27.5	14.1
4.- Tengo la suficiente formación en didáctica de segundas lenguas para atender las necesidades comunicativas del alumnado.				
Menos de 8 años	14.4	36.0	40.5	9.0
Entre 9 y 15 años	20.9	35.8	35.8	7.5
Más de 16 años	30.1	21.7	33.7	14.5
Total	21.0	31.7	37.0	10.3

Fuente: Elaboración propia de la autora

b. Formación en plurilingüismo

El mismo procedimiento comparatista se va a seguir en el análisis de los datos relativos a la formación en plurilingüismo.

En la pregunta 1 (Tabla 4), sobre formación recibida en los cursos de formación universitaria inicial, aparece un 61 % de respuestas negativas globales. En la Tabla 5, la misma pregunta presenta un 51.8 % de desacuerdo en los profesores con menos de 8 años de experiencia, que asciende a 64.2 % en los de entre 9 y 15 años y a 71.1 % en los de más de 16 años. La segunda cuestión se refiere a la formación en plurilingüismo procedente de la administración educativa y en el cómputo global de la Tabla 4 se obtiene un 72.1 % de desacuerdos. De ese total, según la Tabla 5, un 82.1 % corresponde a los profesores con menos de 8 años de docencia, un 70 % a los de entre 9 y 15 años y un 60.2 % a los de más de 16 años. Parece que la formación en plurilingüismo debida tanto a los programas iniciales como a la administración educativa y a sus centros de formación permanente es bastante deficitaria según se refleja en los datos.

En cuanto a la formación especializada o permanente desde instituciones académicas superiores, en la Tabla 4, de cómputo global, los datos de desacuerdo son de 69.9 %; mientras que en la Tabla 5 aparecen desglosados en 65.2 % para los de menos de 8 años de trabajo, 69.4 % en caso de los de entre 9 y 15 años, y 75.9 % para los de más de 16 años. Los resultados mantienen el alto porcentaje de desacuerdo en las respuestas una vez más.

Por último, queda evaluar cómo han valorado los participantes su nivel de formación en plurilingüismo en relación con las necesidades de sus estudiantes. En el cómputo general y en el desglosado según criterio de experiencia docente, las respuestas repiten los porcentajes, por lo que su balance de la formación recibida y la valoración de su capacidad de respuesta docente en cuanto a plurilingüismo vuelven a ser negativas y también coherentes con las anteriores. Es decir, en la Tabla 4, los que declaran desacuerdo con la idoneidad de su formación son un 59.9 % y, en la Tabla 5, también mantienen los porcentajes ya que los de menos de 8 años de actividad laboral declaran un 58.1 % de desacuerdo; el segundo grupo, un 64.2 %; y los de más de 16 años, 59 %.

Tabla 4: Porcentajes de las respuestas totales sobre la formación recibida en plurilingüismo

ÍTEMS	Muy en desacuerdo	En desacuerdo	De acuerdo	Muy de acuerdo
1. He recibido formación en plurilingüismo en el programa de mis estudios universitarios.	36.6	24.4	30.2	8.8
2. He recibido formación en plurilingüismo en cursos de especialización ofrecidos por la administración de Educación/CEFIRES/Consejería/Dirección Territorial.	41.2	30.9	22.1	5.7
3.- He recibido formación en plurilingüismo en cursos de especialización ofrecidos por universidades u otras instituciones de educación superior.	40.5	29.4	23.3	6.9
4.- Tengo la suficiente formación en plurilingüismo para atender las necesidades comunicativas de los estudiantes de mi aula.	24.4	35.5	34.0	6.1

Fuente: Elaboración propia de la autora

Tabla 5: Porcentajes de las respuestas sobre la formación recibida en plurilingüismo según años de experiencia docente

ÍTEMS	Muy en desacuerdo	En desacuerdo	De acuerdo	Muy de acuerdo
1. He recibido formación en plurilingüismo en el programa de mis estudios universitarios.				
Menos de 8 años	27.7	24.1	39.9	8.9
Entre 9 y 15 años	43.3	20.9	23.9	11.9
Más de 16 años	43.4	27.7	22.9	6.0
Total	36.6	24.4	30.2	8.8
2. He recibido formación en plurilingüismo en cursos de especialización ofrecidos por la administración de Educación/ CEFIRES/Consejería/Dirección Territorial.				
Menos de 8 años	48.2	33.9	16.1	1.8
Entre 9 y 15 años	40.3	29.9	25.4	4.5
Más de 16 años	32.5	27.7	27.7	12.2
Total	41.2	30.9	22.1	5.7
3.- He recibido formación en plurilingüismo en cursos de especialización ofrecidos por universidades u otras instituciones de educación superior.				
Menos de 8 años	35.7	29.5	25.9	8.9
Entre 9 y 15 años	38.8	31.3	25.4	4.5
Más de 16 años	48.2	27.7	18.1	6.0
Total	40.5	29.4	23.3	6.9
4.- Tengo la suficiente formación en plurilingüismo para atender las necesidades comunicativas de los estudiantes de mi aula.				
Menos de 8 años	14.3	43.8	37.5	4.5
Entre 9 y 15 años	28.4	35.8	32.8	3.0
Más de 16 años	34.9	24.1	30.1	10.8
Total	24.4	35.5	34.0	6.1

Fuente: Elaboración propia de la autora

4. Discusión y conclusiones

Los resultados de la investigación, como se ha visto, demuestran la coherencia del balance que hacen los profesores de Educación Primaria entre su formación en didáctica de segundas lenguas y en plurilingüismo y las necesidades de sus alumnos. Esa coherencia da validez a los resultados y permite unas conclusiones que vienen a confirmar la hipótesis de partida de esta investigación, refrendadas además por las carencias identificadas en todos los informes oficiales citados.

La idiosincrasia territorial y multicultural de España ha propiciado que en las zonas bilingües del país se haya ido consolidando una formación en didáctica de segundas lenguas dentro de los programas de los grados universitarios. Esto viene sustentado, además, por el hecho de que la mayoría de los estudios, tanto sobre L2 como sobre plurilingüismo, se centren en zonas concretas e incluyan las lenguas vernáculas y las extranjeras en sus investigaciones (García-Lastra y Osoro Sierra, 2021; Campos-Bandrés, 2021; Romero Alfaro y Zayas Martínez, 2017; Amengual Pizarro, 2013).

Asimismo, esta situación deriva en que los porcentajes sobre formación en didáctica de segundas lenguas presentan un equilibrio entre las respuestas de acuerdo y desacuerdo que desaparece cuando se analiza el plurilingüismo. En este caso, el cómputo se inclina muy claramente hacia la carencia de formación y la imposibilidad de responder a las necesidades de la actual aula diversa.

Igualmente, los resultados vienen a confirmar la necesidad de revisar los planes de estudios de los grados de Magisterio en Educación Primaria y responder así a las necesidades reconocidas tanto en la literatura gris como en la académica. En este ámbito, también ha quedado de manifiesto la necesidad de abundar en estudios rigurosos centrados específicamente en todo el profesorado de la etapa de Educación Primaria y la enseñanza de lenguas (Meierkord and Day, 2017).

Las investigaciones coinciden en que no solo los planes de formación inicial, sino también los programas de posgrado y formación permanente de los maestros precisan atención en cuanto a la didáctica de las lenguas. Es necesaria su mejora basada en investigaciones que se sustenten en la evidencia real de la presente situación multilingüe, por lo que debería adoptarse una perspectiva europea y plurilingüe, sin abandonar la idiosincrasia de cada país (Raud y Orehhova, 2020; Beacco et al. 2016a).

En cuanto a España, se ha subrayado cómo los propios informes oficiales (Secretaría General Técnica, Subdirección General de Estadística y Estudios del Ministerio de Educación y Formación Profesional, 2019 y Consejo Económico y Social de España, 2019) insisten, igual que todos los estudios, en lo imprescindible de la adquisición de la lengua del país receptor para que pueda efectuarse la inclusión académica y social. En el caso español, ni siquiera el alto porcentaje de alumnos extranjeros de habla hispana rebaja la urgencia de la atención a la lengua en el ámbito escolar. Si bien todas las comunidades han dispuesto recursos y procedimientos para responder a esas necesidades, también se ha constatado reiteradamente su escasa eficacia. La causa a la que se atribuye ese fracaso es la carencia de un marco teórico suficiente y sistematizado y de un diseño curricular específico en todos los niveles educativos que puedan responder al panorama actual de multilingüismo.

La situación, por otro lado, no siendo exclusiva de España, no deja de ser paradójica. Se han enumerado en estas páginas las publicaciones sobre aprendizaje de lenguas y plurilingüismo debidas a la Comisión Europea (MCER y complementarios) y existe un reconocimiento general de la difusión y asunción curricular de sus orientaciones por parte de los países que integran el espacio europeo de educación. Al mismo tiempo, existen programas de inmersión lingüística y de aprendizaje a través de los contenidos, como el de Middlebury en Estados Unidos, por citar uno, de eficacia altamente probada. En Europa se ha elaborado la metodología CLIL/AICLE... (Wolf, 2012) que desarrolla y detalla un procedimiento para el aprendizaje de las lenguas a través de los contenidos. Sin embargo, las actuaciones docentes en el aula se prueban alejadas de todo ello y mantenedoras de metodologías que no tienen en cuenta la situación diversa.

¿Por qué para alumnos que están en situación real de inmersión cultural y lingüística sigue siendo inalcanzable la adquisición de la lengua del país receptor? Teóricamente, se trataría de una situación idónea que se busca propiciar en muchos de los cursos de aprendizaje de lenguas extranjeras organizados en los países correspondientes, e, incluso, artificialmente en territorios distintos. Sin embargo, cuando esas condiciones consideradas ideales constituyen la cotidianeidad, no se aprecian ni rentabilizan como oportunidades para la inclusión. Reconsiderar los entornos escolares como ámbitos de inmersión y repensar la formación de todo el profesorado desde la perspectiva sensible a la lengua (Wolf, 2012; Beacco et al. 2016b), así como proporcionar instrucción en metodologías plurilingües a los maestros de Educación Primaria debería verse como herramientas de potencial extraordinario. La inmersión social y cultural en que se encuentran los alumnos extranjeros son factores que deben sumarse a las actuaciones didácticas. Hay medios, hay propuestas metodológicas y existen marcos de referencia a los que recurrir para rentabilizar todos esos elementos. Lo que suele percibirse como dificultad para el aprendizaje puede revertirse y cambiar la perspectiva para descubrir las posibilidades que la situación comporta de cara a la adquisición de la lengua escolar y del país de acogida. Pero es preciso que esos recursos y metodologías se hagan explícitos en los programas de formación inicial y permanente, empezando por las facultades de Educación y por los grados de Maestro en Educación Primaria. Se deben incorporar también como contenidos habituales en los cursos de posgrado y de especialización ofrecidos por las administraciones educativas, sean estatales o autonómicas. Asimismo, hace falta ampliar las investigaciones específicamente centradas en esta cuestión y en esta etapa educativa fundamental.

Hugonnier (2015) define ocho desafíos de la educación superior de cara al futuro a los que las universidades deben dar una respuesta urgente puesto que son cuestiones arraigadas en el mundo actual. Entre ellas, la necesidad de un anclaje regional al mismo tiempo que la internacionalización y el fomento de la solidaridad y la equidad. Todos, dice, pueden agruparse según el ámbito de la política académica, de las relaciones exteriores, internacionales, y de la financiación y la economía. Para poder responder a todos esos desafíos, el conocimiento de las lenguas es indispensable y ese conocimiento y la respuesta de los individuos debe iniciarse desde los primeros años de formación. Los programas de las facultades de Educación y los profesores de Educación Primaria tienen la responsabilidad y la clave para establecer la base de la ciudadanía futura y su preparación debe proporcionársela la educación superior.

Referencias bibliográficas

Álvarez-Sotomayor, A. y Martínez-Cousinou, G. (2020). Inmigración, lengua y rendimiento académico en España. Una revisión sistemática de la literatura. *Revista Internacional de Sociología* 78(3), e160. https://doi.org/10.3989/ris.2020.78.3.19.083

Amengual Pizarro, M. (2013). Primary education degrees in Spain: do they fulfil the linguistic and pedagogic needs of future teachers? *International Journal of Applied Linguistics*, (10), 9–27.

Appiah, S. O. y Ardila, A. (2020). The question of school language in multilingual societies: the example of Ghana. *RUDN Journal of Psychology and Pedagogics.* 17 (2), 263–272. DOI: 10.22363/2313-1683-2020-17-2-263-272

Beacco, J. C., Byram, M., Cavalli, M., Coste, D., Cuenat, M. E., Goullier, F. y Panthier, J. (2016). *Guide for the development and implementation of curricula for plurilingual and intercultural education.* Council of Europe Publishing.

Beacco, J. C., Fleming, M., Goullier, F., Thürmann, E. y Vollmer, H. (2016). *A handbook for curriculum development and teacher training. The language dimension in all subjects.* Council of Europe Publishing.

Bense, K. (2016). International teacher mobility and migration: A review and synthesis of the current empirical research and literature. *Educational Research Review*, 17, 37–49.

Calafato, R. (2020). Evaluating teacher multilingualism across contexts and multiple languages: validation and insights. *Heliyon*, 6(8). https://doi.org/10.1016/j.heliyon.2020.e04471

Calafato, R. (2019). The non-native speaker teacher as proficient multilingual: A critical review of research from 2009–2018. *Lingua*, 227.

Campos-Bandrés, I. O. (2021). Actitudes de los maestros en formación hacia las lenguas extranjeras y la educación multilingüe. *Revista Electrónica Interuniversitaria de Formación del Profesorado*, 24(2), 67–80.

Cenoz, J. y Gorter, D. (eds.) (2020). *Pedagogical translanguaging: navigating between languages at school and at the university. System (Special Issue)*, 92.

Cenoz, J. y Santos, A. (2020). Implementing pedagogical translanguaging in trilingual schools, En J. Cenoz y D. Gorter (eds.), *Pedagogical translanguaging: navigating between languages at school and at the university. System*, 92. https://doi.org/10.1016/j.system.2020.102273

Comisión Europea. Euridyce. National Education Systems (2021). *España. Datos estadísticos*. https://eacea.ec.europa.eu/national-policies/eurydice/content/statistics-organisation-and-governance-79_es [Consultado el 27 de agosto de 2021].

Consejo de Europa (2018). *Collated Representative Samples of Descriptors of Language Competences Developed for Young Learners*, Vol. 1: Ages 7–10 y Vol. 2: Ages 11–15. Consejo de Europa.

Consejo de Europa y Ministerio de Educación, Cultura y Deporte/Instituto Cervantes (2002). *Marco común europeo de referencia para las lenguas*. Consejo de Europa.

Consejo Económico y Social de España, (2019). *Informe 02/2019. La inmigración en España: efectos y oportunidades*. Departamento de Publicaciones. http://www.ces.es/documents/10180/5209150/Inf0219.pdf

Costley, T. y Leung, C. (2020). Putting translanguaging into practice: A view from England. En J. Cenoz y D. Gorter (eds.), *Pedagogical translanguaging: navigating between languages at school and at the university. System (Special Issue)*, 92,

Darque Pinto, R., Peixoto, B., Melo, M., Cabral, L. y Bessa, M. (2021). Foreign Language Learning Gamification Using Virtual Reality-A Systematic Review of Empirical Research. *Education Sciences*. 11–5.

del-Olmo-Ibáñez, M. T. y Cremades-Montesinos, A. (2019). Formación en L2 y plurilingüismo en los maestros de Educación Primaria. Necesidades actuales y para los futuros docentes. En R. Roig Vila (ed.) *Investigación e innovación en la Enseñanza Superior Nuevos contextos, nuevas ideas* (pp. 849–858). Ediciones Octaedro, S.L.

Feng, G., Shulin, Y., Chunhong, L. y Zhuoyao, L. (2021). Teaching and Learning Writing in English as a Foreign Language (EFL) School Education Contexts: A Thematic Review. *Scandinavian Journal of Educational Research*, DOI: 10.1080/00313831.2021.1897872

Gallego-Lema, V., Correa Gorospe, J. M. y Aberasturi-Apráiz, E. (2020). Anywhere, anytime: The learning itineraries of teachers. [Anywhere, anytime: Los itinerarios de aprendizaje de los docentes]. *Revista Fuentes*, 22(2), 165–177. doi:10.12795/revistafuentes.2020.v22.i2.03

García-Lastra, M. y Osoro Sierra, J. M. (2021). Territory and treatment of diversity: The case of the Communities of Cantabria, Asturias, Andalusia, and Valencia (Spain). *International Journal of Intercultural Relations*, 84, 181–190. https://doi.org/10.1016/j.ijintrel.2021.07.011

Gibson, P. F. y Smith, S. (2018). Digital literacies: preparing pupils and students for their information journey in the twenty-first century. *Information and Learning Sciences*, 119(12), 733–742. DOI 10.1108/ILS-07-2018-0059

Gorter, D. y Arocena, E. (2020). Teachers' beliefs about multilingualism in a course on translanguaging. *System*, Volume 92. https://doi.org/10.1016/j.system.2020.102272

Haukås A. (2016). Teachers' beliefs about multilingualism and a multilingual pedagogical approach, *International Journal of Multilingualism*, 13(1), 1–18. DOI: 10.1080/14790718.2015.1041960

Hugonnier, B. (2015). The challenges and the future of higher education. *Encounters in Theory and History of Education*. Volume 16, 6–26. DOI 10.24908/eoe-ese-rse.v16i0.5832

Judd, E. L., Tan, L. y Walberg, H. J. (2001). *Teaching Additional Language. Educational Practice Paper*, n. 6. International Academy of Education/International Bureau of Education, UNESCO.

Kramsch, C. y Zhang, L. (2018). *The Multilingual Instructor*. Oxford University Press.

Lundberg, A. (2019). Teachers' viewpoints about an educational reform concerning multilingualism in German-speaking Switzerland. *Learning and Instruction*, 64. https://doi.org/10.1016/j.learninstruc.2019.101244

Major, J. (2020) Bilingual Identities in Monolingual Classrooms: Challenging the Hegemony of English. *New Zealand Journal of Educational Studies*, 53(2), 193–208. doi 10.1007/s40841-018-0110-y

Meierkord, A. y Day, L. (2017). *Rethinking language education and linguistic diversity in schools. A report for the European Commission*. Directorate-General for Education, Youth, Sport and Culture. Directorate B – Youth, Education and Erasmus+. Unit B.2 – Schools and multilingualism.

Moral Barriguete, C. del. (2013). Educational Intervention Proposal for Teaching and Learning Vocabulary in Spanish as a Second Language. Syllabus adjustment for Primary Education. *Porta Linguarum*, 19, 129–146.

Níkleva, D. G. (2017). *La formación de los docentes de español para inmigrantes en distintos contextos educativos*. Peter Lang.

Níkleva, D. G. y Contreras-Izquierdo, N. M. (2020) The training of university students to teach Spanish as a second language to immigrant pupils in Spain. *Revista Signos*. 53(103), 496–519.

Níkleva, D. G. y Martín, J. L. O. (2015). La formación del alumnado del Grado de Educación Primaria para enseñar a alumnos inmigrantes y las medidas de intervención educativa. *Culture and Education, Cultura y Educación*, 27(2), 316–330.

Policy department Structural and Cohesion Policies, Migrant education: monitoring and assessment (2017). *Research for Cult Committee – Migrant Education: Monitoring and Assessment*. European Parlament.

Raud, N. y Orehhova, O. (2020). Training teachers for multilingual primary schools in Europe: Key components of teacher education curricula. *International Journal of Multilingualism*. doi:10.1080/14790718.2020.1718678

Rodríguez-Izquierdo, R. M., González Falcón, I. y Goenechea Permisán, C. (2020). Teacher beliefs and approaches to linguistic diversity. Spanish as a second language in the inclusion of immigrant students. *Teaching and Teacher Education*, 90.

Rodríguez Muñoz, F. J. y Madrid Navarro, V. M. (2016). Temporary Language Adaptation Classrooms: One of the Great Unknowns for Future Primary School teachers. *Revista Fuentes*, 18 (2), 153–166.

Romero Alfaro, E. y Zayas Martínez, F. (2017). Challenges and opportunities of training teachers for plurilingual education. In J. Valcke y R. Wilkinson (Eds.), *Integrating Content and Language in Higher Education. Perspectives on Professional Practice*, 205–225.

Ruiz, C. (1998). *Instrumentos de Investigación Educativa*. CIDEG.

Schedel, L. S. y Bonvin, A. (2017). Je parle pas l'allemand. Mais je compare en français "LehrerInnenperspektiven auf Sprachvergleiche". *Zeitschrift für Interkulturellen Fremdsprachenunterricht*, 22(2), 116–127.

Schissel, J. L., De Korne, H. y López-Gopar, M. (2021). Grappling with translanguaging for teaching and assessment in culturally and linguistically diverse contexts: teacher perspectives from Oaxaca, Mexico. *International Journal of Bilingual Education and Bilingualism*, 24(3), 340–356. DOI 10.1080/13670050.2018.1463965

Secretaría General Técnica, Subdirección General de Estadística y Estudios del Ministerio de Educación y Formación Profesional (2019). *Datos y cifras. Curso escolar 2020/2021.* https://sede.educacion.gob.es/publiventa/datos-y-cifras-curso-escolar-20202021/ensenanza-estadisticas/24152

Wassell, B. A., Reid Kerrigan, M. y Fernández-Hawrylak, M. (2018). Teacher educators in a changing Spain: Examining beliefs about diversity in teacher preparation. *Teaching and Teacher Education,* 69. http://dx.doi.org/10.1016/j.tate.2017.10.004

Welch, S. y Comer, J. (1988). *Quantitative Methods for Public Administration: Techniques and Applications.* Editorial Books/Cole.

Wildsmith-Cromarty, R. y Balfour, R. J. (2019). Language learning and teaching in South African primary schools. *Language Teaching.* 52 (3), 296–317. DOI: 10.1017/S0261444819000181

Wolff, D. (2012). *The European framework for CLIL teacher education. Synergies Italie,* 8.

Zhang, R. y Zou, D. (2020). Types, purposes, and effectiveness of state-of-the-art technologies for second and foreign language learning. *Computer Assisted Language Learning.* DOI: 10.1080/09588221.2020.1744666

Alejandro Cremades-Montesinos

Formación en multiculturalidad del profesorado de Educación Primaria y consecuencias académicas y sociales del origen del alumnado

Resumen: En este capítulo se ha estudiado una muestra de respuestas realizada por maestros de Educación Primaria de centros educativos de España para analizar la formación en multiculturalidad que han recibido y las consecuencias académicas y sociales del origen del alumnado que está matriculado en sus centros. Este estudio se corresponde con la diversidad cultural que presenta la sociedad española fruto de la inmigración y que está reflejada en los centros educativos. Por tanto, el profesorado se enfrenta a un grado de multiculturalidad que ha ido creciendo a lo largo de estas últimas décadas y debe saber adecuarse a tal realidad para alcanzar la inclusión. Los objetivos de este trabajo consisten en analizar la formación en multiculturalidad que han recibido los maestros y conocer desde su propia experiencia si el alumnado con diferente origen presenta dificultades en su aprendizaje. Para ello se ha empleado una metodología cuantitativa a través de una escala Likert. La muestra se compone de 262 participantes de centros públicos, concertados y privados españoles. Los resultados que se han obtenido han confirmado la hipótesis de partida que afirmaba la falta de habilidades pedagógicas multiculturales en el profesorado y la importancia de incluirla en los diferentes programas de formación docente.

Palabras clave: multiculturalidad, formación del profesorado, Educación Primaria, diversidad cultural

1. Introducción

La migración no es un fenómeno actual. El ser humano se ha caracterizado por la búsqueda de un lugar en el que poder vivir. Para ello ha viajado y ha indagado por todos los rincones del mundo. Esta situación ha creado nuevas necesidades que requieren sean cubiertas para así formar una sociedad intercultural y que ha provocado que las escuelas sean uno de los principales agentes de formación multicultural. Moreira (2001) comenta lo siguiente de los centros educativos:

> Numa sociedade que se percebe cada vez mais multicultural, cuja pluralidade de culturas, etnias, religiões, visões de mundo e outras dimensões das identidades infiltra-se, cada vez mais, nos diversos campos da vida contemporânea. (p.41)

En este capítulo se investiga la formación en multiculturalidad que los profesores de Educación Primaria españoles hayan podido recibir y las consecuencias académicas y sociales que consideran se derivan del origen de sus estudiantes en el país receptor. Para este estudio se ha analizado una encuesta realizada por docentes de Educación Primaria de todo el territorio español. Las diferentes instituciones educativas se han preocupado de que los currículos estén en consonancia con los parámetros que dictamina la Unión Europea y que aparecen reflejados en el *Marco Común Europeo de Referencia* (2002) en cuestiones como la multiculturalidad. Sin embargo, la realidad en los centros educativos ha demostrado que apenas cumplen con las necesidades propias de un país como España que presenta una sociedad multicultural. Por tanto, el origen diverso del alumnado en un aula afectará a la actuación docente y el profesorado debe estar preparado para afrontar esta situación.

Con el presente trabajo se mostrará la necesidad por parte del cuerpo de profesorado de recibir formación en multiculturalidad, ya que forma parte de los requisitos de la propia competencia docente en España. Para investigar dicha formación y la relevancia del origen del alumnado en las aulas se diseñó un formulario según la escala Likert. En este capítulo se han analizado los apartados referentes a la multiculturalidad, que presenta cinco preguntas, y el de las consecuencias del origen cultural de los estudiantes, con cuatro. Cada una de ellas se ha respondido mediante una gradación de 1 a 4 (desde "Muy en desacuerdo" a "Muy de acuerdo" respectivamente). Han participado 262 profesores de Educación Primaria de todo el estado español y son sus respuestas los datos que mostrarán la realidad de los dos aspectos que se pretende analizar en este trabajo.

En cuanto a la estructuración de este capítulo, en primer lugar, se explicará el multiculturalismo, la educación multicultural y la interculturalidad como conceptos para enmarcar el estudio y se dará cuenta del estado de la cuestión en España; a continuación, se expondrá la metodología empleada y se analizarán los datos obtenidos en la encuesta; por último, se procederá con las conclusiones y discusión.

2. Entorno Multicultural

2.1 Multiculturalidad

Tal y como se ha comprobado, a causa de las diferentes crisis migratorias y la globalización, conviven diferentes culturas en territorio español. Por tanto, se crea un estado multicultural que debe tenerse en cuenta en la formación académica de todo el conjunto del alumnado. Johnson Mardones (2015) sostiene que los centros educativos suponen para el alumno el primer espacio de encuentro social con otros estudiantes. Deberá aprender a convivir y a aceptar la diversidad cultural con la que se encontrará en la sociedad. Indica el mismo autor que esta etapa es crucial, pues resulta determinante para cumplir con el aprendizaje, promover la coexistencia de la demostrada diversidad cultural y sentar las bases de todo el desarrollo personal y académico de los sujetos.

De esta manera, Santos (2002) incide en que la educación multicultural rompe con la educación tradicional en cuanto a su visión pluralista de la sociedad y del ámbito académico. Por tanto, es necesario cuestionarse si el profesor dispone de esa misma visión que atiene a la educación y a la cultura (Moreira, 2001).

Es conveniente definir qué es y qué engloba la multiculturalidad antes de identificar la educación multicultural y todo lo que ello acarrea. Según Silva y Bradim (2008), representan la heterogeneidad de la diversidad cultural en la sociedad apoyada por la armonía entre los propios ciudadanos, pero que reconocen que una parte de la población se muestra prejuiciosa. Las minorías pueden sufrir discriminación por parte de la sociedad o un trato especial por los rasgos que los diferencia de esa mayoría.

En esta misma línea, Blum (1998) añade que la multiculturalidad no solo representa las confesiones, la etnia, el origen o la piel, sino también la edad, la identidad de género y la orientación sexual. De esta manera, no solo se relacionaría multiculturalismo con racismo, sino que intervienen otras muchas variables.

Para Grueso (2003), la multiculturalidad está representada por dos tipos de luchas que se concentran en asuntos legales y políticos. La primera son las luchas liberales en contra de la discriminación de las personas por su religión, piel, etnia u origen. La segunda se relaciona con la lucha de la identidad colectiva que demanda "un reconocimiento a su colectividad a partir de la diferencia" (p.17). Indica que existe un tercer tipo que se concentra en el plano educativo desde una perspectiva más simbólica y cultural. Comenta el autor que parte "de los patrones culturales en pro de cierto reconocimiento a cierto acervo cultural, usualmente estigmatizado, ridiculizado, desconocido o simplemente en vía de desaparecer" (p.17).

En un trabajo más reciente, Santos (2020) señala que existen cuatro perspectivas desde las cuales comprender el concepto de multiculturalidad. El primero al que hace mención se define como una manera de relacionarse entre personas que va intrínseca con su propio ser. Justifica que nuestras acciones están determinadas por nuestra cultura y por diferentes factores como el idioma o el nivel socioeconómico, entre otros.

La siguiente perspectiva a la que hace referencia es a la expuesta por Hall (2020) donde la multiculturalidad es un compendio de estrategias políticas llevadas a cabo para resolver los conflictos que la diversidad pueda provocar en la sociedad. Se entiende, por tanto, que posee una función educativa y con un claro carácter transversal que ha de ser inculcado en la sociedad con tal de asegurar el desarrollo humano y social de toda la ciudadanía.

La tercera concepción relaciona el fenómeno multicultural con una concienciación social en pro de la aceptación de la pluralidad cultural, tal y como exponen Canen y Oliveira (2002). Parte de una reflexión personal que valore a la sociedad como diversa culturalmente para, así, enfrentarse a las actitudes y a los pensamientos que ponen en peligro la coexistencia multicultural, tales como el racismo o el machismo.

Y por último, identifica la multiculturalidad como concepto crítico, ya que tiene como objetivo transformar la sociedad a través de espacios comunes, como pueden ser las instituciones educativas. Debe provocar cambios que modifiquen comportamientos en las personas desde la infancia. Si se contempla desde la perspectiva escolar, esta multiculturalidad crítica defiende que esa diversidad se ha de mantener y debe crear un compromiso social con el objetivo de formar en los estudiantes una justicia perpetua social que respete la diversidad de la colectividad.

En este trabajo se entiende la multiculturalidad bajo todas las características definidas en este apartado. Asimismo, no solo se enfrenta a las actitudes que amenacen la convivencia, sino que acepta la diversidad como parte intrínseca de la sociedad humana y por tanto respeta al igual como respeta lo suyo. De igual modo, no hay que cometer la equivocación de considerarlo únicamente como una forma de inclusión social de aquellas personas de diferente origen. Se ha de concebir también como una manera de enriquecer la coexistencia a través de la aceptación de la pluralidad cultural.

2.2 Educación multicultural y de calidad

Markus y Ríos (2018) señalan que, puesto que la educación de calidad y la diversidad cultural son derechos humanos reconocidos, la educación multicultural ha de ser un derecho humano reconocido internacionalmente por ende. De esta manera, su acceso ha de ser facilitado y asegurado para todos los estudiantes con el objetivo de alcanzar la inclusión en este contexto social caracterizado por la diversidad cultural. Esta realidad en las clases presenta un hecho indudable (Rodríguez y Fernández, 2018) y son en estos espacios donde se manifiestan los diferentes estilos de vida y su convivencia. Esta interacción en grupos de personas con diferentes religiones, orígenes, costumbres y niveles socioeconómicos, y culturales genera conflictos y diferencias entre ellos por la ausencia de educación multicultural.

La educación multicultural surge en los últimos años de la década de 1960 (Pincheira, 2020) y presenta como un principio primordial el reconocimiento, además de la protección de la diversidad en una sociedad. Por otra parte, engloba no solo a la población inmigrante, sino a todas las minorías y mayorías que formen parte de un país. Este modelo educativo promueve el entendimiento y las relaciones entre todos esos grupos con la intención de crear una sociedad heterogénea.

Es necesario que la perspectiva educativa cambie para buscar modelos que se adecúen a la diversidad presente en las escuelas. La tendencia en la escuela presentaba un modelo en el que todos los alumnos asimilaban de manera general la cultura hegemónica del país y así perdían rasgos característicos y propios de su cultura convirtiendo lo diverso en realidades ajenas (Brito et al., 2020). En los últimos años la educación multicultural ha apartado esa tendencia generalista por una mayor atención a la diversidad donde esta ya es considerada como lo común en la realidad escolar (Aguado, 2016).

Bueno (2008) muestra seis perspectivas para comprender e instaurar la educación multicultural. En primer lugar, se encuentra la asimilación cultural que facilita la equidad entre todos los estudiantes. En segundo lugar, presenta el entendimiento cultural a través del cual se incluyen los contenidos multiculturales en el currículum académico. Después, expone el pluralismo cultural para así conservar y propagar la diversidad en el centro. El siguiente punto es la educación bicultural, que se centra en tomar dos culturas que vayan a ser comunes entre el estudiantado para relacionarse entre ellos. Obviamente, la educación antirracista cumple una importante función aquí. Y por último, entender la educación multicultural como proceso para el desarrollo de un juicio propio y el crecimiento personal.

El principal obstáculo que se encuentra en la implantación de un modelo educativo multicultural es precisamente la falta de formación en el personal educativo clave: los profesores. Es necesario contar con un equipo de profesionales que tenga las habilidades pertinentes para emprender estas acciones pedagógicas. Por tanto, no será hasta que el conjunto docente haya aprendido, asimilado e implantado en sus competencias como profesores esos aspectos multiculturales y que, a su vez, se transmitan a los propios estudiantes, para que se pueda apreciar cambios en la sociedad. Será en ese punto cuando se comenzarán a producir los verdaderos cambios en la sociedad. Así que es imperante que las instituciones que forman a los docentes les ofrezcan unas titulaciones educativas en las que el multiculturalismo sea parte de sus contenidos (del-Olmo-Ibáñez y Cremades-Montesinos, 2019).

Se ha de tener en cuenta, en primer lugar, al profesor como recurso humano, pues si ejerciera en un contexto multicultural sin participar en él, su labor como docente sería contraproducente en las etapas escolares. Pero no es el único factor que precisa una actualización. El currículum también la necesita para poder incluir la educación multicultural. Debe corresponder a un programa educativo que se enfoque en la atención a la diversidad y, para ello, necesitará estimular la reflexión crítica del estudiantado y, así, combatir los prejuicios establecidos por los discursos hegemónicos. Ha de formarlos en disposición, cuestionamiento, decisión y resolución de conflictos con el objetivo de que apliquen estas destrezas en la diversidad de su clase y de su realidad externa a la escuela.

Como se comentó al principio del apartado, la educación multicultural constituye un derecho humano propio pues engloba la educación de calidad y el derecho a la diversidad cultural. Así que cumple este modelo un papel clave para enfrentarse a la discriminación en las escuelas que, según la Comisión de Derechos Humanos (2012), está representada por unos patrones socioculturales adquiridos a través de las diferentes generaciones y que son fruto de la ignorancia hacia todo aquello que representa 'el otro'. Para conseguir la inclusión, la educación multicultural identifica las variantes que manifiesta la diversidad cultural (edad, género, etnia, origen, religión, etc.) y analiza los diferentes tipos de relaciones que pudieran emerger en espacios educativos para asegurar la armonía (Coronado-Peña et al., 2021). Esta educación que cerciora el respeto entre desemejantes también se enfrentará a las diferentes desigualdades sociales que pudiera haber en un grupo escolar, ya que facilita la interacción y la creación de relaciones humanas que, en un contexto en el que no hubiese entendimiento y respeto por la diversidad, no tendrían oportunidad de desarrollarse.

La falta de implementación de unos modelos educativos multiculturales provoca desigualdades sociales debido a los continuos enfrentamientos que se pueden dar en las clases y a la prematura segregación de las culturas no hegemónicas. Es cierto que los conflictos, y en mayor medida los culturales, forman parte de la esencia de las relaciones humanas, pero sí que hay posibilidades de evitar un gran número de ellos a partir de una correcta educación multicultural e intercultural (Santos, 2020). Este modelo educativo que se está planteando muestra esas diferencias y un cuestionamiento de las mismas para lograr una mayor actividad crítica y reflexiva por parte del alumno que permitirá alcanzar una convivencia basada en el respeto y el entendimiento (Oliveira y Miranda, 2004).

2.3 Educación intercultural

El pluralismo cultural patente en todo el Estado creció, crece y seguirá creciendo por las diferentes razones que ya se han comentado. Poco a poco se van trabajando en nuevos planes de integración. No es fácil arribar a un nuevo país con una cultura distinta y adaptarse a ese estilo de vida y aprender una lengua nueva; o ser una persona nativa del país pero pertenecer a una minoría que no se ajusta a lo hegemónico. Y también hay que considerar la variedad cultural y lingüística de las diferentes comunidades autónomas de España. Pues tampoco lo es para esos menores que sufren en primera persona esas dificultades no solo para integrarse en la sociedad, sino también en la escuela. El impacto para ellos puede llegar a ser mucho más grande que para los adultos. De manera que una correcta integración es clave en los primeros meses de adaptación. Sin duda, ese tiempo entre la adaptación y la inclusión es crucial para entender la nueva cultura. Si se ejecutaran de una manera que no fuera exitosa, los llevaría a la marginación y acabaría marcado en su personalidad y en su futuro.

De esta manera, los centros deben tener en cuenta estas situaciones y, a través del proyecto educativo del centro (PEC), llevar a cabo una educación intercultural en las aulas y fuera de ellas. Este último concepto es especialmente relevante desarrollarlo debido a los objetivos de esta investigación.

Se ha escrito mucho sobre la interculturalidad y sobre la multiculturalidad y aparece una vasta bibliografía referida a esta dualidad. Aunque en muchas referencias no parece realizarse distinción alguna, aun a pesar de lo diferentes que son. Guerra (2009) realiza una distinción y promueve unos aspectos que interesa tener en cuenta. En la misma ponencia que habla de esta dualidad, explica también un concepto que tiene que ver con esta problemática: la identidad personal. En él dice que la identidad es adquirida y que en su mayoría son componentes culturales que, a pesar de ser algunos innatos, están condicionados por la cultura y la historia. Esos componentes, igual que nos unen, nos separan de otros: 'mi condición de europeo me une con otros millones de europeos, pero a su vez me separa de otros mientras me junta con 42 millones de españoles'. Y así se podría ir singularizando hasta llegar al individuo. Estos mismos elementos cambian y evolucionan por movimientos culturales o presiones de grupo. Por lo que cada sujeto es, según Guerra: único, irrepetible, irremplazable, complejo y dinámico. Y es en ese mismo artículo donde expone los puntos en los que difieren la educación multicultural y la educación intercultural (pp.181–182). Por una parte, la educación multicultural ofrece una dimensión estática con una intervención educativa únicamente cuando convive un grupo de alumnado que presenta una diversidad cultural clara. Plantea un enfoque no globalizador y aditivo y se centra en las diferencias entre los estudiantes. Por otra parte, la educación intercultural se caracteriza por una dimensión dinámica y que expone intervenciones aunque no haya diferencias culturales obvias. Además realiza un enfoque globalizador e interactivo y se centra en relaciones igualitarias.

A aquellos centros y sociedades que optan por una educación multicultural se les presentarán tres respuestas sociales distintas (p.183). La primera es la asimilación, en la que las minorías son absorbidas por la cultura hegemónica bajo el yugo de un enfoque etnocéntrico. La segunda es la guetización en la que cada cultura se mantiene en la misma sociedad pero en núcleos cerrados. Esa separación supone una forma peyorativa de vivir la diferencia cultural, tanto para el gueto como para la cultura dominante ("ellos son así y no quieren cambiar"). Y, por último, el interculturalismo, que como se ha podido observar anteriormente, toma las diferencias como conceptos de valor y respeto a favor de la pluralidad cultural de la sociedad. Los problemas y diferencias que se puedan plantear ni se ocultan ni se olvidan, se enfrentan a ellos para hallar una solución con la excusa del encuentro y del diálogo.

Por esta razón, la clave de la inserción de los nuevos estudiantes, sean inmigrantes o no, sean hispanohablantes o no, es tener en cuenta un método multicultural e intercultural para que el proceso de socialización sea paulatino. Esas personas que se integren deberán pasar el proceso en la familia, en los centros, en las organizaciones y aprenderán a diferenciar los valores positivos y negativos asimilándolos y comprometiéndose con la sociedad.

Esta realidad multicultural hace que se replantee la organización de los centros. Pero al estar tan regulada, los profesores y demás trabajadores deben actuar dentro del marco legal aunque se permite cierta autonomía dentro de dicho marco. Todo ello lo localizamos en el contexto académico de Educación Primaria, donde existe una gran disparidad de edades y madurez intelectual y vital de los alumnos. Se entiende que a mayor edad, mayor será la dificultad de integración del aprendiente. De esta manera, mayor tendrá que ser la empatía del profesorado.

2.4 El estado de la cuestión

Con el objetivo de determinar el marco teórico, se ha llevado a cabo una búsqueda en Web of Science y Scopus y así realizar una revisión de los trabajos publicados que tratan la formación en multiculturalidad de los profesores en Educación Primaria.

A través de del término 'formación multicultural' en Web of Science únicamente se pueden encontrar doce estudios y se corresponden con los años 2020, 2019 y 2018. De estos mismos trabajos, tratan la necesidad de una actualización de la escuela para cubrir las necesidades del contexto de diversidad cultural, desde la perspectiva portuguesa y brasileña, Ivenicki (2018) Fernandes y Andrade (2020) y, desde la española, Bernabé (2019). Si se añade a la búsqueda el término 'Educación Primaria', la cantidad de resultados se reduce a cinco investigaciones realizadas entre 2019 y 2012 donde obtenemos el trabajo realizado sobre la práctica docente en Costa Rica de Escalante Rivera (2014).

En cuanto a los trabajos encontrados en Scopus con los mismos términos de búsqueda, conviene destacar que la cantidad de estudios que aparecen sí que es mayor, pero no se centran en la formación multicultural del profesorado. Es importante el estudio llevado a cabo por de Vicente et al. (2020) con el que constatan la tendencia demostrada que existe para reconocer la diversidad cultural y la necesidad de implementar una comunicación intercultural en las aulas entre los estudiantes de formación de profesorado de E.P.

3. Metodología

3.1 Participantes

Han participado en este estudio 262 profesores de España que ejercen sus funciones docentes en la Educación Primaria (E.P.) en centros públicos, concertados o privados. La mayoría, un 77.9 %, eran mujeres y un 22.1 % eran hombres. En cuanto a su experiencia profesional, el 31.3 % presentaba más de 16 años en el ámbito educativo, el 26 % poseía entre 9 y 15 años y, por último, el 42.7 % es profesor desde hace menos de 8 años.

3.2 Instrumentos

Para la realización de este estudio se ha empleado como instrumento de recogida de datos la Escala Likert de medición de actitudes con una gradación del 1 al 4, siendo el primero 'Muy en desacuerdo' y el segundo 'Muy de acuerdo'. La fiabilidad del instrumento se confirmó a través de la estimación del alfa de Cronbach (Welch y Comer, 1988). El coeficiente es de 0 779 y se encuentra en el nivel de confiabilidad alta según Ruiz (1998).

La muestra relativa a este capítulo está estructurada en dos partes: 'c- Formación multicultural' y 'd-Consecuencias académicas y sociales de la lengua de origen del alumnado'. La primera presenta cinco preguntas y se centra en la formación multicultural que ha recibido el profesorado tanto en la etapa universitaria como en la posterior cuando ya ejerce como docente. Asimismo, estudia la perspectiva del profesorado sobre la importancia de la formación multicultural y su inclusión en los programas formativos. La segunda parte investiga desde la experiencia docente la situación del alumnado con diferente lengua materna a la del país de acogida en cuanto a su aprendizaje del idioma empleado en la clase, la relación con sus compañeros, su desarrollo académico y la relación entre género y origen del alumnado.

4. Resultados

En este apartado se van a analizar los resultados obtenidos a partir de la escala empleada y anteriormente descrita. Con las dos primeras tablas se van a presentar los datos sobre la formación en multiculturalidad en el profesorado de E.P. y con las dos últimas se presentarán las opiniones de los participantes sobre las consecuencias académicas y sociales de la cultura de origen del alumnado. En las Tablas 1 y 3 se pueden observar los datos recogidos de manera general, mientras que en las Tablas 2 y 4 se analizan desde la experiencia docente de los participantes.

Tabla 1. Resultados en porcentajes de la valoración de la formación en multiculturalidad que presenta el profesorado de Educación Primaria

ÍTEMS	Muy en desacuerdo	En desacuerdo	De acuerdo	Muy de acuerdo
C1 He recibido formación en multiculturalidad en el programa de mis estudios universitarios.	27.5	35.1	27.9	9.5
C2 He recibido formación en multiculturalidad en cursos de especialización ofrecidos por la administración/CEFIRES/Consejería/ Dirección Territorial.	39.3	29.8	26.7	4.2
C3 He recibido formación en multiculturalidad en cursos de especialización ofrecidos por universidades u otras instituciones de educación superior.	37.8	31.3	24.0	6.9
C4 Es necesaria la inclusión de formación para el desarrollo de las competencias multicultural y plurilingüística como parte de la competencia docente en los programas universitarios de Maestros en Educación Primaria.	5.7	6.5	24.0	63.7
C5 Es necesaria la inclusión de formación para el desarrollo de las competencias multicultural y plurilingüística como parte de la competencia docente en los planes de formación permanente de los maestros de Educación Primaria.	3.8	8.4	21.4	66.4

Fuente: Elaboración propia del autor

En el primer ítem se puede observar que la mayoría con un 35.1 % y un 27.5 % declara que está en desacuerdo o en muy desacuerdo en haber recibido formación multicultural durante la formación universitaria. Es conveniente resaltar que únicamente el 9.5 % ha señalado que sí recibió contenidos en formación multicultural.

Asimismo, los datos en el segundo ítem muestran que gran parte de los participantes expresa que no ha tenido esta formación en cursos especializados ofertados por las administraciones.

Con lo que respecta al siguiente, la mayoría de los participantes (69.1 %) afirman no haber recibido formación en multiculturalidad en cursos especializados ofrecidos por instituciones de educación superior como la universidad.

Por lo que se refiere a si es necesaria la inclusión de formación para el desarrollo de competencias multiculturales en los programas universitarios de los grados de Magisterio, la gran mayoría (87.7 %) se han mostrado a favor de esta medida. Esto nos da una perspectiva real de la percepción de la necesidad que hay en las aulas españolas al demandar los propios maestros que se incluyan estas competencias en la formación del futuro profesorado.

Y en cuanto a esa misma instrucción pero incluida en la formación permanente de los maestros, se muestran unos datos similares al estar a favor el 87.8 % de los encuestados. Estos datos también demuestran la necesidad de una formación multicultural en el equipo docente de los centros educativos españoles, pero asimismo refleja la actitud del profesorado de querer estar actualizado en cuanto a formación se refiere y así cumplir con los objetivos de la escuela.

Tabla 2. Resultados en porcentajes de la valoración de la formación en multiculturalidad en función del tiempo de experiencia docente

ÍTEMS	Muy en desacuerdo	En desacuerdo	De acuerdo	Muy de acuerdo
C1 He recibido formación en multiculturalidad en el programa de mis estudios universitarios.				
Menos de 8 años	21.4	30.4	34.8	13.4
Entre 9 y 15 años	22.1	45.6	27.9	4.4
Más de 16 años	40.2	32.9	18.3	8.5
Total	27.5	35.1	27.9	9.5

(Continúa en la página siguiente)

Tabla 2. Continuación

ÍTEMS	Muy en desacuerdo	En desacuerdo	De acuerdo	Muy de acuerdo
C2 He recibido formación en multiculturalidad en cursos de especialización ofrecidos por la administración/CEFIRES/Consejería/ Dirección Territorial.				
Menos de 8 años	50.9	31.3	16.1	1.8
Entre 9 y 15 años	32.4	32.4	30.9	4.4
Más de 16 años	29.3	25.6	37.8	7.3
Total	39.3	29.8	26.7	4.2
C3 He recibido formación en multiculturalidad en cursos de especialización ofrecidos por universidades u otras instituciones de educación superior.				
Menos de 8 años	40.2	31.3	21.4	7.1
Entre 9 y 15 años	32.4	32.4	27.9	7.4
Más de 16 años	39.0	30.5	24.4	6.1
Total	37.8	31.3	24.0	6.9
C4 Es necesaria la inclusión de formación para el desarrollo de las competencias multicultural y plurilingüística como parte de la competencia docente en los programas universitarios.				
Menos de 8 años	3.6	8.0	18.8	69.6
Entre 9 y 15 años	5.9	8.8	32.4	52.9
Más de 16 años	8.5	2.4	24.4	64.6
Total	5.7	6.5	24.0	63.7
C5 Es necesaria la inclusión de formación para el desarrollo de las competencias multicultural y plurilingüística como parte de la competencia docente en los planes de formación permanente de los maestros de Educación Primaria.				
Menos de 8 años	3.6	7.1	15.2	74.1
Entre 9 y 15 años	5.9	13.2	27.9	52.9
Más de 16 años	2.4	6.1	24.4	67.1
Total	3.8	8.4	21.4	66.4

Fuente: Elaboración propia del autor

Como se ha comentado anteriormente, en la Tabla 2 se obtienen datos desde la propia experiencia docente de los participantes. En el primer ítem resulta llamativo cómo los docentes con menos experiencia sí que han recibido formación en multiculturalidad. Esos datos van disminuyendo conforme el profesor tiene más experiencia. Esto demuestra que las facultades de educación sí que están actualizándose de manera incipiente ante las nuevas necesidades educativas.

Los datos del segundo ítem difieren de los del anterior ya que la gran mayoría del profesorado con menos de 15 años de experiencia afirma no haber recibido formación multicultural en cursos de especialización por parte de las administraciones. En cuanto a los que tienen más de 16 años, solo el 45.1 % afirma haberla recibido. En lo que respecta a los cursos de especialización en universidades, también aparecen datos negativos ya que la mayoría de los docentes (69.1 %) confirman no haberla obtenido.

El 63.7 % de los encuestados consideran estar muy de acuerdo con la inclusión de la formación multicultural en los programas universitarios. Los datos se muestran más favorables en los docentes con menos experiencia, aunque la diferencia con el resto de los profesores no es tan evidente. Pero los participantes han concedido ligeramente más importancia a la formación permanente en los tres grupos frente a la formación universitaria pues el 66.4 % considera que es necesaria su inclusión. En otra ocasión más, el profesorado menos experimentado (74.1 %) ha mostrado más apoyo que el que tiene entre 9 y 15 años de experiencia (52.9 %) y que los de más de 15 años (67.5 %).

Tabla 3. Resultados en porcentajes de la valoración de las consecuencias académicas y sociales de la lengua de origen del alumnado

ÍTEMS	Muy en desacuerdo	En desacuerdo	De acuerdo	Muy de acuerdo
D1 Los alumnos de lengua materna diferente de la del país de acogida tienen más dificultades para aprender esa lengua.	6.5	23.7	47.7	22.1
D2 Los alumnos de lengua materna diferente de la del país de acogida tienen más dificultades para la integración con sus compañeros.	9.5	32.4	46.9	11.1
D3 Los alumnos de lengua materna diferente de la del país de acogida tienen más dificultades para aprobar las asignaturas escolares.	5.3	25.6	53.8	15.3
D4 Los resultados académicos de los estudiantes de lengua materna distinta de la del país de acogida son diferentes en función de su género.	46.2	32.8	16.4	4.6

Fuente: Elaboración propia del autor

Según la mayoría del profesorado (69.8 %), los estudiantes que tienen una lengua materna diferente a la del país de acogida sí que presentan problemas para aprender el idioma de dicho territorio en el centro educativo.

En cuanto al siguiente ítem sobre si existen problemas de integración con el alumnado que tiene una diferente lengua materna, los datos no están tan polarizados pues el 58 % afirma que sí que se le presentan obstáculos, pero, por tanto, el 41.9 % comenta que esta situación no es así. Esta información puede resultar relevante ya que el profesorado puede apreciar cómo los alumnos se esfuerzan para interaccionar y relacionarse entre sí.

Respecto a los resultados académicos de este perfil de estudiante, destaca que un 25.6 % de los maestros considera estar en desacuerdo sobre si tienen más dificultades para aprobar las asignaturas. Por otra parte, el 53.8 % están de acuerdo con la afirmación y el 15.3 % muy de acuerdo.

En lo que a la perspectiva de género se refiere, una amplia mayoría (79 %) manifiesta su desacuerdo en que el género afecte a los resultados académicos del alumnado con una lengua materna diferente a la del país de acogida.

Tabla 4. Resultados en porcentajes de la valoración de las consecuencias académicas y sociales de la lengua de origen del alumnado en función del tiempo de experiencia docente

ÍTEMS	Muy en desacuerdo	En desacuerdo	De acuerdo	Muy de acuerdo
D1 Los alumnos de lengua materna diferente de la del país de acogida tienen más dificultades para aprender esa lengua.				
Menos de 8 años	6.3	25.9	51.8	16.1
Entre 9 y 15 años	8.8	19.1	52.9	19.1
Más de 16 años	4.9	24.4	37.8	32.9
Total	6.5	23.7	47.7	22.1
D2 Los alumnos de lengua materna diferente de la del país de acogida tienen más dificultades para la integración con sus compañeros.				
Menos de 8 años	9.8	33.9	50.0	6.3
Entre 9 y 15 años	11.8	25.0	48.5	14.7
Más de 16 años	7.3	36.6	41.5	14.6
Total	9.5	32.4	46.9	11.0

Tabla 4.   Continuación

ÍTEMS	Muy en desacuerdo	En desacuerdo	De acuerdo	Muy de acuerdo
D3 Los alumnos de lengua materna diferente de la del país de acogida tienen más dificultades para aprobar las asignaturas escolares.				
Menos de 8 años	7.1	34.8	43.8	14.3
Entre 9 y 15 años	2.9	19.1	63.2	14.7
Más de 16 años	4.9	18.3	59.8	17.1
Total	5.3	25.6	53.8	15.3
D4 Los resultados académicos de los estudiantes de lengua materna distinta de la del país de acogida son diferentes en función de su género.				
Menos de 8 años	47.3	36.6	14.3	1.8
Entre 9 y 15 años	39.7	33.8	20.6	5.9
Más de 16 años	50.0	26.8	15.9	7.3
Total	46.2	32.8	16.4	4.6

Fuente: Elaboración propia del autor

Si bien los tres grupos de profesores afirman que sí que existen dificultades para aprender la lengua del país de acogida por parte de los estudiantes con un idioma materno diferente, los profesores de menos de 8 años de experiencia (51.8 %) y los que tienen entre 9 y 15 (52.9 %) han mostrado unos resultados muy similares al afirmar estar de acuerdo. Los que tienen más de 16 años han respondido de manera más equitativa entre el 'de acuerdo' (27.8 %) y el 'muy de acuerdo' (32.9 %).

En cuanto a la integración de estos alumnos con sus compañeros, conviene destacar que en esta ocasión también los tres grupos de docentes confirman la dificultad para integrarse. Aunque resulta relevante que tanto los menos experimentados como los más experimentados han respondido de manera similar, indicando que una parte importante de los encuestados se muestran en desacuerdo con lo planteado por el ítem.

El 63.2 % de los profesores con una experiencia de entre 9 y 15 años y el 59.8 % de los que tienen más de 16 años confirman que estos estudiantes presentan más dificultades para aprobar las materias escolares que el resto de estudiantes. El profesorado de menos de 8 años de experiencia no se ha mostrado tan contundente, ya que ha comentado que un 34.8 % está en desacuerdo frente al 43.8 % que sí que está de acuerdo.

Por último, en los tres grupos de profesores analizados según su experiencia laboral, niegan que el género de los estudiantes sea un factor que determine los resultados en las asignaturas escolares. Por tanto, ser varón o mujer no resulta ser tan concluyente como sí que lo puede ser la lengua materna para poder superar las metas académicas.

5. Discusión y conclusiones

Tras el análisis de la literatura referente al tema y de la muestra realizada, se pone de manifiesto que, en España, la escuela necesita un cambio que atienda la diversidad cultural y los profesores deben formarse en multiculturalidad para atender mejor a las necesidades de su alumnado.

La encuesta indica que el colectivo docente no ha recibido formación en multiculturalidad durante su etapa universitaria. Esos datos se ven aún más reducidos si atendemos a su instrucción en cursos de especialización ofrecidos por las administraciones o por las propias universidades. Es decir, el profesorado español no pudo aprender modelos multiculturales en su etapa como estudiante antes de ejercer, ni puede actualizar sus conocimientos cuando ya son profesionales para cumplir con las necesidades que presenta la escuela actual. Esto provoca una desconexión entre docente y alumno que perjudicará siempre a este último. Conviene destacar que si analizamos los datos atendiendo a los años de experiencia, los más noveles sí que han mostrado haber recibido más contenidos de formación multicultural, lo que indica que las facultades de educación sí que parecen estar virando hacia la inclusión de este tipo de modelos educativos en sus programas.

En cuanto a la opinión de los profesores sobre si es necesario introducir la formación multicultural en la educación superior y en la formación permanente, los resultados muestran con amplia mayoría que piensan que sí es necesario. Esta unanimidad en todos los grupos de profesores sin distinción por su experiencia demuestra que son conscientes de la complejidad de la escuela diversa actual y de que necesitan actualizarse de acuerdo con estas necesidades académicas y sociales.

Los encuestados estuvieron de acuerdo en afirmar que el estudiantado con una lengua materna diferente a la del país de acogida muestra dificultades para aprender esa lengua. La didáctica de la lengua debe amoldarse a esta realidad, pues ya no se debe enseñar en las escuelas únicamente desde una perspectiva de lengua materna compartida, sino que ha de tomar una perspectiva de enseñanza de segunda lengua debido a esa diversidad de origen que hay en los diferentes grupos escolares.

Una consecuencia directa de esta dificultad para aprender la lengua es la propia integración (Aguado, 2016; Brito et al., 2020) con el resto de estudiantes. La comunicación es clave en el desarrollo humano en sociedad y sin ella se produce el aislamiento al no poder dar opción a la interacción. Si este tipo de alumnos no logra comunicarse en la lengua del país de acogida o no existen otras herramientas multiculturales que favorezcan la relación entre ellos, están destinados a ser marginados y segregados (Guerra, 2009). Esta situación derivaría, tal y como se expresó en un apartado anterior, en desigualdades académicas y sociales en el propio centro escolar. Lo que concuerda con la dificultad para aprobar las materias estudiadas en el curso por parte de ese alumnado que han señalado los docentes participantes.

Para concluir con esta investigación, se ha mostrado la necesidad de un cambio en la escuela española para favorecer y perpetuar la riqueza cultural a través de la propia diversidad que manifiesta esta sociedad. Para ello, es necesario que el profesorado esté formado desde las facultades en metodologías que respeten la multiculturalidad y propicien la interculturalidad para que, de esta manera, se pueda actuar en los centros educativos (del-Olmo-Ibáñez y Cremades-Montesinos, 2019). Pero esto necesariamente debe partir de hacer una revisión en la formación inicial y permanente de los maestros, pues realmente ese es el cometido de estos programas, que los maestros se formen y sigan desarrollándose como tales y continúen pudiendo cumplir con las necesidades de sus estudiantes de acuerdo a la evolución de la sociedad (Markus y Rius, 2018; Moreira, 2001).

Referencias bibliográficas

Aguado, T. (2016). Educación intercultural para la equidad y la justicia social. *Revista Convives*, 14, 5–12.

Bernabé Villodre, M. del M. (2019). Is it possible to compose and educate interculturally? Experiences from the Spanish educational system. *Educaçao e Pesquisa*, 45. Doi: 10.1590/s1678-4634201945187243

Blum, L. (1998) Recognition, value, and Equality: A critique of Charles Taylor's and Nancy Fraser's account of multiculturalism. *Theorizing Multiculturalism. A guide to the current debate*, pp. 73–74.

Brito, S., Porra, L. B. y Arroyo, R. U. (2020). Migración, interculturalidad y educación. Un horizonte posible. *Revista Perspectivas: Notas sobre intervención y acción social*, 36, 109–142.

Bueno, J. (2008). Nuevos retos, nuevas perspectivas para la educación multicultural. *Revista Educación Inclusiva*, 1(1), 59–76.

Canen, A. y Oliveira, Â. M. (2002) Multiculturalismo e currículo em ação: um estudo de caso. *Revista Brasileira de Educacao*, 21, 61–74. https://doi.org/10.1590/S1413-24782002000300006

Comisión de Derechos Humanos (2012). *La discriminación y el derecho a la no discriminación.*

Consejo de Europa y Ministerio de Educación, Cultura y Deporte/Instituto Cervantes (2002). *Marco común europeo de referencia para las lenguas.* Consejo de Europa.

Coronado-Peña, J., Estrada-Mosquera, Á. y Torres-Mosquera, L. (2021). Experiencia multicultural y su relación con la convivencia escolar. *Cultura, educación y sociedad*, 12(1), pp. 341–364. http://dx.doi.org/10.17981/cultedu soc.12.1.2021.22.

de Vicente, D. P., Leiva Olivencia, J. J. y Terrón, A. M. (2020). Perceptions about cultural diversity and intercultural communication of future teachers. *Revista electrónica interuniversitaria de formación del profesorado*, 23(1), 75–87. doi:10.6018/reifop.403331

del-Olmo-Ibáñez, M. T. y Cremades-Montesinos, A. (2019). Formación en L2 y plurilingüismo en los maestros de Educación Primaria. Necesidades actuales y para los futuros docentes. En R. Roig-Vila (ed.) *Investigación e innovación en la Enseñanza Superior, Nuevos contextos, nuevas ideas* (pp. 849–858). Ediciones Octaedro, S.L.

Escalante Rivera, C., Fernández Obando, D. y Gaete Astica, M. (2014). Practice Teaching in Multicultural Contexts: Lessons to Training in Intercultural Teaching Skills. *Revista Electrónica Educare*, 18 (2), 71–93.

Fernandes, H. y Andrade, A. I. (2020). Training of teachers for social justice: a review of empirical studies. *Educação em Revista*, 36. Doi: 10.1590/0102-4698223663

Grueso, D. I. (2003). ¿Qué es el multiculturalismo? *El hombre y la máquina*, 20–21, 16–23.

Guerra, M. Á. S. (2009). El valor de la convivencia y el reto de la interculturalidad. Eikasia. *Revista de filosofía*, 28, 175–200.

Hall, S. (2020). *Cultural identity and diaspora.* Routledge.

Ivenicki, A. (2018). Multiculturalism and teacher education: dimension, possibilities and challenges in the contemporary era. *Avaliação e Políticas Públicas em Educação*, 26, 1151–1167.

Johnson Mardones, D. F. (2015). Formar ciudadanos interculturales en un mundo global: algunas notas desde los estudios curriculares. *Diálogo andino*, 47, 7–14.

Markus, S., y Rios, F. (2018). Multicultural education and human rights: Toward achieving harmony. *Routledge International Handbook of Multicultural Education Research in Asia Pacific*, 1, 37–50.

Moreira, A. (2001). Currículo, cultura e formação de professores. *Educar em Revista*, 17(17), p. 39–52.

Oliveira, V. y Miranda, C. (2004). Multiculturalismo crítico relações raciais e política curricular: a questão do hibridismo na Escola Sarã. *Revista Brasileira de Educação*, 25, 67–81.

Pincheira Muñoz, L. E. (2020). Intercambios discursivos y representaciones de docentes, directivos, y profesionales no docentes sobre modelos de educación multicultural e intercultural. *Transformación*, 16(1), 14–29.

Rodríguez, A. y Fernández, A. D. (2018). Agentes educativos y multiculturalidad en el aula. *Educaçao e Pesquisa*, 44, 1–21.

Ruiz, C. (1998). *Instrumentos de investigación educativa*. Barquisimeto: CIDEG.

Santos, B. F. (2020). O multiculturalismo na educação. *Margens*, 14(22), 88–101. http://dx.doi.org/10.18542/rmi.v14i22.9647

Silva, M. J. y Brandim, M. R. (2008). Multiculturalismo e educação: em defesa da diversidade cultural. *Diversa*, 1, 56–61.

Welch, S. y Comer, J. (1988). *Quantitative Methods for Public Administration: Techniques and Applications*. Editorial Books/Cole.

Raúl Gutiérrez Fresneda

Creencias, actitudes y actuación de los docentes de Educación Primaria en España

Resumen: Para el avance de las sociedades globalizadas se precisa del reconocimiento de la diversidad cultural y lingüística en todos los estamentos cotidianos, por lo que resulta imprescindible que los centros educativos se constituyan en lugares en los que las diferencias se conciban como oportunidades. En este sentido, resulta primordial asegurar actitudes positivas hacia la diversidad personal, cultural y lingüística de los estudiantes entre los propios docentes dada su repercusión en los procesos de enseñanza y aprendizaje. De aquí el propósito de este trabajo, que tiene como finalidad analizar las creencias de los maestros de Educación Primaria en España respecto a la importancia que el componente lingüístico y cultural del alumnado presenta en el desarrollo de las prácticas escolares. Con esta finalidad se elaboró para la recogida de los datos una Escala Likert de 4 puntos: Muy en desacuerdo; En desacuerdo, De acuerdo; Muy de acuerdo > Muy en desacuerdo, En desacuerdo, De acuerdo, Muy de acuerdo. En el estudio participaron 262 maestros de diferentes centros educativos del país. Los resultados obtenidos muestran la importancia de los maestros sobre el conocimiento de la diversidad lingüística y cultural, aunque manifiestan las complicaciones que conlleva la convivencia en el mismo grupo de estudiantes de diferentes lenguas y culturas. Además, se pone de manifiesto cómo el número de años de desempeño de la labor docente interviene en la configuración de estas creencias.

Palabras clave: maestros, creencias, multiculturalidad, diversidad lingüística, entorno plurilingüe, sistema de la lengua

1. Introducción

Como consecuencia del aumento de la migración a nivel mundial, la diversidad lingüística y cultural en los centros educativos se ha incrementado notablemente en los últimos años. Este hecho implica que los docentes de las escuelas deben estar preparados para dar respuestas educativas adecuadas a esta situación dado que la heterogeneidad de los estudiantes es cada vez mayor (Hachfeld et al., 2011; Petty y Narayan, 2012; Wassell et al., 2018).

España al igual que el resto de los países de nuestro entorno ha experimentado un crecimiento sustancial en la diversidad de los escolares, especialmente por el componente de la inmigración, en concreto en el año 2003 se produjo un aumento del 3% pasando a ser del 10% en 2012 (OCDE, 2013). Según la Organización para la Cooperación y el Desarrollo Económico en el Programa

Internacional para la Evaluación de Estudiantes (Informe PISA) se observó una diferencia relevante en el desempeño de aprendizaje entre los estudiantes inmigrantes y no inmigrantes. Los estudiantes nativos en España lograron resultados significativamente superiores que los estudiantes inmigrantes en estas pruebas de evaluación (Zinovyeva et al., 2014).

Un aspecto muy importante en la formación de los docentes dado el elevado impacto en el proceso de enseñanza son las creencias que estos tengan sobre el rendimiento de sus estudiantes. Los trabajos efectuados evidencian que las creencias de los docentes acerca de la enseñanza y el aprendizaje de sus alumnos afectan a la planificación, instrucción y evaluación, además de tener una repercusión en el desempeño y aprendizaje del alumnado en el aula (Estévez-Nenninger et al., 2014; Pérez et al., 2006).

Las personas como seres sociales comparten en su interacción con los demás creencias, actitudes y valores. En este sentido, conocer las creencias de los docentes presenta una gran importancia pues estas influyen en las propias percepciones y juicios dado que determinan su conducta en el aula. Dicho de otro modo, lo que los docentes hacen es consecuencia de lo que piensan (Clark y Peterson, 1990; Estévez-Nenninger et al., 2014), lo que interviene directamente en el rendimiento del estudiante.

Las creencias suelen construirse mediante el intercambio con el medio y con otras personas, por lo que quienes pertenecen a un mismo grupo social suelen compartir creencias muy similares (Rodrigo et al., 1993), lo que a su vez aumenta su validez y refuerza la percepción de idoneidad para explicar el entorno y adaptarse a él. Una característica de las creencias es que no necesitan ser consensuadas con otros para ser consideradas válidas, al igual que no requieren de reglas lógicas para que se pueda determinar su correspondencia con situaciones reales (Carr y Kemmis, 1998). En este sentido, las creencias se convierten en verdades idiosincráticas que no precisan de ninguna condición de veracidad contrastada, en cuanto que representan opiniones propias o transmitidas por otros surgidas desde los saberes del sentido común (Martínez, 2013).

Las creencias constituyen una red integrada de factores que conviven y se interrelacionan a partir de las cuales el maestro interviene y se implica en el proceso de enseñanza y aprendizaje. Este sistema de creencias y valores funciona en forma de principios que guían las acciones de los profesores. La relación entre las creencias y la práctica docente se considera como un indicador de referencia en las decisiones que se toman en el aula (Ballesteros et al., 2001). Lo realmente importante en el ámbito educativo, a tenor del hecho constatado de que las personas se basan en las creencias para la toma de decisiones (Hashweh, 2005), es que las creencias que los maestros tienen sobre lo que debe ser su acción docente y el modo de llevar a cabo el proceso de enseñanza-aprendizaje es decisiva, puesto que interviene de manera directa en el modo de organizar las actividades que se llevan a cabo en la práctica del aula. Mansilla y Beltrán (2013) coinciden igualmente con estos postulados al afirmar que las creencias presentan una estrecha vinculación con las estrategias didácticas que se aplican en clase e influyen de manera relevante en la calidad de los aprendizajes.

Salazar (2005) señala que las creencias de los maestros son importantes en cuanto que forman parte de los factores que influyen en la toma de decisiones pedagógicas y a su vez influyen en la motivación de los estudiantes para el aprendizaje. Como consecuencia de estas aseveraciones, las creencias y saberes de los maestros se consideran actualmente como uno de los mejores indicadores para el estudio de la práctica docente. De ahí que su conocimiento sea un requisito necesario para la mejora de los procesos de enseñanza-aprendizaje.

Dada la importancia que presentan las creencias de los docentes en la práctica educativa y en la eficacia de los procesos de enseñanza, ha sido este un aspecto que ha empezado a ser un tema de investigación prioritario en varios países en los últimos años. Algunas de las líneas de investigación que se han realizado hasta el momento han abordado aspectos tales como las creencias de los docentes respecto a lo que se debe enseñar en la escuela, las finalidades de esta y el papel de los maestros en la sociedad (Macotela et al., 2001); la atención a los estudiantes con necesidades educativas especiales (Mares et al., 2009), a la evaluación de la práctica docente (Valdés et al., 2009), a las creencias de los maestros sobre las TIC en el aula (Tirado-Morueta y Aguaded-Gómez, 2012), al papel que la tecnología tiene en la enseñanza del inglés como lengua extranjera (Díaz et al., 2012) y a los factores que afectan el desempeño académico de los estudiantes (Valdés et al., 2010), entre otros. Sin embargo, apenas se han realizado estudios relativos a las creencias de los maestros de Educación Primaria especialmente en España, sobre las concepciones del componente lingüístico y cultural y sobre el modo en que dichas creencias pueden intervenir en el aprendizaje.

La idea central de este estudio se orienta hacia las creencias que los profesores tienen sobre la importancia de la cultura y la lengua en el proceso de enseñanza y aprendizaje de su alumnado. Con este propósito se intenta analizar cómo estas creencias y la forma de pensar de los docentes pueden influir en los procesos de enseñanza en el ámbito educativo. El conocimiento que los maestros tienen de las creencias de sus estudiantes en estos factores es muy importante para conocer la toma de decisiones que se llevan a cabo en el aula.

Respecto a la educación multicultural, Banks (2007) señala que es necesario que todos los estudiantes tengan las mismas oportunidades educativas, independientemente de su género, clase social, origen étnico, raza u otras características culturales. Dicho autor propuso cinco dimensiones sobre las cuales se debe avanzar para la mejora educativa multicultural: integración de contenido, construcción de conocimiento, reducción de prejuicios, una notable cultura escolar y una pedagogía de equidad.

Para favorecer el aprendizaje cultural y evitar los posibles conflictos que pueden surgir es necesario el desarrollo en el alumnado de una serie de actitudes tales como la ayuda, la reflexión, el autocontrol, el trabajo en equipo, la colaboración y el respeto mutuo en cuanto que favorecen el diálogo social e intercultural, lo que demanda de la conciencia y formación de los maestros en este ámbito. De igual modo, factores cognitivos como la seguridad personal o la autoestima implican una predisposición para la intercomunicación, al mismo tiempo que una perspectiva de la enseñanza basada en la flexibilidad favorece el diálogo intercultural y el aprendizaje compartido. Es importante que la enseñanza intercultural atienda a valores como la curiosidad, la flexibilidad y la actitud crítica de los alumnos desde los primeros niveles de la escolaridad obligatoria.

El conocimiento sobre la diversidad cultural es un aspecto que influye en las actitudes de los profesores. Díaz-Rico (2000) ha clasificado las habilidades que necesitan los maestros en esta faceta en tres ámbitos diferentes: crecimiento de la comprensión de la diversidad cultural, participación en la lucha por la equidad y compromiso para promover el logro educativo para todos los estudiantes.

La enseñanza intercultural contribuye a hacer frente al choque intercultural en cuanto que constituye un factor que influye en el éxito de los intercambios comunicativos. De hecho, la falta de conocimientos socioculturales y la limitación de habilidades para afrontar posibles conflictos puede originar dificultades en el desarrollo comunicativo entre los estudiantes de diferentes culturas en un mismo grupo escolar.

La competencia intercultural constituye un avance en la competencia comunicativa, como competencia para desenvolverse con eficacia en los intercambios comunicativos interculturales, además contribuye al fomento de las habilidades que se precisan para desenvolverse de manera adecuada en este tipo de situaciones (Byram et al., 2001). La enseñanza comunicativa tiene como finalidad el desarrollo de una serie de destrezas necesarias para comunicarse en un entorno sociocultural. En este sentido, la comunicación constituye un proceso de notable complejidad que implica, además de los conocimientos formales de la lengua, otros dominios tales como la competencia intercultural, la competencia estratégica, la competencia sociopragmática... Según esta perspectiva, las prácticas didácticas deben adaptarse en el aula y orientarse hacia situaciones sociales que tengan sentido en los diversos contextos comunicativos atendiendo a las características personales, sociales y culturales, en donde la diversidad cultural debe ser tenida especialmente en consideración dadas las características del mundo globalizado en el que nos encontramos.

El concepto de competencia sociocultural se integra en la competencia comunicativa, como una competencia que se precisa para desenvolverse de modo adecuado en los intercambios comunicativos interculturales. Por lo que aprender una lengua es aprender las connotaciones compartidas y culturales que se desarrollan en los distintos grupos sociales con independencia de las similitudes y diferencias de sus integrantes.

En un mundo globalizado, el idioma es una competencia elemental y el multilingüismo es una habilidad social esencial. El multilingüismo juega un papel importante en el desarrollo de las habilidades interculturales necesarias para el desarrollo laboral en un mundo globalizado como el que vivimos.

En el ámbito educativo los niveles de competencia en la lengua vehicular han sido señalados en algunos trabajos como uno de los componentes que más preocupación ha generado a los maestros como consecuencia de las transformaciones que ha supuesto la inmigración (Navarro et al., 2012). En la faceta académica, que es en la que se centra este trabajo, durante las últimas décadas han sido numerosas las publicaciones efectuadas en torno a la cuestión lingüística, siendo uno de los principales objetos de estudio respecto al binomio inmigración-educación (Bouchard, 2019; García-Castaño et al., 2015).

En este sentido, es conocida la importancia que el conocimiento de la lengua que se utiliza de manera mayoritaria en el ámbito escolar tiene para el desarrollo educativo del alumnado. Respecto al rendimiento académico, esto da lugar en el alumnado que desconoce esta lengua a la hipótesis de la desventaja lingüística como elemento clave para explicar el inferior rendimiento de este alumnado (Bullejos, 2002; Etxeberría, 2005; Fullana et al., 2003).

La realidad es que la lengua ha tenido un papel relevante en las diferencias de rendimiento académico en todos los estudiantes en general y en aquellas entre escolares inmigrantes y nativos, en particular (MacSwan y Rolstad, 2010). La explicación principal parece obvia, si el dominio de la lengua que se emplea en el sistema educativo es esencial para el desarrollo educativo de todos los/as niños/as, será de igual modo un elemento relevante en el caso de estudiantes con padres que no son nativos de esa lengua.

En España encontramos un amplio número de trabajos que han abordado la comparación entre el dominio de la lengua escolar por parte de estudiantes hijos de inmigrantes y de nativos. Los resultados arrojan que los hijos de inmigrantes puntúan significativamente por debajo de los hijos de nativos en cuanto al conocimiento del español (Navarro et al., 2012; Huguet 2006).

En cuanto al rendimiento académico, en el ámbito internacional, los datos recogidos demuestran que los/as hijos/as de inmigrantes tienen por lo general un dominio de los aprendizajes escolares menor que el logrado por los/as hijos/as de nativos (Heath et al., 2008; Waters et al. 2013). En España estos datos han sido estudiados a través de diferentes tipos de variables tales como, las tasas de abandono o de escolaridad en secundaria y en la etapa posobligatoria (Fullana et al., 2003; Serra y Palaudàrias 2010), dificultades en el aprendizaje al finalizar Primaria (Fullana et al., 2003), pruebas de diagnóstico en Primaria (Cebolla-Boado y Garrido 2008).

En definitiva, se evidencia la necesidad de seguir investigando en torno a las creencias de los maestros sobre la diversidad del alumnado respecto a los factores culturales y lingüísticos dadas las importantes repercusiones que estas tienen en las actitudes y actuaciones educativas de los docentes, máxime porque además se ha encontrado que la literatura empírica centrada en estos aspectos en España es bastante escasa, lo que puede ser relevante para la mejora de las prácticas educativas, así como para la facilitación de los procesos de enseñanza y aprendizaje de todos y cada uno de los escolares.

2. Metodología

2.1. Participantes

La muestra del estudio estaba compuesta por 262 participantes, de los cuales el 22.1% eran varones y el 77.9% mujeres, todos ellos docentes de la etapa de Educación Primaria. Respecto a su experiencia docente, el 42.7% llevaba ejerciendo la profesión de maestro menos de 8 años, el 26% entre 9 y 15 años y el 31.3% más de 16 años. Todos ellos trabajan en diferentes centros públicos, concertados y privados de España.

2.2. Instrumentos

Con el propósito de analizar las creencias, percepciones y actuaciones del profesorado participante en el estudio respecto a la importancia del desarrollo lingüístico y cultural de su alumnado y su influencia en el aprendizaje se ha utilizado un instrumento para la recogida de información, en concreto, fue la Escala Likert de medición de actitudes. Esta herramienta es una escala fijada estructuralmente por dos extremos recorriendo un continuo desde favorable hasta desfavorable de cada afirmación establecida. Dicha escala es un instrumento estructurado, de recolección de datos primarios utilizado para analizar variables en un nivel de medición ordinal a través de un conjunto de ítems, también denominados juicios o reactivos, orientados hacia la variable que se quiere medir, y que son presentados a los participantes de la investigación con respuestas en forma de un continuo de aprobación-desaprobación para medir su reacción ante cada faceta objeto de estudio. Las respuestas son ponderadas en términos de la intensidad en el grado de acuerdo o desacuerdo con el reactivo presentado, estimación que ofrece al sujeto una puntuación por ítem y una puntuación total que permite determinar la presencia del atributo o variable (Blanco, 2000). Dado el habitual uso y la aceptación de la escala Likert en escenarios académicos tanto nacionales como internacionales se considera este medio un adecuado instrumento para la medición de variables siguiendo el enfoque cuantitativo. La escala Likert se caracteriza porque su elaboración, validación e interpretación es laboriosa, pero sencilla también, de aquí que haya ganado un gran número de partidarios y se haya convertido en un instrumento de gran demanda en la investigación. Entre sus ventajas destaca la pertinencia para la medición de datos subjetivos, por lo que ha quedado confirmada la idea de la gran fiabilidad de la técnica Likert para construcción de escalas en comparación con otros medios.

Para realizar la confiabilidad se procedió a hacer uso del *software* especializado Statistical Product and Service Solutions (SPSS) versión 20. Mediante el cálculo del coeficiente de alfa de Cronbach, se pudo estimar la fiabilidad de la consistencia interna del instrumento. La medida de la fiabilidad mediante el alfa de Cronbach asume que los ítems (medidos en escala tipo Likert) miden un mismo constructo y que están altamente correlacionados (Welch y Comer, 1988). Cuanto más cerca se encuentre el valor del alfa de Cronbach a 1 mayor es la consistencia interna de los ítems analizados. La fiabilidad de la escala debe obtenerse siempre con los datos de cada muestra para garantizar la medida fiable del constructo con los sujetos participantes en la investigación.

Se obtuvo un coeficiente de confiabilidad Alfa de Cronbach de 0 779. El coeficiente de confiabilidad se interpretó siguiendo la escala sugerida por Ruiz (1998) que indica que entre 0.81 y 1 la confiabilidad es muy alta, entre 0.61 y 0.80 alta, entre 0.40 y 0.60 moderada, entre 0.21 y 0.40 baja y entre 0.01 y 0.20 muy baja.

3. Resultados

A partir de la escala indicada se recogió la opinión de los maestros de la etapa de Educación Primaria en España con la finalidad de analizar las creencias, percepciones y actuaciones que tienen en torno a la relevancia que el conocimiento de la lengua y la cultura de los estudiantes por parte de los docentes tiene en el proceso de aprendizaje de sus estudiantes. En la Tabla 1 se presentan los datos recogidos en los reactivos valorados de manera general y en la Tabla 2 respecto a la propia experiencia docente.

Tabla 1. Resultados en porcentajes de la valoración del profesorado sobre las creencias, percepciones y actuaciones que la cultura y el sistema de la lengua tienen en el alumnado de Educación Primaria

ÍTEMS	Muy en desacuerdo	En desacuerdo	De acuerdo	Muy de acuerdo
1. Me he interesado por conocer la cultura y el sistema de la lengua de origen de los alumnos no españoles.	2.7	13.7	55.0	28.6
2. El conocimiento sobre el sistema de la lengua de origen de mis alumnos me ha facilitado la elaboración de estrategias de enseñanza de la lengua española.	5.7	23.7	54.6	16.0
3.- El conocimiento de la cultura de origen de mis alumnos me ha facilitado la elaboración de estrategias de enseñanza de la lengua y la cultura españolas.	5.0	16.4	58.4	20.2
4.- La diversidad de lenguas en el aula es un obstáculo para el avance en la enseñanza/aprendizaje.	22.5	43.5	27.5	6.5
5. La diversidad de culturas en el aula es un obstáculo para el avance en la enseñanza/aprendizaje.	50.0	32.1	14.1	3.8
6. He aplicado en el aula estrategias de didáctica de la lengua en entornos plurilingües con éxito.	15.3	33.2	43.5	8.0
7. He aplicado en el aula estrategias de didáctica de la lengua en entornos multiculturales con éxito.	14.9	26.3	49.6	9.2

Fuente: Elaboración propia del autor

Como se observa en los datos recogidos respecto al interés de los docentes por el conocimiento de la cultura y la lengua de los estudiantes que no eran españoles, debemos señalar que un porcentaje notable de educadores (83.6%) considera que este aspecto es relevante y por tanto adopta una actitud proactiva en el acercamiento a dichos saberes, mientras que un 16.4% manifiesta su desinterés ante tal situación.

En cuanto a la importancia del conocimiento de la lengua del alumnado para la elaboración de las estrategias didácticas para la enseñanza del español, el 70.6% considera esta faceta relevante, mientras que un 29,4% de los docentes no concibe este acercamiento de interés para el desarrollo de la enseñanza de la lengua española.

Por lo que se refiere al conocimiento de la cultura de los estudiantes para favorecer el aprendizaje sobre la cultura y la lengua española un número importante de docentes (78.2%) considera que este factor es relevante, mientras que el 21.4% no coincide con dicha afirmación.

Respecto al hecho de que en el aula existan estudiantes con diversidad de lenguas, la mayoría de los docentes participantes en el estudio (66%) consideran que esta circunstancia es un hándicap para el desarrollo del aprendizaje, lo cual debe ser tenido en consideración en la distribución del alumnado en las diferentes aulas en los centros en los que exista más de una línea.

Destaca de igual modo, el hecho de que un porcentaje elevado de maestros (82.1%) considere que la diversidad de culturas de los aprendices dificulta el desarrollo del proceso de enseñanza y constituye una limitación para el progreso formativo en el aula.

Es de reseñar la igualdad de docentes participantes en el estudio que han aplicado en el aula con éxito estrategias didácticas en entornos plurilingües orientadas al desarrollo de la lengua (51.5%), así como el porcentaje de maestros que han llevado a cabo de manera satisfactoria propuestas didácticas en entornos multiculturales (58.8%).

Tabla 2. Resultados en porcentajes de la valoración del profesorado sobre las creencias, percepciones y actuaciones que la cultura y el sistema de la lengua tienen en el alumnado de Educación Primaria en función del tiempo de experiencia docente

ÍTEMS	Muy en desacuerdo	En desacuerdo	De acuerdo	Muy de acuerdo
1. Me he interesado por conocer la cultura y el sistema de la lengua de origen de los alumnos no españoles.				
Menos de 8 años	3.6	9.8	51.8	34.8
Entre 9 y 15 años	1.5	20.6	58.8	19.1
Más de 16 años	2.4	13.4	56.1	28.0
Total	2.7	13.7	55.0	28.6

(Continúa en la página siguiente)

Tabla 2. Continuación

ÍTEMS	Muy en desacuerdo	En desacuerdo	De acuerdo	Muy de acuerdo
2. El conocimiento sobre el sistema de la lengua de origen de mis alumnos me ha facilitado la elaboración de estrategias de enseñanza de la lengua española.				
Menos de 8 años	4.5	20.5	54.5	20.5
Entre 9 y 15 años	4.4	26.5	58.8	10.3
Más de 16 años	8.5	25.6	51.2	14.6
Total	5.7	23.7	54.6	16.0
3. El conocimiento de la cultura de origen de mis alumnos me ha facilitado la elaboración de estrategias de enseñanza de la lengua y la cultura españolas.				
Menos de 8 años	4.5	14.3	57.1	24.1
Entre 9 y 15 años	7.4	14.7	63.2	14.7
Más de 16 años	3.7	20.7	56.1	19.5
Total	5.0	16.4	58.4	20.2
4. La diversidad de lenguas en el aula es un obstáculo para el avance en la enseñanza/aprendizaje.				
Menos de 8 años	30.4	42.9	23.2	3.6
Entre 9 y 15 años	11.8	41.2	41.2	5.9
Más de 16 años	20.7	46.3	22.0	11.0
Total	22.5	43.5	27.5	6.5
5. La diversidad de culturas en el aula es un obstáculo para el avance en la enseñanza/aprendizaje.				
Menos de 8 años	61.6	21.4	14.3	2.7
Entre 9 y 15 años	38.2	33.8	23.5	4.4
Más de 16 años	43.9	45.1	6.1	4.9
Total	50.0	32.1	14.1	3.8
6. He aplicado en el aula estrategias de didáctica de la lengua en entornos plurilingües con éxito.				
Menos de 8 años	10.7	35.7	44.6	8.9
Entre 9 y 15 años	16.2	38.2	41.2	4.4
Más de 16 años	20.7	25.6	43.9	9.8
Total	15.3	33.2	43.5	8.0

Tabla 2. Continuación

ÍTEMS	Muy en desacuerdo	En desacuerdo	De acuerdo	Muy de acuerdo
7. He aplicado en el aula estrategias de didáctica de la lengua en entornos multiculturales con éxito.				
Menos de 8 años	12.5	25.9	51.8	9.8
Entre 9 y 15 años	14.7	29.4	48.5	7.4
Más de 16 años	18.3	24.4	47.6	9.8
Total	14.9	26.3	49.6	9.2

Fuente: Elaboración propia del autor

Por otra parte, analizando los datos recogidos atendiendo a la experiencia de los docentes es de reseñar que el 86.6% de los maestros con menos 8 años de trabajo docente considera que el conocimiento cultural y lingüístico de los estudiantes no españoles es importante, en contra de las opiniones del 13.4% de este profesorado. En cuanto a aquellos que llevan entre 9 y 15 años desempeñando su labor educativa, indicar que el 77.9% da importancia a esta circunstancia, porcentaje que aumenta hasta el 84.1% entre los que más experiencia tienen.

En cuanto a la importancia del conocimiento de la lengua del alumnado para la elaboración de las estrategias didácticas para la enseñanza del español atendiendo a la experiencia de los encuestados, hay que indicar que el 75% de los maestros con menos de 8 años de desarrollo profesional considera este hecho importante, porcentaje mayor que los que llevan trabajando entre 9 y 15 años (69.1%) y superior también a los que más experiencia presentan (65.8%).

Respecto al conocimiento de la cultura de los estudiantes para facilitar el aprendizaje cultural y de la lengua española un porcentaje importante de los docentes con menor número de años de experiencia (81.2%) considera que este hecho es relevante, al igual que aquellos otros que llevan trabajando entre 9 y 15 años (77.9%) y los de mayor experiencia en el sector educativo (75.6%).

En cuanto a que en el aula existan estudiantes con diversidad de lenguas, la mayoría de los docentes con menos de 8 años de experiencia (73.3%) considera que este hecho dificulta el proceso de enseñanza-aprendizaje, porcentaje mayor que los que llevan trabajando entre 9 y 15 años (53%) y superior también a los que más experiencia presentan (67%).

Por lo que se refiere a que la diversidad de culturas de los aprendices dificulta el desarrollo del proceso de enseñanza y constituye una limitación para el progreso formativo en el aula, señalar que el 83% de los maestros participantes en el estudio con menos de 8 años de experiencia coincide con esta afirmación, al igual que el 72% y el 89% de los docentes entre 9 y 15 años y los que llevan trabajando más de 16 años, respectivamente.

Como se observa, los datos recogidos relativos a la aplicación con éxito de estrategias didácticas en entornos plurilingües orientadas al desarrollo lingüístico, es mayor el porcentaje de los docentes encuestados que tienen menos de 8 años de experiencia (53.5 %) y los de mayor experiencia (53.7 %), que aquellos otros que no han llevado a la práctica este tipo de iniciativas educativas, entre los maestros entre 9 y 15 años (54.4 %).

Finalmente, es de destacar el mayor número de maestros que han llevado a cabo de manera eficaz propuestas didácticas en entornos multiculturales con independencia de su experiencia docente. Así entre los más noveles el 61.6 % ha llevado a cabo este tipo de prácticas de manera exitosa, al igual que el 55.9 % de los que tienen entre 9 y 15 años y el 57.4 % de los que mayor experiencia tienen en el sector educativo.

4. Discusión y conclusiones

Este trabajo tenía como propósito analizar las creencias que los maestros de la etapa de Educación Primaria de España tienen sobre la diversidad lingüística y cultural y sus posicionamientos y concepciones respecto a las repercusiones en el desarrollo de su práctica docente.

Los resultados recogidos señalan que la mayoría de los maestros considera importante el conocimiento de la cultura y la lengua de su alumnado y que manifiesta tener una actitud positiva hacia este aprendizaje, aunque destaca el hecho de que haya bastante profesorado que no comparta esta afirmación. En cuanto a la conveniencia del conocimiento de la lengua de los alumnos para facilitar el diseño de propuestas didácticas para la enseñanza del español, llama la atención que un número importante de maestros no conciba este hecho como relevante.

Por lo que respecta al conocimiento de la cultura del alumnado como elemento facilitador del aprendizaje sobre la cultura y la lengua española de igual modo, la mayoría de los maestros comparte esta necesidad, aunque un número considerable no lo concibe como un factor importante.

En cuanto al hecho de que en el aula haya estudiantes con diversidad de lenguas, la mayoría de los maestros coincide en que esta circunstancia dificulta el desarrollo de los procesos de aprendizaje, al igual que el hecho de que la diversidad cultural de los estudiantes constituye un hándicap en los procesos de enseñanza y aprendizaje.

Es de subrayar que más de la mitad de los maestros participantes en el estudio han llevado a cabo experiencias en las que han puesto en práctica estrategias en entornos plurilingües y multiculturales con éxito.

Respecto a las creencias y actitudes del profesorado en función de los años de experiencia docente, destaca el hecho de que son los maestros más noveles los que presentan mejores consideraciones respecto al tema de estudio. Por un lado, son los que en mayor medida consideran que el conocimiento cultural y lingüístico de los estudiantes no españoles es importante, los que más valoran el conocimiento de la lengua del alumnado para la elaboración de las estrategias didácticas para la enseñanza del español, así como los que más concienciados se encuentran respecto a que el conocimiento de la cultura de los estudiantes es relevante como factor facilitador del aprendizaje cultural y de la lengua española.

En cuanto a la dificultad que implica que en el aula existan estudiantes con diversidad lingüística son los docentes que llevan trabajando entre 9 y 15 años los que consideran que este hecho dificulta en menor medida el proceso de enseñanza-aprendizaje, a diferencia de los más noveles que son los que más complicación denotan ante esta situación. Finalmente, son los maestros con mayor experiencia los que consideran que la diversidad cultural de los estudiantes del grupo clase constituye una limitación para el progreso formativo en el aula.

Las creencias recogidas en el presente estudio permiten comprender la necesidad de incidir en dinámicas de formación docente que favorezcan cambios sobre cómo conciben la enseñanza para que se puedan llevar a cabo mejoras en la manera de enseñar en los centros educativos en los que la diversidad lingüística y cultural es una realidad. De este modo se podrá mejorar la calidad de la formación docente tanto de los futuros docentes como de aquellos que se encuentran en el desempeño de esta labor (Blázquez y Tagle, 2010; Prieto, 2007), lo que redundará en una mejora de la calidad educativa.

Dada la relevancia que las creencias juegan en la toma de decisiones en el aula, pudiendo llegar incluso a ser más importantes que los conocimientos adquiridos de manera formal, es determinante el desarrollo de programas de formación desde los primeros momentos en los que se tiene acceso a la profesión docente, puesto que desde los primeros contactos con la realidad educativa, los docentes se forman creencias sobre sus alumnos, sobre cómo deben enseñar, cómo deben evaluar, cuál debe ser su rol en el aula, etc., y estas creencias influyen en la manera en que actúan en clase en contextos de diversidad cultural y lingüística (Willy y Kamgang, 2021).

Si se pretende mejorar los procesos de enseñanza- aprendizaje es fundamental que los propios maestros reflexionen sobre las creencias que forman parte de sus prácticas. Las creencias tienen un grado de permeabilidad, y atendiendo a determinadas condiciones son susceptibles de ser modificadas, contribuyendo a que los maestros reflexionen sobre qué estrategias son las que pueden aplicar en aras a mejorar sus prácticas docentes.

Esto es especialmente importante ya que, tal y como se ha comprobado, los maestros que demuestran mayor interés y sentimiento por el multiculturalismo, y por las implicaciones lingüísticas que esta situación conlleva, tienen más éxito en promover mejoras académicas en sus alumnos (Acquah y Commins, 2013). De igual modo, existen profesores que desconociendo sus valores culturales pueden lograr cambios en las propias creencias y actitudes al unirse a sistemas de preparación multicultural y plurilingüe (Grant y Secada, 1990).

En conclusión, tal y como se ha puesto de manifiesto en este trabajo, se considera relevante la formación de los maestros en España respecto a la diversidad lingüística y cultural, al mismo tiempo que se evidencia la necesidad de seguir investigando en esta misma línea con el propósito de favorecer la mejora del sistema de creencias de los docentes sobre el modo en el que estas intervienen en los procesos de enseñanza-aprendizaje dadas las importantes repercusiones que tienen sobre el rendimiento escolar. Todo ello, con la finalidad de fomentar las creencias, actitudes y actuaciones que en mayor medida favorezcan la puesta en práctica de acciones didácticas y pedagógicas eficaces para la mejora formativa de todos los estudiantes independientemente de las características personales, sociales, culturales y lingüísticas que tengan.

Referencias bibliográficas

Acquah, E. y Commins, N. (2013) Creencias y conocimientos de los profesores en formación sobre el multiculturalismo. *European Journal of Teacher Education, 36*(4), 445–463,

Ballesteros, C., Llobera, M., Cambra, M., Palou, J., Riera, M., Civera, I. y Perera, J. (2001). El pensamiento del profesor. Enseñanza de lengua y Reforma. En A. Camps (coord.), *El aula como espacio de investigación y reflexión* (pp. 195–207). Graó.

Banks, J. (2007). *Educating citizens in a multicultural society* (2ª ed.). Teachers College Press.

Blanco, N. (2000). *Instrumentos de Recolección de Datos Primarios*. Dirección de Cultura. Universidad del Zulia. Maracaibo. Venezuela

Blázquez, F. y Tagle, T. (2010). Formación docente: un estudio de las creencias de alumnos y profesores sobre el proceso de enseñanza y aprendizaje del inglés. *Revista Iberoamericana de Educación, 54*(4), 1–12.

Bouchard, M. E. (2019). Convertirse en monolingüe: el impacto de las ideologías lingüísticas en la pérdida del multilingüismo en la isla de Santo Tomé. *Idiomas*, *4*(50), 1–15.

Bullejos, J. (2002). Algunas reflexiones sobre el rendimiento escolar de los estudiantes áraboparlantes en Ceuta y su comparación con los marroquíes de la misma lengua que estudian en los centros españoles de Marruecos (pp. 213–220) En *Inmigración, interculturalidad y convivencia*. Instituto de Estudios Ceutíes.

Byram, M., Nichols, A. y Stevens, D. (2001). *Developing Intercultural Competence in Practice*. Multilingual Matters

Carr, W. y Kemmis, S. (1988). *Teoría Crítica de la Enseñanza*. Editorial Martínez de Roca.

Cebolla-Boado, H. y Garrido, L. (2008). Sobre la desventaja educativa de los inmigrantes. *Revista de Estadística y Sociedad 30*, 21–23.

Clark, C. y Peterson, P. (1990). Procesos de pensamiento de los docentes. En: M. Wittrock (Ed.), *La investigación de la enseñanza*, 3. Paidós.

Díaz, C., Jansson, L. y Neira, A. (2012). Percepciones de profesores y estudiantes chilenos de educación media acerca del papel de la tecnología en la clase de inglés como lengua extranjera. *Revista lasallista de investigación*, 8(2), 3–60.

Díaz-Rico, L.T. (2000). La comunicación intercultural en la formación docente: la base de conocimientos para el programa de credenciales de maestros CLAD. *The CATESOL Journal*, 72, 145–161.

Estévez-Nenninger, H., Valdés-Cuervo, A., Arreola-Olivarría, G. y Zavala-Escalante, G. (2014). Creencias sobre enseñanza y aprendizaje en docentes universitarios. *Magis, Revista Internacional de Investigación en Educación*, 6(13), 49–64.

Etxeberria, F. (2005). Lenguas inmigrantes en la escuela en España. *Cuadernos Interculturales*, 3(5), 9–30.

Fullana, J., Vilá, M. y Besalú, X. (2003). *Alumnes d'origen africà a l'escola*. CCG Edicions.

García-Castaño, F. J., Rubio, M. y Bouachra, O. (2015). Immigrant Students at School in Spain: Constructing a Subject of Study. *Dve domovini/Two Homelands 41*, 35–47.

Grant, C. A. y Secada, W. G. (1990). Preparing teachers for diversity. In Houston, et al. (Eds.), *The handbook of research on teacher education* (pp. 403–422). Macmillan.

Hachfeld, A., Hahn, A., Schroeder, S., Anders, Y., Stanat, P. y Kunter, M. (2011). Assessing teachers' multicultural and egalitarian beliefs: The teacher cultural beliefs scale. *Teaching and Teacher Education*, 27(6), 986–996.

Hashweh, M. (2005). Teacher pedagogical constructions: a reconfiguration of pedagogical content knowledge. *Teachers and Thinking: Theory and Practice, 11*, 273–292.

Heath, A., Rothon, C. y Kilpi, E. (2008). The Second Generation in Western Europe: Education, Unemployment, and Occupational Attainment. *Annual Review of Sociology 34*, 211–235.

Huguet, Á. (2006). Attitudes and motivation versus language achievement in cross-linguistic settings. What is cause and what effect? *Journal of Multilingual y Multicultural Development, 27*(5), 413–429.

Macotela, S., Flores, R. y Seda, I. (2001). Las creencias de docentes mexicanos sobre el papel de la escuela y del maestro. *Revista Iberoamericana de Educación, 25*(1), 1–24.

MacSwan, J. y Rolstad, K. (2010). El papel del lenguaje en las teorías del fracaso académico de las minorías lingüísticas. En J. Petrovic (ed.) *Perspectivas internacionales sobre educación bilingüe: política, práctica y controversia*, (pp. 173–193). Publicaciones de la era de la información.

Mansilla, J. y Beltrán J. (2013). Coherencia entre las estrategias didácticas y las creencias curriculares de los docentes de segundo ciclo, a partir de las actividades didácticas. *Perfiles educativos, 139*(35).

Mares, A., Martínez, R. y Rojo, H. (2009). Concepto y expectativas del docente respecto a sus alumnos considerados con necesidades educativas especiales. *Revista Mexicana de Investigación Educativa, 14*(42), 969–996.

Martínez, N. (2013). Las creencias de los profesores universitarios sobre evaluación del aprendizaje. Diálogos. *Editorial Universidad Don Bosco, 7*(12), 45–66.

Navarro, J. L., Huguet, A., Sansó, C. y Chireac, S. M. (2012). Acerca de la competencia lingüística del alumnado de origen inmigrante en la ESO en Cataluña. El papel del tiempo de estancia y la lengua familiar. *Anales de Psicología 28*(2), 457–464.

Organization for Economic Cooperation and Development. (2013). *Education at a glance 2013: OECD indicators*. OECD Publishing.

Pérez, M., Mateos, M., Scheuer, N. y Martín, E. (2006). Enfoques en el estudio de las concepciones sobre el aprendizaje y la enseñanza. En: J. Pozo, N. Scheuer, M. Pérez, M. Mateos, E. Martín y M. de la Cruz (Eds.), *Nuevas formas de pensar la enseñanza y el aprendizaje. Las concepciones de profesores y alumnos*. Grao.

Petty, L. y Narayan, R. (2012). Investigating secondary science teachers' beliefs about multiculturalism and its implementation in the classroom. *Multicultural Perspectives, 14*(4), 212–219.

Prieto, L. (2007). *Auto eficacia del profesor universitario: eficacia percibida y práctica docente*. Narcea Ediciones.

Rodrigo, M., Rodríguez, A. y Marrero, J. (1993). Representaciones y procesos en las teorías implícitas. En: *Las teorías implícitas. Una aproximación al conocimiento cotidiano*. Visor Distribuciones S.A.

Ruiz, C. (1998). *Instrumentos de Investigación Educativa*. Barquisimeto: CIDEG.

Salazar, S. (2005). El conocimiento pedagógico del contenido como categoría de estudio de la formación docente. *Revista Electrónica. Actualidades Investigativas en Educación*, 5(2), 1–18.

Serra, C. y Palaudàrias, M. (2010). *Continuar o abandonar. L'alumnat estranger a l'educació secundària*. Fundació Jaume Bofill.

Tirado-Morueta, y Aguaded-Gómez, J. (2012). Influencias de las creencias del profesorado sobre el uso de la tecnología en el aula. *Revista de Educación*, 363, 230–255.

Valdés, A., Castillo, E. y Sánchez, P. (2009). Percepción de los docentes con respecto a la evaluación de su práctica. *Revista de Investigación Educativa Duranguense*, 5(10), 1–10.

Valdés, A., Urías, M. y Montoya, G. (2010). Creencias del docente con respecto al desempeño académico de los estudiantes. En: J. Angulo, A. Valdés, S. Mortis y R. García (Eds.), *Educación, Tecnología e Innovación. Sonora*. Instituto Técnico de Sonora.

Wassell, B., Reid, M. y Hawrylak, M. F. (2018). Teacher educators in a changing Spain: examining beliefs about diversity in teacher preparation. *Teaching and Teacher Education*, 69, 223–233.

Waters, M. C., Heath, A., Tran, V. y Boliver, V. (2013). Second Generation Attainment and Inequality: Primary and Secondary Effects on Educational Outcomes in Britain and the United States (pp. 120–159) En *The Children of Immigrants at School*. New York University Press.

Welch, S. y Comer, J. (1988). *Quantitative Methods for Public Administration: Techniques and Applications*. Editorial Books/Cole.

Willy, A. y Kamgang, A. (2021). Multilingualism, beliefs about language, and language use in the family. *International Journal of Multilingualism*, 18(1), 128–152.

Zinovyeva, N., Felgueroso, F. y Vazquez, P. (2014). Immigration and student achievement in Spain: Evidence from PISA. *Series*, 5(1), 25–60.

Martine Cornet

La formation des professeurs des écoles au plurilinguisme et au multiculturalisme, en France, au XXIe siècle ; entre projets didactiques, défis éducatifs et utopie

Résumé : De nos jours, enseigner oblige à questionner ce qui se joue, dès le primaire, pour les élèves dans des contextes d'enseignement immersifs en français. L'approche socio-langagière s'est longtemps résumée à l'enseignement du français comme langue unique. Toutefois, sur le terrain scolaire, de nombreux chercheurs et professeurs notent la différence que les élèves font entre leurs pratiques entre pairs, hors de la classe, majoritairement plurilingues, et leurs pratiques avec un enseignant, en classe, majoritairement monolingues, en français. Il devient alors nécessaire d'identifier ces lieux de parole différenciés, selon les normes et valeurs que les élèves attribuent aux interactions. À l'école, comme au collège, les pratiques plurilingues prennent une fonction dialectale, car les élèves s'émancipent de l'usage monolingue du français en rigueur dans la classe. Cette étude s'intéressera donc aux idéologies langagières, aux liens tissés entre la pratique sociale et la pratique scolaire pour, si possible, conseiller à nos jeunes étudiants, professeurs des écoles, une démarche réflexive adaptée au système éducatif français devenu largement « plurilingue ».

Mots-clés : Formation, plurilinguisme-s, France, projets, défis , utopie.

1. Introduction

J'écris en présence de toutes les langues du monde. [...]
fabriquer son langage à partir de tant de langages qui nous
sont proposés, par imprégnation, et par la télévision, les
conférences, les musiques du monde, poèmes islandais ou
chants africains. Non pas un galimatias, mais une présence
profonde, et peut-être cachée, de ces langues dans votre
langue. E. Glissant (2011).

Ce chapitre fait partie du projet de recherche GRE 19–05, conçu et dirigé par María-Teresa del-Olmo-Ibañez, membre du Département de l'innovation et de la Formation Didactique. L'équipe française a été coordonnée par Montserrat Planelles Iváñez, professeure titulaire, maître de conférences en philologie française, et par Alexandra Martí, enseignante chercheuse contractuelle ; participantes au projet de María-Teresa del-Olmo-Ibañez. Différentes universités européennes se sont regroupées autour de l'enquête visant à améliorer la formation des professeurs des écoles (PE) et de collège (cycle 3) en plurilinguisme et en multiculturalisme : ces deux concepts se trouvant étroitement liés. La recherche GRE 19–05 questionne précisément les progrès en didactique plurilingue et leurs incidences sur les pratiques enseignantes qu'elle souhaite faire évoluer. Il s'agit d'un projet collaboratif intervenant au moment où les institutions éducatives européennes manifestent un intérêt croissant pour le plurilinguisme (ou les plurilinguismes) et tout ce qui touche au multiculturel souvent associé au « vivre ensemble ». Qu'en est-il France ? On précisera avant tout que la linguistique et la sociolinguistique apportent beaucoup aux Sciences de l'éducation dans ces domaines du multilinguisme et du multiculturalisme. Maintenant pour répondre à cette question, nous envisagerons l'avancée des recherches en didactique du français plurilingue, leurs apports dans la formation initiale et continue des Professeurs des Ecoles et du cycle 3 en France, pour finalement aborder la part concrètement applicable sur « le terrain » de ces études et leur part d'utopie.

2. En 2021, les recherches en didactique du français : du plurilinguisme au translanguaging

En France, les politiques éducatives abordent parfois la didactique des langues sous l'angle des difficultés rencontrées par les élèves dits « allophones » dans leur apprentissage du français. Précisons que ce mot « allophone » est paru dans une circulaire officielle française de 2012. Il se trouve ainsi défini sur le site officiel de l'Éducation nationale française :

> Ce sont des élèves nouvellement arrivés en France (depuis moins d'un an), dont la maîtrise de la langue française ou des apprentissages scolaires ne permet pas d'intégrer immédiatement une classe du cursus ordinaire. L'obligation d'accueil dans les établissements scolaires s'applique aux élèves nouvellement arrivés en France comme aux autres élèves. Elle relève du droit commun et de l'obligation scolaire. (education.gouv.fr, note n°35, octobre 2015).

Le mot « allophone » est donc dans ce pays préféré à celui de « plurilingue ». Ce choix n'est pas anodin car il met en perspective les textes des instructions officielles et les représentations sociales de l'enfant « étranger » dans l'hexagone. La façon de désigner une personne révèle souvent une part de réalité extra-linguistique. La linguiste et didacticienne française, Nathalie Auger, Professeur en Sciences du Langage, en linguistique et didactique dans l'Unité de Recherche *LHUM AIN*-Langages, Humanités, Médiations, Apprentissages, Interactions, Numérique s'est tout particulièrement intéressée aux problématiques des enfants dits « allophones ». Directrice du Master de Didactique du Français langue étrangère et seconde, son site offre un panorama des recherches et des projets qu'elle mène

et qu'elle a menés à l'Université Paul Valéry, Montpellier 3, autour du plurilinguisme des enfants allophones. Elle envisage, notamment, comment les nomina-
tions successives données aux élèves immigrés sur le sol français, informent sur
l'appréhension de ces élèves par les institutions de ce pays. Selon elle, « la façon
de nommer l'autre, celui qui vient d'arriver en France, nous renseigne avant tout
sur l'énonciateur qui le définit successivement comme « enfants étrangers » en
1970, « enfants d'immigrés » en 1978, puis « primo-arrivants » etc… En somme,
ces élèves n'existent dans les circulaires de l'Education nationale française qu'en
relation au statut social de leurs parents. Nathalie Auger soutient que le recours
au mot « allophone » désigne la difficulté à considérer dans ce pays le plurilinguisme des élèves comme une ressource pour eux et leurs camarades de classe.
Elle dresse le constat suivant :

> Dans les états membres de l'UE, c'est en moyenne un jeune de 15 ans sur dix qui parle
> une autre langue, que celle de la langue de scolarisation, à la maison, enquête PISA
> (2015), mais beaucoup plus dans les grandes villes. Ces langues, qu'elles soient régiona-
> les ou étrangères, ou relevant de normes différentes du français de scolarisation consti-
> tuent une ressource pour apprendre et enseigner à l'école. (Auger, 2019)

De son côté, Maïtena Armagnague-Roucher, dès l'introduction de son article,
« Le contexte politico-migratoire comme entrave au droit universel à l'éducation », elle annonce d'emblée la tonalité pessimiste de son étude sur les conséquences, en matière d'éducation, de la politique migratoire menée par la France.
(Armagnague-Roucher, 2018). Par ailleurs, si dans ce pays, une formation universitaire est bien enseignée en Français Langue Etrangère (FLE) et, plus récemment en Français Langue Seconde (FLS), celle-ci demeure insuffisante. Depuis
peu, le CAPES de Lettres, concours de recrutement des professeurs de lettres
du secondaire, comporte une épreuve optionnelle FLE à l'oral, mais est-ce suffisant pour apprendre à enseigner face à un public allophone ? (Spaëth, 2015).
Valérie Spaëth mène des recherches sur l'Histoire de la didactique du Français
Langue Etrangère et du Français Langue Seconde pour mieux cerner le « broui-
llage didactique » autour de ces concepts. Elle s'interroge notamment sur l'enseignement de la langue française qui, du point de vue cognitif, doit s'apprendre
comme une langue étrangère et qui, dans la réalité de l'école, est enseignée
comme le français langue maternelle. Pourtant, les langues maternelles, même
« nationales », n'ont guère droit de cité à l'école française jusqu'à ce jour. Dès
2006, Marie Claude Penloup, membre de l'équipe SocioDidAcq du laboratoire
DYSOLA Linguistique, futur DyLiS, publiait des articles sur ses recherches en
didactiques du Français Langue Maternelle (F.L.M). Nous ne dirons jamais assez
que ces publications dans des revues spécialisées et les manuels scolaires qui s'en

inspirent contribuent à la formation des enseignants. Les éditeurs ont très bien compris l'intérêt (financier ?) d'adapter le contenu de leurs livres à destination des enseignants et de leurs élèves. Ce serait l'occasion d'un autre débat.

Des cours universitaires sont donc bien donnés et la question de l'histoire de ces disciplines FLE, FLS s'inscrit en filigrane dans ces enseignements en linguistique, avec l'apport incontestable de la francophonie qui a fait son apparition entre les XXe et XXIe siècles. Les textes officiels français recommandent désormais aux enseignants, professeurs des écoles (PE) ou professeurs du secondaire, d'avoir suivi un cursus universitaire FLE quand ils envisagent d'exercer leur métier face à ce type de public. Dans les faits, les professeurs des écoles et ceux du secondaire, restent peu préparés à une rencontre dans leur classe avec des élèves plurilingues qui ne maitrisent pas bien, voire pas du tout la langue française. En général, le savoir des enseignants français sur ces élèves « primo-arrivants » reste fragile tant sur les acquis antérieurs de ces élèves que sur leur langue et leur culture. Ainsi, apprendre à identifier des lieux de parole différenciés, selon les normes et valeurs que les élèves attribuent aux interactions, reste un enjeu majeur du système éducatif français. Dans cette perspective, suivre une démarche réflexive adaptée au contexte éducatif français, de plus en plus « plurilingue », nécessite de redéfinir les objectifs de la formation des professeurs des écoles, notamment en matière d'idéologies langagières pour qu'ils saisissent mieux les liens tissés entre la pratique sociale et la pratique scolaire chez ces jeunes élèves plurilingues. À ce titre, l'enquête menée par l'Université d'Alicante s'avère une source utile de préconisations, car, comme les universitaires françaises, Marie-Madeleine Bertucci et Véronique Castellotti le constatent :

> L'essentiel du champ de la recherche en didactique du français langue première en France, au cours des vingt dernières années, montre une résistance certaine des chercheurs de ce domaine à considérer la variation comme une des dimensions centrales de leur réflexion ainsi que l'absence d'échanges entre didactique du FLM et didactique du FLE/S, les notions construites par la didactique du FLE/S, [...] n'ayant que très marginalement essaimé vers la didactique du FLM. (Bertucci & Castellotti, 2010).

La curiosité d'un enseignant-chercheur est sans cesse être sollicitée car le monde dans lequel il vit se modifie et sa réflexion procède de mutations épistémologiques qui balisent son parcours professionnel et personnel. Le chercheur doit donc pour prendre en compte l'intérêt scientifique de tels bouleversements en matière d'idéologies langagières, mais aussi les risques méthodologiques et éthiques liés à de tels changements. Outre la rencontre avec une équipe d'universitaires, aussi chaleureux que dynamiques, ma contribution à l'Enquête espagnole m'a montré qu'un des enjeux du projet rejoignait la question essentielle formulée par Elisabeth Nonnon : « Quelle articulation entre la formation des maîtres et la recherche en didactique plurilingue du français ? » La recherche en France, préconise-t-elle, devrait avoir « sur elle-même la réflexivité qu'elle demande aux enseignants, en pensant lucidement son histoire, sa propre sociologie, son propre rapport aux contraintes et aux logiques du travail des enseignants ». (Nonnon, 2010). Suite à ces remarques, et à tout ce que ce chapitre doit à la recherche de mes collègues universitaires espagnols, les propos suivants seront à l'interface des savoirs savants et des savoirs pratiques, pour ouvrir sur ces perspectives en formation altéritaire

2.1 La tradition républicaine française du monolinguisme : une résistance à l'hétérogénéité linguistique à l'école

D'emblée, il importe de préciser ici que la France comporte de nombreux Départements d'Outre-Mer, les DOM de Guyane, de Martinique, de Guadeloupe, de La Réunion, de Madagascar... où les professeurs des écoles sont confrontés dans leur classe à un écart linguistico-culturel, quantitativement et qualitativement, différent de celui rencontré par leurs collègues enseignants en France métropolitaine. Les acteurs de l'Education nationale française et les enseignants de Métropole mesurent difficilement cette altérité linguistique et culturelle, même si, dans l'Hexagone, la situation est comparable avec les élèves dits « primo-arrivants ». Sophie Alby et Michel Launey, enseignants en Guyane, désapprouvent le fait que les régions françaises d'Outre-Mer se trouvent parfois délaissées au nom de l'égalitarisme républicain français. Ils demandent de manière récurrente qu'un référentiel spécifique à destination des professeurs des écoles (PE) soit créé pour les DOM selon trois volets : l'un sociolinguistique, l'autre linguistique, l'autre enfin didactique :

> De nos jours, l'école est confrontée à de nouveaux défis : former des citoyens européens plurilingues, et aussi intégrer des élèves dont le français n'est pas la langue maternelle. Fidèle à la tradition républicaine du monolinguisme, l'école française ne répond pas à la complexité des situations linguistiques, confrontée à l'hétérogénéité linguistique des élèves en France métropolitaine comme dans les départements d'outre-mer, dans l'enseignement traditionnel comme dans l'enseignement adapté. (Alby & Launey, 2007)

Ces deux enseignants ultramarins notent que le système éducatif français focalise trop sur la didactique du français langue seconde (FLS) à défaut de la mise en place d'une véritable didactique du plurilinguisme. Les difficultés que les professeurs des écoles rencontrent (là-bas) dans l'exercice de leur métier, s'avèrent une source féconde d'informations sur le bilinguisme ou le plurilinguisme pour tout chercheur-enseignant. Pour preuve, la revue *Le français aujourd'hui*, parue en 2020, se consacre entièrement aux « Pratiques langagières "ordinaires" des élèves », à la gestion de l'hétérogénéité linguistique à l'école en milieu créolophone (le cas de La Réunion), et à une prise en compte de l'atout plurilingue dans les « Pratiques langagières des élèves et le français scolaire en Guyane ». Considérer ces obstacles liés à l'enseignement du français auprès d'élèves allophones ou plurilingues, soulignent le regain collectif de la recherche française dans ce domaine longtemps délaissé et marginalisé de la didactique des langues et du rôle de la linguistique dans ce domaine.

Nous laisserons Philippe Blanchet et Stéphanie Clerc Conan conclure sur ce qu'ils appellent une « sacralisation du monolinguisme de langue française » qui complique, selon eux, le développement du plurilinguisme en France, comme dans d'autres états européens, et retarde l'application de préconisations venues de chercheurs, d'éducateurs, d'organismes à vocation éducative et culturelle comme le Conseil de l'Europe :

> Cette exclusion de toute autre langue et de toute pluralité linguistique (y compris les variations dans la pratique du français considérées comme des « fautes » portant atteinte à la langue) est l'une des bases idéologiques clés qui sous-tendent la place du français en France (et ailleurs) jusqu'à aujourd'hui. (Blanchet & Clerc Conan, 2015/6, p. 49)

Nous conseillons la lecture de cet article notamment pour son rappel du rôle du Conseil de l'Europe dans la mise en place de travaux et de commissions qui insistent sur le « faire avec » la pluralité linguistique et interculturelle, y compris avec une finalité d'éducation à une éthique de l'altérité par la compréhension des enjeux humains et sociaux de la pluralité linguistique. Nous noterons que ces deux auteurs assignent une visée éthique à l'éducation par le plurilinguisme.

2.2 La recherche dans le domaine de la didactique du français L2

Des propositions didactiques se multiplient à destination des Professeurs des Ecoles enseignant en milieu plurilingue. Même si la place et le rôle de la/ des langues premières (L1) des élèves dans l'acquisition de la langue seconde (L2) suscitent encore bien des débats, tant dans la communauté scientifique qu'au sein de l'Éducation nationale. Il s'agit d'abord du foisonnement terminologique, que nous montrons volontairement à travers les lignes suivantes, de catégories créées autour de la langue française et de son enseignement. Nous recensons, FLM (français langue maternelle), FL1 (français langue première), FLS ou FL2 (français langue seconde), FLE (français langue étrangère), FLS co (français langue de scolarisation), FOS (français sur objectifs spécifiques), FOA (français sur objectifs académiques), FOU (français sur objectifs universitaires), FLP (français langue professionnelle) et très récemment FLI (français langue d'intégration). Ce sont autant de lexies qu'il convient de mieux cerner selon Lucile Cadet et

Emmanuelle Guérin. Pour ce faire, elles conseillent de mieux « définir les domaines que ces catégories délimitent, analyser la nature de leurs Lens, le dessin des frontières, réelles ou supposées, qui les séparent, la façon dont elles dialoguent ou s'opposent ». (Cadet & Guérin, 2012). En effet, l'enseignement d'une langue pose d'emblée le problème de la sélection des formes sur lesquelles repose le savoir transmis. Emmanuelle Guérin a consacré de nombreux travaux pour clarifier ce qui se joue derrière les terminologies : Français Langue Maternelle, (FLM), Français Langue Seconde (FLS) et Français Langue Etrangère (FLE). Les divergences et les convergences, le cloisonnement ou la porosité entre ces trois grands domaines continuent à questionner la communauté scientifique.

En marge, (ou au cœur ?) de ces débats complexes, la recherche en didactique plurilingue du français a construit bien des connaissances pour aboutir à des résultats concrets, concernant, par exemple, le domaine de l'orthographe à l'écrit, celui de l'importance de l'oral, et de l'apprentissage de la lecture devenu, aujourd'hui, une priorité de l'Education nationale dans ce pays. Les stages et autres actions dans la formation des enseignants, durant ces dernières années, se sont beaucoup focalisés sur la didactique de l'oral, jusqu'alors sous-estimée par rapport à celle de l'écrit. Un tel engouement des institutions françaises aura permis de révéler l'importance des inégalités sociales dans la maitrise de l'oral. Probablement que les futures formations des maitres concerneront davantage l'apprentissage de la lecture, conformément aux nouvelles directives du Ministère de l'Éducation nationale. Ces plans de formation ne sont jamais dédiés spécifiquement au plurilinguisme. Il reste donc à faire, si l'on considère les domaines où les connaissances manquent encore ou ne sont pas reliées entre elles, comme en matière de plurilinguisme. Laurent Gajo insiste sur l'importance « essentielle » de cette formation, tout en soulignant un des problèmes inhérents à l'enseignement de la langue en tant que matériau linguistique plus résistant qu'il n'y parait :

> Former au et dans le plurilinguisme parait essentiel aujourd'hui, dans une perspective tant socioprofessionnelle que citoyenne. [...] Au niveau pédagogique, il s'agit de construire la démarche d'enseignement/apprentissage des langues sur le principe de l'opacité et non de la transparence. La langue constitue un objet de résistance, présente une certaine épaisseur par rapport à la réalité sociale, en propose des versions, réajustées-dans l'interaction entre individus et groupes d'individus. La langue dite maternelle (L1) fonctionne, pour des raisons pratiques, sur un postulat de transparence, mais il ne s'agit que d'une illusion pratique. (Gajo, 2006, pp. 62–63)

Certes des études et des publications de plus en plus nombreuses, se réfèrent à la sociolinguistique afin d'analyser les situations didactiques concernant les élèves « allophones » ayant le français pour langue seconde, et plus généralement toutes celles dans lesquelles l'hétérogénéité langagière se manifeste. Marie-Madeleine

Bertucci et Colette Dudon-Corblin (2010) comparent diverses revues françaises spécialisées en didactique du français et publiées au cours des vingt dernières années. Les deux autrices répondent aux questions : À quels moments, comment et avec quels objectifs ces revues thématisent-elles (ou non) la question de la variation et de la diversité, de la pluralité, de l'hétérogénéité dans l'enseignement du français langue « première » ? Dans quelles directions orientent-elles, favorisent-elles ou inhibent-elles les éventuelles recherches pouvant se développer sur cette question ? De leur côté, concernant la prise en compte sur le terrain des élèves allophones, les institutions éducatives françaises rappellent que :

> Dès les années soixante-dix, des mesures ont été prises pour accueillir et scolariser ces élèves. Elles se sont traduites par la création de structures d'accueil spécifiques à l'école, au collège ou au lycée. Ces élèves qui arrivent tout au long de l'année sont scolarisés en partie ou entièrement dans ces dispositifs particuliers et bénéficient notamment d'un soutien linguistique, tout en étant inscrits dans un cursus ordinaire. L'objectif recherché est qu'ils s'insèrent progressivement et le plus rapidement possible dans une classe ordinaire. (education.gouv.fr)

Pour Nathalie Auger, le fait d'aider les élèves à devenir des utilisateurs compétents de la langue de scolarisation, dans toutes les matières, relève de démarches plurilingues et plurinormes qui devraient concerner tous les enseignants. Elle conclut que « le multilinguisme fait référence à notre réalité : nous sommes entourés de langues diverses, nous vivons des expériences multiples qui fondent notre pluralité et c'est dans ce cadre que je travaille avec bonheur depuis plus de 20 ans maintenant ». Pour résumer, nous dirons que Nathalie Auger vise à vérifier si le plurilinguisme est suffisamment pris en compte dans les classes, et comment, pour préconiser des activités ponctuelles en classes plurilingues. Elle-même propose dans l'article cité :

- Des rituels ; activités réflexives sur les langues (la phonétique, le lexique, la grammaire…)
- Des biographies langagières, élaboration de glossaires, …
- Des projets d'école et des projets de classe : plusieurs classes autour d'un projet comme la visite plurilingue d'un musée, la découverte plurilingue du quartier où l'élève est scolarisé. (Auger, 2019)

2.3 La recherche en plurilinguisme et multiculturalisme à destination des enseignants

Parmi bien d'autres projets éducatifs français, le projet SIRIUS-réseau politique européen sur l'éducation des migrants a retenu notre attention. Nous en présentons les grandes lignes. Celui-ci a été lancé en 2012 par la Commission européenne. Son objectif était de faciliter l'élaboration de politiques inclusives en échangeant des connaissances et des expériences entre chercheurs, praticiens, jeunes et communautés d'immigrants et décideurs politiques pour l'élaboration de stratégies communes sur l'éducation des migrants. Ce réseau est composé de 38 membres dans 21 pays européens qui se proposent de travailler le lien entre recherches universitaires, terrains associatifs, scolaires et décideurs politiques, au niveau local et national. La dynamique de ce réseau est d'œuvrer à la création et à la diffusion d'outils et de démarches pédagogiques et politiques, en s'appuyant sur les ressources culturelles et plurilingues des contextes des différents acteurs du réseau.

Ainsi le réseau SIRIUS Montpellier-France vise à tisser des relations durables entre éducation formelle et informelle, ce qui implique de réfléchir à l'aménagement d'un territoire apprenant ouvert aux jeunes migrants et à leurs parents, d'abord au niveau d'un quartier, Figuerolles, puis étendu à la ville, Montpellier, afin que ce modèle soit transférable à d'autres territoires. En somme, ce projet propose l'élaboration d'une plateforme de ressources, la mise en œuvre d'actions interculturelles et plurilingues, d'actions inclusives dans la cité entre institutions et en lien avec les familles. Il préconise des formations pluri catégorielles pour la professionnalisation des acteurs autour de projets, par des apports d'experts régionaux, nationaux et internationaux. Il envisage enfin des formations regroupant divers acteurs sociaux. On le voit, le lien est constant entre plurilinguisme et multiculturalisme, et nous trouvons dans ce projet précédent des préoccupations et préconisations présentes dans le projet conçu par l'Université d'Alicante.

2.4 Des projets de recherche collaboratifs sur le *translanguaging*

Un autre plan de recherche français, *ParLangues PARcours, Langues et apprentissages en frANçais d'élèves plurilinGUES*, (2016–2019) vise à comprendre quelles ressources potentielles chez les élèves plurilingues peuvent être concrètement appréhendées par les enseignants en collège – et par les élèves allophones eux-mêmes. Véronique Miguel Adissu fait partie du laboratoire DYSOLA de l'Université de Rouen qui porte ce projet avec Mehmet Ali Akinci, Professeur au Département des Sciences du langage de l'Université de Rouen. L'équipe est composée d'Armelle Silvestre, coordinatrice du CASNAV (Centre académique de Rouen pour la scolarisation des élèves allophones nouvellement arrivés et des enfants issus de familles itinérantes et de voyageurs), de Laurence Schirm : IA-IPR de Lettres, Académie de Rouen. [...] et d'enseignants du collège Claudel de Rouen. Le premier volet est ethnographique et porte sur les élèves en UPEA2 (*ParLangues_1*), le second volet est collaboratif avec les enseignants d'un collège en éducation prioritaire (*ParLangues_2*), le troisième volet allie ces deux dimensions (*ParLangues_3*). **Les publications issues de ce projet, dont celle de Véronique Miguel Adissu, parue en 2018, « Apprentissage du français et inclusion des élèves allophones en France : un modèle au risque des inégalités scolaires »,** témoignent de l'intérêt accru pour la didactique inclusive du français dans ce pays. (Miguel Adissu, V, 2018)

C'est dans cette perspective **que s'inscrit aussi le titre donné par V. Miguel Adissu à une autre contribution : « Le translanguaging, un levier pour l'inclusion : vers une didactique** inclusive du français »** où l'autrice emploie le terme translanguaging. Le préfixe trans-(lingue) lui semble plus adapté que les préfixes bi-(lingue) ou pluri-(lingue). (Miguel Adissu, 2021)Rappelons que le terme « translanguaging », apparu à la fin des années 1990 au Pays de Galles, a suscité quantité de débats dans le domaine de la didactique des langues. Repris et popularisé en 2017 aux États-Unis par Sara Vogel et Ofelia García, ce concept témoigne des pratiques plurilingues de locuteurs qui peuvent passer d'une langue à d'autres, ou bien hybrider les langues selon leurs besoins. Le translanguaging est abordé dans le contexte du plurilinguisme et de l'éducation bilingue afin d'établir en quoi il se différencie d'autres termes employés pour désigner le bilinguisme. Bien que difficile à définir, translanguaging est devenu un marqueur du virage plurilingue observé durant ces dernières années. Décrire le translanguaging dans ses implications au niveau de l'alternance de langues dans l'éducation reste un défi en France quant à ses conséquences sur les rôles de l'enseignant dans l'instruction des enfants bilingues. Le préfixe « trans- » oriente vers le concept d'une « entre-langue », signe d'une reconnaissance de l'altérité constitutive de toute interaction langagière.

En effet, d'après ce concept, les interlocuteurs peuvent se reconnaitre autant dans des dynamiques interactionnelles – la relation à l'autre et le passage de Soi à l'autre- que dans des identités linguistiques comme la reconnaissance du Soi à la langue, y compris au sein de l'école. En Europe, même si le mot « translanguaging » est devenu familier, la situation est différente : les enseignants et chercheurs européens semblent lui préférer le mot plurilinguisme pour identifier les compétences langagières diverses des élèves dans la classe. Deux faits sont à considérer : d'une part l'enseignement d'au moins deux langues dès le plus jeune âge et, d'autre part, de nombreux enfants migrants en demande d'apprentissage de la langue de scolarisation des différents pays européens.

Comment concilier ces deux exigences ? En prenant en compte toutes les langues présentes dans la salle de classe : la langue de scolarisation, les langues enseignées (langues vivantes ou langues classiques comme le latin et le grec) et les langues familiales des élèves. Li Wei, professeur de linguistique appliquée, Institute of education, University College London, en 2016, et Président de l'University council of general and applied linguistics, spécialisé en bilinguisme et en multilinguisme, publie Applied Linguistics. Il y analyse comment, dans la perspective du Translanguaging, le problème dépasse les frontières posées par les désignations des langues et de leurs variétés, y compris les variétés afférant à des catégories fondées sur l'espace géographique, la classe sociale, l'âge ou le genre. Aujourd'hui, la recherche en didactique plurilingue exprime ces dits passages par le biais du suffixe « trans- » et elle utilise l'expression « pratiques translingues » pour valoriser une régulation des écarts plutôt que les frontières entre les langues. Ces théories actuelles sont autant de repères destinés à aider les enseignants du primaire ou du secondaire qui le souhaitent à modifier et enrichir leurs représentations des fonctionnements et de l'apprentissage de la langue.

Les travaux des linguistiques et sociolinguistes, cités précédemment, ont beaucoup apporté en didactique des langues, en rendant leurs recherches accessibles aux étudiants et aux enseignants français. Le linguiste francophone Bernard Py figure parmi ces chercheurs qui ont beaucoup contribué à la didactique plurilingue. Voici des années, il estimait déjà que l'Europe privilégiait trop une idéologie fondée sur un unilinguisme de prestige qui gommait la variation, mais aussi le parler bilingue. Il associait l'unilinguisme et le monolinguisme, le parler bilingue et le plurilinguisme. Selon lui, l'Europe considérait que le bilinguisme ne pouvait que porter atteinte à l'intégrité de la langue maternelle et à l'identité culturelle du locuteur. Par opposition, les parlers bilingues pouvaient traverser les frontières linguistiques, sans tenir compte des normes dominantes, en particulier dans la classe. En 2004, un ouvrage-hommage au linguiste Bernard PY est publié. Comme son titre l'indique, *Un Parcours au contact des langues*, il reprend des textes clés de Bernard PY, à travers 5 chapitres aux titres également explicites : 1. Interlangue et norme, 2. Interaction et acquisition, 3. Bilinguisme et apprentissages langagiers, 4. Contacts de langues : entre exolinguisme et bilinguisme, 5. Représentations sociales et apprentissages. Ces chapitres balisent les recherches ayant jalonné le « parcours » du chercheur Bernard Py sur le bi-/plurilinguisme. Ce dernier a contribué par ses nombreuses publications à montrer que le(s) plurilinguisme(s) étaient non seulement une composante et une manifestation de la diversification culturelle dans un monde globalisé, mais qu'ils étaient aussi un objectif de l'éducation.

3. Former des élèves pour leur réussite en classe et dans la vie

3.1 La langue en classe et la langue « de classe »

En France, au-delà de la formation des maitres du primaire, il s'agit de s'intéresser à celle des élèves pour leur réussite en classe et dans la vie. Françoise Gadet affirme qu'il n'existe pas de « langue entièrement homogène » dans un ouvrage où elle étudie la dynamique de modification des pratiques langagières du français pour mieux souligner la diversification des façons de parler, de plus en plus liée aux caractéristiques sociales des locuteurs, à leurs activités et leurs interactions, dessinant de nouvelles modalités de communication. (Gadet, 2007, p. 76). Dans le deuxième chapitre de son livre, l'autrice expose plusieurs études de cas touchant la socialisation langagière, la transmission scolaire des normes et les éventuels ressorts sociolinguistiques de l'échec scolaire. Elle revient sur les travaux de Bernard Lahire, de Claudine Dannequin et de William Labov. Bernard Lahire est professeur de sociologie à l'École normale supérieure de Lyon et directeur de l'équipe *Dispositions, pouvoirs, cultures, socialisations du Centre Max-Weber.* Ses travaux ont porté notamment sur la production de l'échec scolaire à l'école primaire, les modes populaires d'appropriation de l'écrit, les réussites scolaires en milieux populaires, les différentes manières d'étudier dans l'espace de l'enseignement supérieur, l'histoire du problème social appelé « illettrisme ». Une de ses œuvres majeures reste *Dans les plis singuliers du social : individus, institutions, socialisations*, publiée en 2013.

Doit-on présenter William Labov, considéré comme le père de la sociolinguistique ? L'essentiel de ses travaux ont été réunis par lui-même en 1972–73 sous le titre de Socio-linguistic Patterns. Cet ouvrage est aujourd'hui accessible au public français dans une traduction d'Alain Kihm. Aux premiers chapitres figurent les enquêtes menées par W. Labov dans l'île de Martha's Vineyard, puis dans Harlem, le ghetto noir de New-York. L'introduction, donnée à ces textes par William Labov lui-même, rappelle que l'émergence de la sociolinguistique s'est faite à partir des années 50 en marge des linguistiques dominantes, et en réaction contre elles. C'est dans la continuité des travaux de Labov que, dès la fin des années 1990, en Europe et aux États-Unis, des chercheurs se sont intéressés au regroupement de jeunes locuteurs, notamment dans les villes, en s'attachant aux aspects identitaires, et à leurs usages, contribuant à envisager les locuteurs concernés du point de vue de leur appartenance à des groupes ou à des réseaux. Michelle Auzanneau et Caroline Juillard dressent un historique de cette sociolinguistique urbaine, leurs « travaux plaçant en leur centre la jeunesse se sont multipliés pour ouvrir un champ d'études auquel renvoient les dénominations "parlers jeunes" utilisées par les chercheurs eux-mêmes. » (Auzanneau & Juillard, 2012).

Le « parler jeune » ou le parler adulte ? Claudine Dannequin s'intéresse à cette distinction en partant de la description et de l'analyse de pratiques observées en classe, à l'aide d'outils théoriques clairement définis. Elle guide la réflexion du lecteur vers ces questions fondamentales : Quel langage exige-t-on des enfants en classe ? Quelles relations y a-t-il entre ce langage-en-classe et la langue de l'enfant ? Quels effets ces procédés de l'apprentissage du langage produisent-ils sur le comportement linguistique de l'enfant ? Elle craint finalement qu'apprendre l'enfant à parler la langue de l'adulte serait le but principal de l'enseignement en France :

> En refusant à l'enfant sa pratique réelle et sa spontanéité, le maître fait de l'apprentissage du français l'apprentissage d'une langue morte, aboutissant à des énoncés abstraits, ne tenant aucun compte des situations de communication ni de l'expérience concrète des enfants : une langue qui ne leur sert ni à dire leur émotion, leur bonheur, leur chagrin, leurs questions [...] La langue n'est plus une chose vivante, inscrite dans un dialogue, c'est devenu une loi intangible qui rejette tout ce qui ne respecte pas son principe sacré : une phrase, c'est ce qui a un sujet, et ensuite un verbe, et ensuite un complément, un point c'est tout. [...] Ainsi, au nom d'une langue pure et concise, « bien française », (il y a, dans les combats pour « la pureté de la langue » quelque chose qui ressemble beaucoup aux expériences pratiquées au nom de la « pureté de la race »), on impose en fait une langue de salle de classe qui ne s'enracine en aucune réalité. (Dannequin, 1977, pp. 4–5)

Non sans une certaine gravité, ces propos soulignent la volonté de maintenir en France une « langue de salle de classe » intacte, avec, en arrière-plan, une idéologie langagière et politique, assez conservatrice et déconnectée de la réalité. Le projet-Alicante trouve ici sa place en démontrant l'intérêt pour un enseignant de réévaluer ses propres pratiques et le convaincre de la nécessité d'une rénovation de son enseignement. De nombreux travaux de la linguiste Josiane Boutet explorent les enjeux d'une *sociolinguistique critique* où le « socio » se déclinerait en trois niveaux selon l'importance accordée à la dimension sociale pour traiter de la linguistique, et donc de la variation. À un premier niveau, le « socio » constitue un arrière-plan qui pose l'existence de relations de dépendances, connues ou présentées comme telles. Il donne un cadre de principe où la linguistique formelle s'inscrit et dans lequel les pratiques sont incluses mais on n'étudie par leurs relations. À un deuxième niveau, le « socio » est envisagé comme un ensemble de savoirs relevant d'une autre épistémè qu'il est nécessaire d'intégrer dans sa compréhension du langage en tant qu'objet socialement marqué. (Boutet, 2003– 4, pp. 17–24).

La sociolinguistique prend pour objet le changement linguistique, marqué par les propriétés du mode social, pour s'intéresser à « l'évolution des langues appréhendée à travers la variabilité observée des usages ». (Boutet, 2017, p. 33). Par exemple, au sein d'un même espace, on peut identifier des lieux de parole différenciés selon les normes et les valeurs que les locuteurs attribuent aux interactions : au lycée, les pratiques plurilingues s'émancipent de l'injonction à un usage monolingue du français qui était autrefois la norme en classe. En revanche, les marques d'identités plurilingues s'y trouvaient moins mobilisées que de nos jours à des fins identitaires. Josiane Boutet propose une formation plus soutenue des enseignants aux pratiques langagières de leurs jeunes élèves :

> Beaucoup d'enseignants, confrontés aux pratiques langagières de leurs élèves (le « français des jeunes »), souhaiteraient pouvoir disposer d'une pédagogie de l'oral. Celle-ci ne pourra certainement pas se construire en toute indépendance d'une connaissance et d'une reconnaissance des spécificités des « genres premiers » dont la variation systématique, l'hétérogénéité et la dépendance aux situations sociales sont des propriétés fondamentales. (Boutet, 2003–4, p. 24.)

Ces remarques expliquent aussi le vif engouement suscité, et justifié, par et pour une recherche en didactique de l'oral durant ces dernières années dans le système éducatif français.

3.2 La langue scolaire, L2 ou L1 : des principes d'inclusion

Un des défis du plurilinguisme sur le plan national et sur le plan européen concerne la langue de scolarisation, ainsi que l'énoncent les rapporteurs du Conseil de l'Europe de 2016:

> Aujourd'hui, la plupart des sociétés se caractérisent par un multiculturalisme de plus en plus complexe qui résulte de la mobilité et des migrations. Cela pose un défi considérable à l'école car, pour de nombreux élèves, la principale langue utilisée pour l'enseignement et l'apprentissage diffère très souvent de leur première langue ou langue familiale. Il va de soi qu'il est important pour eux d'acquérir et de développer des compétences dans la langue de scolarisation (ou langue d'enseignement) ; celles-ci doivent être suffisantes pour leur permettre de comprendre les cours et d'y participer. Cependant, même dans les contextes où plusieurs langues sont employées aux fins de l'enseignement, un certain nombre d'apprenants doivent suivre leur scolarité dans une langue qui n'est pas leur première langue, ou langue familiale. Ils peuvent obtenir de mauvais résultats, non pas en raison d'un manque de capacités, mais à cause de difficultés linguistiques. (Beacco, J., Fleming, M., Goullier, F., Thurmann, E., Vollmer, H., Sheilhs, J : Conseil de l'Europe, 2016. pp. 11–12)

Les enjeux didactiques sur le plan national concernent les élèves « plurilingues » nés en France ou qui y vivent depuis plusieurs années, et qui sont scolarisés en classe dite « ordinaire ». En revanche, les élèves allophones (nouveaux arrivants) sont majoritairement scolarisés dans des établissements relevant de l'éducation prioritaire. Ils sont un peu les oubliés de l'institution scolaire, surtout, quand ils parlent des langues minorées, des langues de la migration. Acculturés au système scolaire, ils s'expriment en français à l'école et souvent hors de l'école au sein de répertoires plurilingues instables. La notion de langue, la variation et le système qui la représentent, ainsi que les pratiques qui l'actualisent, sont au cœur des problématiques sociolinguistiques, notamment quand l'on s'intéresse à l'inclusion de ces élèves plurilingues à l'école française.

Une approche sociolinguistique, relativement récente dans sa forme actuelle, souhaite favoriser une meilleure prise en compte de ces jeunes locuteurs plurilingues. Interroger les stratégies langagières que les élèves du primaire en France doivent mobiliser pour réussir à l'école, et plus tard dans leur cursus universitaire, reste un des défis du plurilinguisme ou des plurilinguismes. Sur fond d'inégalités sociales et langagières, l'étude des pratiques du langage des élèves plurilingues contribue à questionner les principes d'inclusion et d'appropriation, grâce auxquels l'école du XXIe siècle va évoluer. Depuis les années 2009, une problématisation du langage scolaire est traversée par la question des « inégalités d'apprentissage » pour reprendre le titre de l'ouvrage d'Élisabeth Bautier, Patrick Rayou consacré essentiellement à l'étude des rapports entre la langue des élèves à l'école et leur origine sociale, ainsi qu'entre la langue scolaire et l'insertion sociale des élèves à l'issue de leurs études. Ces deux auteurs résument l'évolution du système éducatif pendant ces dernières années et celle de la formation des enseignants. (Bautier & Rayou, 2009). Ils ont établi un subtil distinguo entre le « métier d'apprenant et le métier d'enseignant » (Ibid., p. 131) pour se demander in fine s'il s'agit pour celui-ci de « faire la classe ou penser les apprentissages ? » (Ibid., p. 143). Néanmoins, leur ouvrage conclut sur ce constat d'échec : l'école ne parvient pas à assurer un minimum de littératie étendue pour tous les élèves et notamment pour ceux issus des classes populaires :

> [Notre] ouvrage montre selon nous l'importance des difficultés d'apprentissage pour un nombre important d'élèves de milieux populaires. Celles-ci n'apparaissent pas spontanément au collège, […] mais surviennent dès l'école primaire, se développent et s'amplifient au fur et à mesure que les exigences du curriculum augmentent et se diversifient. Sans en être directement la cause, elles se conjuguent en inégalités sociales tant la réussite et la certification scolaires ont pris aujourd'hui d'importance dans notre société. Le succès de la scolarisation de masse signe ainsi paradoxalement la mise en échec de ceux que l'école accueille désormais plus largement qu'auparavant. Nos travaux et ceux d'autres chercheurs contribuent à dissiper l'illusion que l'accès à l'institution scolaire est *ipso facto* un accès aux savoirs et aux compétences. (Bautier & Rayou, 2009)

Dès lors, une « socio didactique » s'impose pour laquelle il est nécessaire de mobiliser des savoirs didactiques, élargis au champ des didactiques du français, des langues, du plurilinguisme, où demeurent les didactiques d'un français langue « seconde » ou de « scolarisation ». Ainsi, des débats naissent aujourd'hui des terrains sociaux eux-mêmes, concernant le langage et les liens que les individus tissent avec ce langage et qui disent leur rapport au monde. On voit ainsi que, d'emblée, l'immersion des enfants dans un bain linguistique non-francophone est envisagée comme un obstacle à la réussite. Ce constat est un paradoxe puisque, aujourd'hui plus que jamais, l'accent est mis sur l'enseignement des langues étrangères et l'ouverture aux autres cultures (Guérin, 2013, p 91–104). Ces polémiques ouvrent sur des perspectives en formation des maitres dès le primaire qui s'appuient en partie sur des observations menées *in situ*.

En effet, sur le terrain scolaire, la démarche ethnographique permet d'articuler plusieurs niveaux d'échelle interprétative des situations. S'il appartient au sociolinguistique de décrire et d'interpréter des situations complexes, la didactique quant à elle se charge de transposer ces savoirs dans le cadre scolaire, caractérisé par la nécessité de former des élèves pour réussir à l'école. Même si Jacqueline Billiez s'interroge sur le fait qu'on est peut-être en train de vivre, en France, [...] une période de tensions dans les travaux et entre les chercheurs :

> Tensions entre les tenants d'un plurilinguisme prôné et soutenu par les instances européennes qui serait disqualifié par d'autres [...] parce que l'essentiel serait d'intégrer d'abord la personne migrante en la dotant au plus vite des compétences minimales indispensables dans la langue majoritaire du pays d'accueil (en France, le français) afin de favoriser son insertion dans le tissu social et son accession à un emploi. [...] Une conception de cette intégration comme étant univoque alors qu'il ne s'agit pas d'un état, mais d'un processus qui s'effectue dans des interactions réciproques marquées par le respect et la reconnaissance des personnes, de leurs langues comme de leurs identités qui peuvent être multiples. (Billiez, 2012)

Un réseau intitulé « Recherche avec » vient d'ailleurs de proposer un colloque afin de partager des difficultés rencontrées dans le cadre d'une recherche-action, menée conjointement avec des enseignants, des chercheurs, et des doctorants. Le professeur en Sciences de l'éducation, Sébastien Pesce et une doctorante, Valéry Deloince, ont proposé « à une équipe d'enseignantes en école élémentaire de s'engager dans une recherche-action collaborative, visant à concevoir, expérimenter et analyser, accompagnées par le chercheur, des dispositifs d'écriture pensés en référence à ces visées d'émancipation. Le recueil de données, en cours, est constitué des productions des élèves, de l'observation des situations de classe, notamment de conseils impliquant les élèves dans une réflexion sur ces situations d'écriture, d'entretiens menés auprès des enseignantes, et d'un dispositif pensé spécifiquement pour cette recherche : un journal de recherche fonctionnant selon une logique d'écriture collaborative. » (Pesce & Deloince, 2019). Le professeur Pesce a souhaité partager cette expérience, notamment ses limites, dans une communication :

> Cette communication qui s'appuie sur l'expérience en cours de cette recherche-action collaborative initiée, dans une école primaire, dans le cadre d'une recherche doctorale, et d'une réflexion menée dans le cadre du réseau « Recherche Avec ». Elle permet

d'interroger le cadre de la recherche collaborative comme moyen de motiver l'entrée d'enseignant. e. s « [SIC] » dans une pédagogie différente, mais aussi d'évoquer les limites, ou les tensions produites par de telles collaborations de recherche. (Pesce & Deloince, 2019)

3.3 La langue scolaire : un facteur d'exclusion sociale en France

Au-delà des questions de formations des maitres, émergent les risques liés à une confusion entre inégalités sociales et ressources linguistiques potentielles pour apprendre. En effet, si ces deux dimensions sont reliées, elles ne sont ni identiques ni directement dépendantes l'une de l'autre. Tout enseignant souhaite aider ses élèves plurilingues à tirer le meilleur d'une éducation scolaire, en français, qui marquera leur vie personnelle et sociale. Selon Gabrielle Varro, un tel vœu d'émancipation par l'école serait mêlé de naïveté et relèverait d'un certain idéal :

> La réticence des enseignants des classes ordinaires à intégrer les « ex-non francophones dans leurs classes semblerait indiquer qu'ils souhaiteraient bel et bien exiger une véritable *maîtrise de la langue française* (bien sûr rapportée à l'âge des élèves) : ils ne sont d'accord pour admettre dans leur classe que s'ils estiment que ceux-ci « *possèdent* la langue » – et la métalangue – aussi bien qu'un locuteur natif, du même âge. Or le problème d'une telle attente, même si elle honore l'enfant étranger jugé apte à la satisfaire après un laps de temps aussi court, est double : elle ne tient pas compte du fait – aujourd'hui reconnu – que la langue scolaire est un facteur d'exclusion pour la plupart des élèves des classes populaires, y compris pour ceux des familles françaises où le français académique ressemble à une langue « étrange(re) », (Varro, 2012)

La langue française apparaît ainsi comme le lieu d'un paradoxe : destinée à intégrer les élèves, la langue – parce que déficiente – participe en même temps à maintenir les élèves allophones à l'écart. La synthèse de l'OCDE sur l'enquête du PISA 2009 intitule une partie de son rapport « Surmonter le milieu social : l'égalité des chances dans l'apprentissage [...] », on peut y lire :

> Le milieu familial influe sur la réussite scolaire, et l'école semble souvent en renforcer l'impact. Vivre dans un milieu socio-économique défavorisé n'entraîne pas nécessairement de mauvais résultats scolaires, mais le profil socio-économique des élèves et des établissements d'enseignement a de toute évidence un impact important sur la performance. Le désavantage socio-économique est un phénomène aux multiples facettes, dont la politique de l'éducation ne peut seule atténuer l'impact, surtout à court terme. [...] certains pays réussissent à atténuer son impact sur le rendement de l'apprentissage. (Synthèse OCDE du PISA 2009, p. 10)

Cette synthèse met la France face à ses inégalités sociales ; son système éducatif serait le plus inégalitaire en matière de réussite scolaire parmi les pays développés. Nous verrons que ce constat est discuté par certains chercheurs français.

Alors que dans ce pays, la refondation de l'école est à l'ordre du jour, l'ouvrage collectif *La construction des inégalités scolaires,* dirigé par Jean-Yves Rochex et Jacques Crinon, va plus loin encore puisqu'il envisage les pratiques et les dispositifs pédagogiques en France comme contribuant à cette « fabrique » des inégalités scolaires. Ce livre reprend cette fois des données du réseau RESEIDA sur l'analyse de séances de cours observés entre 2004 et 2006 dans trois classes désignées comme représentatives des pratiques pédagogiques ayant lieu dans les écoles élémentaires, en français et mathématiques. Le réseau RE.S.E.I.D.A. (Recherches sur la Socialisation, l'Enseignement, les Inégalités et les Différenciations dans les Apprentissages) a été créé en 2001 à l'initiative d'Élisabeth Bautier et de Jean-Yves Rochex. Ces universitaires travaillent à une mise en commun des convergences, des problématiques, et des résultats de recherches des différentes équipes autour de la question des inégalités et des processus différenciateurs à l'école. Il ressort de leurs travaux que les résultats de l'enquête PISA 2009 étaient bien fondés :

> Les processus de production des inégalités scolaires apparaissent dès lors tissés de logiques hétérogènes tenant aux enjeux de savoir, aux usages du langage, à l'élaboration et au choix des tâches et supports de travail et aux conceptions que les enseignants se font de ce qu'il est possible et souhaitable d'enseigner à leurs élèves. Les évolutions actuelles de la forme scolaire semblent épouser, voire renforcer, le caractère implicite et socialement inégalitaire du fonctionnement de l'institution scolaire. (Rochex & Crinon, 2011)

En 2018, Julien Netter fait paraître *Culture et inégalités à l'école. Esquisse d'un curriculum invisible,* où il envisage la question des inégalités d'appropriation, à l'école primaire, des contenus culturels diffusés en classe. Une question qui semble persister malgré les dispositifs pédagogiques précédemment cités. En s'appuyant sur une enquête ethnographique, cet ouvrage interroge la façon dont les enfants perçoivent ces contenus culturels et les inégalités d'appropriation qui en découlent. Julien Netter dresse le tableau d'une école où certains élèves, aidés par leurs capacités de synthèse et de traduction développées durant leur socialisation antérieure, parviennent à s'approprier les contenus culturels en construisant une lecture scolaire du monde qui reste étrangère à d'autres enfants. Ces derniers sont en passe de se retrouver exclus des processus d'intégration sociale dès leur plus jeune âge. L'exclusion ne concerne donc pas seulement les « primo-arrivants », elle touche beaucoup d'élèves, ce qui rend tous les projets de recherche cités précédemment difficiles à mettre en œuvre sur le terrain, peut-être par manque de moyens alloués à l'éducation dans ce pays.

Enfin, concernant le lien entre la maîtrise de la langue française et l'insertion sociale, un manifeste signé par 250 chercheurs renommés en sociolinguistique,

« Langue et insertion : faux problèmes et vraies solutions », réfute certaines analyses hâtives sur la notion de « handicap linguistique ». Selon ce texte, les phénomènes d'exclusion rencontrés par ces élèves seraient le en partie le fruit d'un racisme implicite, d'une xénophobie qui ne dit pas son nom :

> Non pas que ces façons de parler et d'écrire le français soient supérieures aux autres en elles-mêmes et pour elles-mêmes (en tant que tels, tous les systèmes linguistiques sont équivalents), mais parce qu'elles sont pratiquées et imposées comme filtres sociaux par les parties de la société qui ont le pouvoir économique, social et politique de le faire. La pratique de ces formes orales et écrites de français n'est ni courante ni spontanée dans la plupart des milieux sociaux – pas uniquement chez les « jeunes des quartiers d'immigrés », même si elle est plus difficile dans les milieux défavorisés. Et il faut répéter ici avec force que leurs difficultés sont dues à l'exclusion économique, sociale, xénophobe et raciste qu'ils subissent et non à leurs (in)compétences linguistiques. Là sont les vrais problèmes et les vraies solutions à trouver.

Ce serait donc par commodité et feinte compassion que les différents acteurs de l'Education nationale en France se dissimuleraient derrière le supposé « handicap linguistique » des élèves allophones, ou de ceux issus de milieux défavorisés, pour ne pas traiter les vrais problèmes de société :

> Il est trop facile de les occulter derrière un misérabilisme linguistique qui revient, tout en affichant de la compassion, à mépriser l'univers social et les capacités de populations qu'on prétend « aider » à accéder à « notre niveau de civilisation ». Texte rédigé par le Réseau Français de Sociolinguistique et signatures consultables sur : http://rfs.univ-tours.fr

4. La formation des enseignants du primaire aux plurilinguismes : un pilier éthique de l'école française

4.1 Trois axes chronologiques et fonctionnels : Accueillir, évaluer et inclure les élèves plurilingues

Ces trois pivots constituent le pilier éthique qui soutient tous les processus d'enseignement/apprentissage dès les classes du primaire en France, ils méritent d'être mieux connues par la didactique et par la sociolinguistique, ce à quoi participe la notion de « français langue seconde » FLS ou L2. Cette notion éclaire les pratiques des élèves dans le cadre d'une école française qui, aujourd'hui, mise beaucoup sur l'inclusion en ouvrant des pistes concrètes. Les plus intéressantes concernent l'étayage didactique montrant qu'une articulation didactique est possible entre le français scolaire et les répertoires pluriels que les élèves se forgent dans leurs espaces de socialisation et qui seraient audibles pour les enseignants. Les pratiques langagières plurilingues sont en effet de plus en plus souvent décrites comme des pratiques urbaines marquées par le contact, la labilité, et l'approximation linguistique, corrélées à la circulation des biens, aux identités discursives, aux mobilités. Dans cette configuration, le langage apparait comme un objet social, multiforme et multimodal. Les manières de parler se structurent en fonction d'enjeux qui eux-mêmes se transforment. Elles s'actualisent de façon particulière à l'école en s'inscrivant dans des dynamiques d'apprentissage très largement influencées par des idéologies qui traversent l'école et la société.

Des dispositifs pédagogiques dits « ouverts » sont autant d'outils mis à la disposition des enseignants. « En 2014–2015, 25 500 élèves allophones ont été scolarisés dans des écoles élémentaires, 22 300 dans des collèges et 4 700 dans des lycées. Sur ce nombre élèves, 71 % sont arrivés au cours de l'année. Ils se répartissent dans près de 9 200 écoles et établissements. Neuf sur dix bénéficient d'une scolarité dans un dispositif particulier (Unités pédagogiques pour les élèves allophones arrivants-UPE2A) ou d'un soutien linguistique » (DEPP La Direction de l'Evaluation, de la Prospective et de la Performance, note d'information n°35, 2015, site du ministère de l'Education nationale). Après les années 2015, les chiffres officiels des « nouveaux arrivants » sont plus difficiles à obtenir. Les dispositifs d'inclusion sont mis en place dès le primaire pour ces élèves allophones et les autres élèves des classes dites « ordinaires » et qui éprouvent des difficultés d'apprentissages.

Ainsi, l'élève allophone nouvellement arrivé, et n'ayant pas une maîtrise suffisante des apprentissages scolaires, peut intégrer une classe du cursus « ordinaire ». Il peut bénéficier d'un maintien d'une année supplémentaire en UPE2A : Unités qui privilégient des moments d'inclusion en classe ordinaire et proposent, parallèlement, des aides personnalisées en fonction des besoins individuels. Même si certains élèves n'ont, ou très peu, été scolarisés antérieurement, ils nécessitent une prise en charge renforcée (UPE2A-NSA), car ils vivent un vrai dépaysement linguistique et culturel. Selon leur profil scolaire et leur niveau de maîtrise du français, les élèves EANA sont pris en charge pour un enseignement personnalisé du français langue seconde (FLS), associant travail individualisé et regroupements par besoins. Ce principe d'inclusion en classe ordinaire, lié à l'organisation de dispositifs d'enseignement-apprentissage du FLS en contexte scolaire, a été énoncé par la circulaire ministérielle de mars 1986, puis réaffirmé par les circulaires d'avril 2002 et d'octobre 2012.

4.2 Les CASNAV : des outils d'ingénierie éducative à destination des enseignants

La mise en place de tels dispositifs « ouverts » peut se heurter sur le terrain à une double difficulté, à l'échelle académique comme dans les établissements scolaires.

Première difficulté, celle de faire évoluer certains modes de fonctionnement par la pratique de procédures innovantes au regard des pratiques habituelles de notre institution scolaire. Afin d'y parvenir, certains CASNAV (Centres Académiques pour la Scolarisation des Nouveaux Arrivants et des gens du Voyage) travaillent à l'élaboration de procédures de pilotage académique, d'outils d'ingénierie éducative, de supports organisationnels et pédagogiques à destination des enseignants. En collaboration avec les autorités académiques, ces outils sont expérimentés par le CASNAV et les professeurs des UPE2A dans le premier et le second degré.

L'efficience de ces procédures académiques a permis d'offrir une réponse personnalisée aux besoins des élèves allophones sur un secteur donné, pour optimiser leurs chances de réussite en milieu scolaire. Ces procédures novatrices constituent un instrument de pilotage académique, susceptible de concilier efficacité pédagogique et rationalisation des moyens. Les conseillers académiques au CASNAV et les concepteurs de ces outils proposent de les diffuser à toute la communauté éducative en charge des élèves allophones (formateurs, chefs d'établissements, inspecteurs, conseillers pédagogiques, enseignants en Unités Pédagogiques pour les élèves Allophones et enseignants de terrain), afin de contribuer à la mutualisation des ressources nationales et internationales relatives à la scolarisation des élèves allophones nouveaux arrivants. Nous proposons ci-dessous un exemple concret du guide diffusé par le CASNAV de Lille à l'usage de tous les enseignants. Leur guide s'articule autour des trois grands axes chronologiques précédemment cités, et propose pour chaque étape, « accueillir, évaluer et inclure », des procédures, des fiches techniques et des outils associés.

1 Accueillir : Des procédures d'accueil avec des outils associés comme la création de fiches de liaison à destination des établissements.
2 Évaluer : Des procédures d'évaluation des élèves à l'inscription, et des outils associés avec des évaluations non-verbales en mathématiques, des fiches de synthèse en mathématiques et en français…
3 Inclure : Des outils sont proposés permettant d'interpréter les résultats des évaluations en termes d'inclusion scolaire (des profils types, des classes d'inclusion, les besoins de prise en charge, les objectifs pédagogiques prioritaires…). Des modalités d'inclusion scolaire sont envisagées (un projet contractualisé avec l'équipe éducative de l'établissement). Des conseils et des outils d'inclusion scolaire (des modalités de prise en charge partagée en classe ordinaire et en classe allophone, évaluation et orientation des élèves, des conseils pédagogiques en Français Langue Seconde, des modalités du suivi des élèves avec des bilans intermédiaires et de fin d'année).

Les modalités de l'accueil en UPE2A pour les élèves du 1er degré : Le directeur procède à la scolarisation provisoire de l'élève dans une classe ordinaire de sa classe d'âge (un écart d'une ou deux années reste possible en fonction de la scolarisation antérieure). L'enseignant de UPE2A procède à une évaluation linguistique et scolaire. Lors d'une réunion de synthèse, celui-ci présente les résultats de l'évaluation pour élaborer avec l'équipe pédagogique un dispositif d'inclusion qui précise, d'une part la classe d'inclusion définitive, d'autre part le volume horaire de prise en charge dans ce dispositif pour un enseignement du français langue seconde. Cette prise en charge ne concerne que les élèves inscrits en école élémentaire. Lorsque l'UPE2A se trouve dans une autre école, les modalités de prise en charge et d'accompagnement de l'élève sont définies par convention entre la circonscription, les deux écoles et les parents. En fonction des progrès de l'élève, les enseignants concernés veillent à accroître progressivement l'inclusion en classe « ordinaire » jusqu'à une sortie définitive de cette Unité.

L'accueil hors UPE2A en 1er degré : le directeur de l'établissement procède à la scolarisation provisoire de l'élève dans une classe ordinaire de sa classe d'âge (un écart d'une ou deux années est néanmoins possible en fonction de la scolarisation antérieure). Sur la demande du directeur, un conseiller académique du CASNAV (service du Rectorat) procède à une évaluation linguistique et scolaire. Lors d'une réunion de synthèse, le conseiller CASNAV présente les résultats de l'évaluation puis élabore avec l'équipe pédagogique un dispositif d'inclusion qui précise d'une part la classe d'inclusion définitive, d'autre part le volume horaire de prise en charge pour l'organisation d'un soutien individualisé en Français Langue Seconde avec un enseignant volontaire. Cette prise en charge ne concerne que les élèves inscrits en école élémentaire. D'autres CASNAV fonctionnent sur les principes évoqués précédemment, celui de Lille nous a semblé représentatif de ce qui se pratique sur l'ensemble du territoire français.

4.3 La prise en compte du plurilinguisme familial : quelles langues parler à la maison ?

Les langues familiales sont parfois maintenues selon des stratégies soit familiales, soit individuelles et donc volontaristes. En revanche, elles peuvent aussi s'affaiblir, voire disparaitre du répertoire des élèves allophones. Sur le sol français, plusieurs modalités bilingues se développent mais dans tous les cas la part de la langue française augmente dans les répertoires individuels. En 2009, la première enquête « Trajectoires et Origines » de l'Ined et de l'Insee (dite ToE), tendant à « établir la diversité des populations en France », a porté sur les pratiques langagières déclarées d'un échantillon de 21 000 personnes. « Trajectoires et Origines

2 » (TeO2), enquête statistique réalisée par l'Ined et par l'Insee, est la 2ème édition d'une enquête effectuée, entre 2008–2009, permettant d'établir des statistiques nationales sur la diversité des populations en France métropolitaine et d'étudier comment les origines migratoires influencent le devenir des personnes. Elle a cherché à mesurer l'impact des origines sur l'accès aux principaux biens qui déterminent la place de chacun dans la société : le logement, l'éducation, la maîtrise de la langue, l'emploi, les services publics et les prestations sociales, la santé, les relations sociales et familiales, la nationalité, la citoyenneté, etc. Pour cela, il était indispensable d'étudier les liens entre les origines et d'autres facteurs de différenciation dans la société française, notamment le milieu social, le genre, l'âge, le niveau d'instruction, le revenu et le quartier.

Le questionnaire de l'enquête TeO2, administré auprès de 26 500 répondants de juillet 2019 à novembre 2020, visait à étudier les conditions de vie et les trajectoires des individus. Il en est ressorti :

– Que le plurilinguisme familial est surtout présent au sein des familles migrantes de la première ou seconde génération.
– Que l'importance accordée à la (aux) langue(s) d'origine varie d'un groupe à un autre, d'une famille à une autre.
– Que le recours au français devient plus courant avec le temps, conséquence de la scolarisation des enfants.

Plus de la moitié des enquêtés a déclaré qu'un de leurs parents leur a parlé dans une langue étrangère lorsqu'ils étaient enfants, mais l'utilisation exclusive de langues étrangères n'est formulée que par 9 % d'entre eux. Ces enquêtes, comme celle du projet-Alicante, jouent un rôle essentiel dans la mise en place de conseils diffusés à tous les acteurs de l'éducation nationale. Dans le guide proposé par le CASNAV de Lille vu précédemment, il est conseillé aux élèves allophones de ne pas se forcer à parler en français à la maison, mais au contraire pratiquer la (ou les) langue(s) d'origine, et éventuellement continuer de l'étudier à l'école. Du point de vue des apprentissages, mieux vaut pratiquer la langue d'origine à la maison, plutôt que parler le français de manière approximative. La langue familiale, tout comme la culture d'origine, est ainsi davantage reconnue, valorisée et pratiquée en famille. Dans le cas contraire, la langue et la culture du pays d'accueil prennent une position dominante (diglossie) pouvant provoquer des réactions de rejet et empêcher l'intégration.

En revanche, toutes les activités socio-éducatives en langue française en dehors de l'école sont encouragées afin de favoriser l'apprentissage de la langue en tant que support de communication. Utiliser des supports audiovisuels en langue française : télévision, jeux, logiciels éducatifs et d'accompagnement

scolaire pour améliorer sa maitrise de la langue. Des informations de base concernant l'établissement scolaire et des informations générales sur le système scolaire français sont diffusées aux élèves et à leur famille. Il s'agit de documents en
langue d'origine sur le fonctionnement de la scolarité (emploi du temps, horaires de cantine, matériel nécessaire…). Des informations sur des contacts utiles
dans l'établissement (administration, professeur principal, CPE, représentants de
parents d'élèves). Adresses utiles – Centre social de quartier, centre de loisirs,
associations socio-culturelles et péri-scolaires, clubs de sport…Cours de français
pour adultes.

5. L'éducation interculturelle : entre dialectique du langage et de l'humain

5.1 L'école française : un des lieux de l'apprentissage de l'humain par le multiculturalisme

Du primaire au secondaire, l'école française devrait, plus que jamais, être le lieu
privilégié de l'apprentissage de l'humain. Pourtant, aucune formation quelle
qu'elle soit ne peut préparer à elle seule, en amont, un professeur des écoles à
une dialectique du soi et de l'autre pour « l'accueillir, l'évaluer et l'inclure » selon
les trois axes du pilier éthique revendiqué par les institutions scolaires françaises. Éduquer à la diversité des langues et à la diversité des cultures se heurte à
des résistances de la part des enseignants eux-mêmes, résistances mêlées parfois
d'aveuglements, puisque maitriser une langue suppose, pour certains d'entre eux
que l'on pourrait la posséder, et vice-versa, qu'ils pourraient en être dépossédés.
Aussi, pour un professeur des écoles croire que seul le français de la République
peut inclure les élèves plurilingues est une certitude qui a longtemps prévalu,
mais pouvant le mener à quelques désillusions. Martine Abdallah-Pretceille fit
du traitement par l'école de l'hétérogénéité culturelle, un enjeu majeur de l'éducation. Ses travaux de recherche, reconnus en France, convergent vers une même
idée : il faut apprendre aux enseignants à penser la diversité culturelle dans la
tension universalité/singularité :

> L'émergence du multiculturalisme aux États-Unis […] fait suite à une politique migra-
> toire caractérisée par l'idéologie du melting-pot (c'est-à-dire l'intégration des immi-
> grants de toutes provenances et de toutes conditions sociales dans une même culture).
> Très rapidement, les illusions et les déboires du melting-pot ont été identifiés et analysés.
> En mettant en exergue la différence, le multiculturalisme tente de répondre à la volonté
> de casser l'homogénéité sociale et culturelle et de favoriser ainsi la reconnaissance de la
> composition plurielle du tissu social […] La question première est de savoir quel type de

citoyen l'école doit et veut former. (Abdallah-Pretceille, 2017, chapitre II, « *Les archipels de l'interculturel* », pp. 94–117)

Mais rien n'est simple en matière d'éducation. Francine Cicurel part du postulat que : la classe n'est pas *a priori* un objet de recherche, mais un lieu de travail où on apprend et où on enseigne. Elle pose la question de la *visibilité* (pour un analyste) des interactions qui s'y produisent : « Jusqu'à quel point *tout* ce qui se passe dans la classe est-il perceptible ? Est-ce par "l'observation directe" des actions et des paroles que l'on a accès à ce qui sous-tend l'interaction en classe ? Ne risque-t-on pas d'ignorer les motifs et ce qui se passe "en dessous" du discours produit et construit ? » (Circurel, 2011). Si, comme elle le fit, un chercheur interroge un professeur sur ses manières d'enseigner en classe de langue, il le pousse à « revivre » sa pratique d'enseignement et à valoriser son obligation de construire une *action d'enseignement*. Francine Cicurel envisage ainsi les multiples contraintes qui pèsent sur cet enseignant : les programmes, les résultats, les lieux, les horaires, les méthodologies, les interactions…Pourtant, selon elle, de tels impératifs ne privent pas un professeur de la possibilité d'exprimer librement au sein de sa classe [de langue], un style, une manière de faire, un « agir professoral », assimilé parfois par l'enseignant lui-même à une prise de risques. La « pensée enseignante » parviendrait, selon Francine Cicurel, à se libérer des pressions de l'institution, de la société. Elle cite l'exemple d'un « agir professoral » « idéal » pour telle enseignante « qui place les valeurs de la communication du groupe tout en haut de la hiérarchie des conceptions méthodologiques ». La conclusion de son article permet de mieux saisir comment : « [L'enseignant] construit son rôle par lui-même, par la manière dont il hiérarchise les priorités, par la façon dont il agence les choix, dont il évoque ce qu'il considère comme une réussite ou un échec, par la manière dont il formule des jugements ou exprime des sentiments ». Ces remarques rejoignent les récents travaux de Bernard Schneuwly sur l'évolution de la posture du professeur que ce dernier qualifie de « praticien réflexif » :

[Lequel] serait triplement réflexif car conscient des outils de la profession ; capable de réfléchir sur les contenus et leurs possibles organisations ; à même d'analyser les potentialités et les problèmes des élèves pour s'approprier les savoirs. Autrement dit, il s'agit non pas d'une réflexivité abstraite, […] mais d'une réflexivité concrètement déterminée ; profondément ancrée dans les technologies de la profession élaborées historiquement, avec au cœur ce qui est le propre de la profession enseignante, l'enseignement, le *docere* d'un *scire*. (Schneuwly, 2015)

Au-delà de la beauté de ces lignes, on retrouve là des accents de l'idéal humaniste, héritage des grands philosophes français du XVIe siècle, François Rabelais et Michel Montaigne, et des philosophes des Lumières. Cet idéal devrait conduire tout professeur, du primaire aux études supérieures, dans sa mission d'enseignement.

5.2 Education interculturelle et philosophie de l'éducation : un couple indissociable

Nous en venons aux questions cruciales : est-il possible d'éduquer les enfants, allophones ou « ordinaires », au pluralisme des langues et des cultures ? Ne faut-il pas de manière très précoce les sensibiliser à la notion complexe de diversité ? Pour tenter d'y répondre, nous donnerons la parole à Laurent Gajo :

> L'école doit d'une certaine manière éveiller et éduquer à la diversité, et combattre ainsi, d'une part, une forme de « cécité contextuelle » et, d'autre part, le phénomène de la « surdité précoce ». Pour être stimulé aux langues, l'enfant doit y être exposé ; pour y être exposé, il doit les considérer, sous toutes ses manifestations (variété des supports et des idiomes). (Gajo, 2006)

Marie-Thérèse Le Normand et Sophie Kern font remonter à la prime enfance les retards de langage qui peuvent apparaître chez des élèves. Pour elles, ce n'est pas le bilinguisme qui est responsable de cette situation, mais souvent la pauvreté et les mauvaises conditions familiales et sociales vécues par ces enfants. Leur étude porte sur une « cohorte de 22 enfants bilingues et de 43 enfants monolingues, âgés de 18 à 24 mois : 39 enfants sont issus de milieux favorisés et 26 de milieux défavorisés ». Ces jeunes élèves ont été suivis dans le cadre de la recherche-action *Parler bambin* durant six mois dans plusieurs crèches de la zone urbaine dite sensible de Grenoble. Les résultats ont montré que le bilinguisme ne constitue pas un risque de retard de langage chez ces enfants, mais qu'il peut le devenir comme chez les enfants monolingues qui vivent dans des milieux sociaux défavorisés. L'enjeu clinique, pédagogique et social de ces données plaide en faveur d'actions de prévention précoce qui ont comme objectif de favoriser l'égalité des chances de tous les enfants du berceau à la crèche pour les préparer à l'école, puis à la réussite sociale et professionnelle. (Le Normand & Kern, 2018). Dans l'idéal, il faudrait sensibiliser les très jeunes élèves à une altérité qui peut s'avérer déstabilisante pour eux, mais aussi pour leur enseignant, comme pour chacun de nous, à moins de considérer nos propres repères, nos propres manques et nos richesses. Vivre en plurilinguisme-s, c'est aussi « traiter d'écarts et non de différences culturelles » comme le préconise François Jullien :

> Différence [Le concept] ne fait-il pas écran, stérilement, en se réduisant à son opération de classement, à ce qui nous vient d'exubérance et de richesse inouïe de ce que le culturel se présente ainsi, à nous, toujours au pluriel ? Quelle perte y vivons-nous sans

y penser ? C'est pourquoi je commencerai par critiquer cet usage du concept de « différence » au regard de la diversité culturelle ; et que je proposerai de lui substituer un autre
terme, qu'on croirait d'abord synonyme, mais que je compte lui opposer : celui d'écart.
(Jullien, 2012)

Une vision philosophique investit progressivement les champs du plurilinguisme
et du multiculturalisme pour nous inciter à porter un regard plus humaniste sur
ces concepts subtils de Diversité et Altérité.

5.3 Eprouver soi-même, pour chaque enseignant, l'étrangeté sociolinguistique de la langue initiée en classe de français

Pour un professeur des écoles, comprendre l'expérience de vie de ces élèves plurilingues est-il réalisable ? Il faudrait pour cela davantage envisager, en tant que
professeur, la langue française, non seulement comme une langue, mais aussi
comme une culture ignorée par ces jeunes élèves étrangers. L'action d'enseignement est une action sur autrui, sur de jeunes élèves qui parviennent plus
ou moins à coopérer et à apprendre car leur histoire fait qu'ils n'ont eu d'autre
choix que le français pour s'intégrer dans cette société. Pour éviter ces écueils,
il faudrait leur prouver que parler et vivre en français leur permettrait de mieux
s'inscrire dans un monde pluriel, peut-être différent de celui auquel ils ont été
préparés culturellement dans leur enfance. Les ouvrir davantage à l'interculturalité, et nous laisserons le mot de la fin à François Jullien :

Entre une école atomisée par le culte de la différence et une école atone par trop d'homogénéité, l'éducation interculturelle se présente comme une alternative. Elle relève, en
ce sens, d'une philosophie de l'éducation. (Jullien, 2012)

6. Conclusion

Sur le plan européen et sur le plan national, des recherches collaboratives comme
celle du projet-Alicante représentent une vraie alternative aux besoins de formations des professeurs des écoles et du collège dans le domaine de(s) plurilinguis-
me(s). Grâce à toutes les données recueillies et analysées, l'Enquête menée par
l'Université d'Alicante avec trois pays européens (Grèce, Italie, France) pourrait
permettre d'ouvrir des pistes pour améliorer le domaine de la didactique plurilingue et multiculturelle. Ces voies présentent un réel intérêt pour la formation
des enseignants du primaire dans un contexte de formation (initiale et continue) très labile, aujourd'hui, en France. Dans ce pays, des liens efficients entre
la recherche et la formation des professeurs des Ecoles restent à consolider. Les
préconisations de cette Enquête offriront une approche des élèves allophones/

plurilingues à des fins didactiques, utiles car opérationnelles pour les enseignants du primaire et du cycle 3.

Références bibliographiques

Note de l'auteur : les revues citées dans ce chapitre, *Le Français aujourd'hui*, *Pratiques*, *Langage et société*, sont toutes spécialisées en linguistique, en didactique du français, en sociolinguistique, elles sont consultables en ligne sur https://www.cairn.info, souvent intégralement en accès libre, parfois en accès conditionné pour certains passages.

Abdallah-Pretceille, M. (2017). *L'éducation interculturelle*, Presses Universitaires de France, collection Que sais-je ?

Armagnague-Roucher, M. (2018). « Enfants et jeunes migrants à l'école de la République : une scolarité sous tension », *Revue Européenne des Migrations Internationales*, Étude sur la scolarisation des élèves allophones nouvellement arrivés (EANA) et des enfants issus de familles itinérantes et de voyageurs (EFIV). Rapport de recherche Evascol. INS-HEA.

Auger, N. (2019). « Allophone » : trajectoires d'une catégorie aux prises avec la notion d'expertise. Tranel, *Travaux neuchâtelois de linguistique*, pp. 23–41.

Auger, N. « Plurilinguisme et apprenants allophones, migrants, roms gitans… mais pas seulement », Université Grenoble-Alpes, LIDILEM, adeb.informations@gmail.co

Auzanneau, M. et Juillard, C. (2012). Introduction. « Jeunes et parlers jeunes : catégories et catégorisations », *Langage et société*, 141. http://www.cairn.info

Alby, S. et Launey, M. (2007). « Former des enseignants dans un contexte plurilingue et pluriculturel », *Pratiques et représentations linguistiques en Guyane : regards croisés*, éditions IRD, pp. 317–348.

Bautier E. et Rayou, P. (2009). *Les inégalités d'apprentissage Programmes, pratiques et malentendus scolaires*, Presses Universitaires de France, coll. Education et société. Mis en ligne sur Cairn.info le 14/08/2014

Beacco, J., Fleming, M., Goullier, F., Thürmann, E., Vollmer, H. et Sheils, J. (2016). *Les dimensions linguistiques de toutes les matières scolaires: Guide pour l'élaboration des curriculums et pour la formation des enseignants*. Strasbourg, France: Conseil de l'Europe.

Bertucci, M.-M. (2010). « Élèves migrants et maitrise formelle de la langue de scolarisation : variations et représentations », *L'intégration linguistique et éducative des enfants et adolescents issus de l'immigration*. É: Conseil de l'Europe. Division des politiques linguistiques. Genève, Suisse, 2-4 novembre 2010.

Bertucci, M.-M et Castellotti, V, *Repères: Recherches en didactique du français langue maternelle*, ENS Lyon, 2012, pp.175-204.Bertucci, M.-M et Dudon-Corblin, C, (2010) « Quel français à l'école? Les programmes de français face à la diversité linguistique ». Conseil de l'Europe. Division des politiques linguistiques. Genève, Suisse, 2-4 novembre 2010.

Billiez, J. (2012). « Plurilinguismes des descendants de migrants et école : évolution des recherches et des actions didactiques ». *Les Cahiers du GEPE*, Les langues des enfants issus de l'immigration dans le champ éducatif français. [En ligne]

Blanchet, P. et Clerc Conan, S. (2015). « Passer de l'exclusion à l'inclusion : des expériences réussies d'éducation à et par la diversité linguistique à l'école », *Migrations Société*, n°162.

Boutet, J. (2017). « La pensée critique dans la sociolinguistique en France », *Langage et société*, n°160-161, http://www. cairn.info

Boutet, J. (2003-2004) « Pour une approche de la variation linguistique », *Le français aujourd'hui*, Armand Colin, pp. 17-24, http:// www.cairn.info

Cadet, L. et Guerin, E. (2012). « FLM, FLE, FLS, au-delà des catégories. Présentation ». *Le français aujourd'hui*, Armand Colin, 176, pp 3-8, http:// www. cairn.info

Cicurel, F. (2011). « De l'analyse des interactions en classe de langue à l'agir professoral : une recherche entre linguistique interactionnelle, didactique et théories de l'action », *Pratiques*, n°149-150. [En ligne, http://www. cairn.info]

Dannequin, C. (1977). *Les Enfants baillonnés*, coll. CEDIC, préface de Georges Pérec.

Gadet, F. (2007). *La variation sociale en français*, 2e édition, Paris, Ophrys.

Gajo, L. (2006). *D'une société à une éducation plurilingues : constat et défi pour l'enseignement et la formation des enseignants*, éds Synergies monde, n°1, pp. 62-63.

Glissant, E. (2011). Propos recueillis par Lila Azam Zanganeh, publiés dans *Le Monde*, 3 février 2011.

Guerin, E. (2013-4). « La validité de la notion de "handicap linguistique" en question », *Le français aujourd'hui*, n°183, p 91-104, https://www cairn.info

Jullien, F. (février 2012). « L'écart et l'entre. Ou comment penser l'altérité ». Leçon inaugurale de la Chaire sur l'altérité, FMSH-WP-2012. http://www.msh-paris.fr.

Laurent, G., Marinette, M., Moore, D. et Cécilia, S. (2004). Un parcours au contact des langues, Textes de Bernard Py commentés. Paris: Didier.

Le Normand, M. et Kern, S. (2018). « Suivi du langage d'enfants bilingues issus de milieux sociaux défavorisés : enjeux cliniques, pédagogiques et sociaux ». *Devenir*, 30(1). pp. 43–55. www.cairn.info.

Miguel Adissu, V. (2018). « Apprentissage du français et inclusion des élèves allophones en France : un modèle au risque des inégalités scolaires », dans F. Tonchon, N. Auger (dirs.) Espaces éducatifs plurilingues et multiculturels en milieu scolaire pour les enfants de la migration, Blue Mounds (USA), Deep Education Press, p. 81-118.

Miguel Adissu, V. (2021). Laboratoire DYSOLA, http://inspe.univ-rouen.fr

Netter, J. (2018). *Culture et inégalités à l'école. Esquisse d'un curriculum invisible*, Presses Universitaires de Rennes. [Extraits et compte rendu mis en ligne sur le site RE.S.E.I.D.A. https://www.google.fr consultés le 2 juillet 2021]

Nonnon, E. (2010). « Quelle articulation entre la formation des maîtres et la recherche en didactique du français ? » *Pratiques*, pp. 38–44, https://doi.org/10.4000/pratiques.1498

Pesce, S. et Deloince, V. (2019). Proposition de colloque 21 octobre 2019, version 3, https://www. recherchespedagogiesdifferentes. Net

PISA (2009). Synthèse de l'OCDE. https://www. oecd.org

Py, B. (2004). *Un parcours au contact des langues*, textes de Bernard Py, commentés, Paris, Didier, 2004.

Schneuwly, B. (2015). « À quoi réfléchit le praticien réflexif : Objets et outils d'enseignement comme points aveugles », *Le français aujourd'hui*, Armand Colin, n°18, pp. 29–38. www.cairn.info.

Spaëth, V. (2015). « Genèse, enjeux et configuration de l'option FLES du Capes de Lettres modernes », *Le français aujourd'hui*, Armand Colin, n°18, pp. 103–116. www.cairn.info

Varro, G. (2012). « Discours officiel français sur les élèves (ex-)étrangers et leur apprentissage de la langue française ». *Les Cahiers du GEPE*. http://www. cahiersdugepe.fr/index.php?id=2228

Alexandra Marti

Plurilinguisme et multiculturalité dans les écoles et dans les collèges (classes de sixième) en France : traitement, formation des enseignants et enjeux pédagogiques

Résumé : Cette contribution porte sur la formation multiculturelle et plurilingue reçue par les maîtres du primaire et les professeurs de collège (sixième) en France afin de mieux comprendre, d'une part, la réalité actuelle de l'école et du collège, où se côtoient la langue et la culture de scolarisation et les autres langues et cultures des apprenants, et d'autre part, de mieux cerner la formation du professorat pour gérer cette diversité. L'analyse du questionnaire montre que les enquêtés manifestent un manque certain de formation ainsi qu'un désir de mieux se former pour faire face à l'hétérogénéité des classes. Sur ce, des démarches pédagogiques insuffisamment connues sont remises à l'honneur, porteuses d'un bel avenir pour l'éducation multiculturelle et plurilingue.

Mots-clés : plurilinguisme, multiculturalité, formation des enseignants, langue de scolarisation, approches d'Éveil aux Langues (EVL)

1. Introduction

Ce chapitre résulte du projet de recherche GRE 19–05 « Formation multiculturelle et plurilingue reçue par les professeurs des écoles et les professeurs certifiés (classes de sixième) dans quatre pays de l'arc méditerranéen européen : l'Espagne, la France, l'Italie et la Grèce », financé par l'Université d'Alicante sur deux ans (2020–2022), mené par des chercheurs de l'Union, et dirigé par Maria-Teresa del Olmo Ibañez.

Pour la partie française, une étroite collaboration a été menée entre enseignantes-chercheuses avec la participation notamment de Martine Cornet, Professeure et Formatrice de Lettres modernes (CAPES) à l'Institut Supérieur de Formation de l'Enseignement Catholique à Bordeaux et Montserrat Planelles, Maîtresse de Conférences à la Faculté de Philosophie et Lettres de l'Université d'Alicante.

De nos jours, tout le monde s'accorde à dire, qu'une nouvelle situation pédagogique se présente, plus ou moins commune à l'ensemble des pays de l'Union européenne, mettant en exergue des contextes éducatifs de plus en plus multiculturels et plurilingues. Cette réalité s'est accrue de manière inédite par les phénomènes migratoires des dernières décennies et se manifeste dans des classes très hétérogènes où se côtoient la langue et la culture de scolarisation avec les langues étrangères (LE) offertes par l'école ou le collège, les langues régionales et leurs cultures, les langues d'origine des apprenants assorties également d'une culture propre.

De ce panorama découle l'hypothèse selon laquelle la formation des professeurs dans les premier et second degrés en France présente des carences pour gérer cette diversité linguistique et culturelle, et nécessite des stratégies d'enseignement destinées à l'ensemble des apprenants, natifs et non-natifs, visant la compréhension multiculturelle et plurilingue.

Les objectifs de cette contribution sont les suivants :

1. Décrire la réalité actuelle des classes où coexistent différentes langues.
2. Obtenir des données à partir d'une enquête sur la formation réelle des enseignants en France, en différenciant la formation universitaire, la formation continue et celle offerte par l'administration ou d'autres établissements d'enseignement supérieur.
3. Suggérer des propositions pédagogiques pour une éducation à la multiculturalité et au plurilinguisme.

Avant de présenter les résultats du questionnaire et de les discuter, citons préalablement quelques auteurs et projets déjà mis en place qui viendront préciser la thématique de cette étude.

Selon Castellotti, Coste, Duverger (2008), la langue de scolarisation présente trois caractéristiques communes dans les États-nations dits monolingues comme la France :

1. Généralement pour les enfants, c'est la langue à partir de laquelle, « l'entrée formelle dans l'écrit » a lieu.
2. C'est la langue particulière avec ses spécificités et variations. Elle est présente dans les différentes matières scolaires et elle véhicule une communication propre à l'institution éducative, ce qui est souvent source de difficultés pour bien des apprenants.
3. C'est la langue commune empreinte de normalisation et de standardisation formelles mais c'est aussi la langue unificatrice, quelle que soit la variation dont elle est sujette, dans ses usages quotidiens à l'école.

Ces traits inhérents à la langue de scolarisation entraînent souvent de l'insécurité linguistique chez les élèves allophones ou issus de milieux défavorisés ou de l'immigration. Pourtant, la maîtrise de cette langue commune est la condition sine qua non pour réussir et l'école se présente comme lieu de transmission, de savoirs, du vivre ensemble, de la formation et du développement des identités.

Comme l'expliquent les auteurs précédemment cités, l'école se doit de garantir la réussite scolaire de tous, forger l'identité des enfants en leur inculquant des références collectives, développer chez les apprenants des savoirs, et des savoir-faire pour une meilleure intégration dans le contexte actuel, contribuer à la connaissance et à l'innovation de la société, former des citoyens de demain, prôner l'inclusion et la cohésion sociale. Force est de constater que tous ces objectifs ont souvent été remis en cause du fait justement de la pluralité des langues et la variation propre à chacune, surtout lors des premières années. La situation est d'autant plus compliquée puisqu'il faut prendre en considération la diversité des enfants scolarisés, reconnaître le répertoire linguistique des apprenants de langues minoritaires, régionales ou de migration et tenir compte des connaissances antérieures pour en greffer des nouvelles, etc. D'où les tensions actuelles pointant du doigt la langue de scolarisation au centre de débats houleux. Demeure cependant la conviction pour une très grande majorité d'enseignants et parents que pour garantir la réussite scolaire de tous, il est fondamental de maîtriser la langue de scolarisation indépendamment d'un intérêt pour les LE ou leur volonté, le cas échéant, de préserver les langues et cultures d'origine. Loin d'interpréter ces polémiques en « termes de querelle des anciens et des modernes, des conservateurs et des progressistes, voire des puristes et des laxistes » (Castellotti et al., 2008, p. 11), il convient, d'après ces chercheurs, de ne pas caricaturer ces tensions au sein de l'école mais d'affirmer les réalités suivantes :

1. La maîtrise de la langue de scolarisation joue un rôle capital dans la réussite scolaire. C'est une donnée fondamentale.
2. L'ouverture de l'école à la pluralité des langues et des cultures comporte des enjeux globaux pour l'avenir des sociétés.

Selon les chercheurs :

« Tenir les deux bouts » ne saurait relever du compromis ni du dosage ou d'un partage territorial. Le défi est de faire en sorte que tout ce qui se pratique en dehors et à côté de la langue de scolarisation bénéficie à cette dernière et, inversement, que la manière dont celle-ci est travaillée et développée permette aussi l'ouverture sur la pluralité. Approche intégratrice donc, mais sans perte des repères et des spécificités de chaque matière ou composante du programme scolaire (Castellotti et al., 2008, p. 12).

Auger (2013), quant à elle, part du principe qu'il est important de comprendre quelles constructions sociales provoquent des pratiques et des représentations des langues notamment celle du rapport dominant/dominé à l'école. Ce n'est qu'en comprenant ces constructions sociales qu'on pourra proposer des recommandations en faveur « d'une reconnaissance du plurilinguisme et du plurinormalisme ». Une autre relation entre les langues et les normes langagières s'établira alors en dehors de la dichotomie dominant/dominé. La linguiste et didacticienne propose donc de reconnaitre et de mobiliser les ressources langagières des apprenants à l'École. Selon elle, il est capital de répondre aux besoins des différents publics suivant une logique de continuum entre FLM, FL2 et FLE. Pour ce faire, l'enseignement du français doit adopter une « approche linguistique de sa didactique" attentive aux variations langagières entre le français normatif du système scolaire et les autres langues, les autres normes du système linguistique des élèves. Autrement dit, prendre en considération le "patrimoine linguistique » de l'apprenant allophone permettra de l'aider dans le développement de la langue scolaire. Selon Auger, la non considération des langues déjà connues des apprenants pour des raisons idéologiques est un obstacle pour la progression des compétences en français. À l'inverse, leur prise en compte peut faciliter le développement des compétences plurilingues et pluriculturelles des apprenants tout comme la maîtrise de la langue française.

Pour sa part, Antier (2019) a mené une enquête par questionnaire auprès de professeurs de langue-culture dans un contexte multiculturel pour analyser leurs conceptions morales afin de savoir si elles sont maximalistes ou minimalistes. Les résultats de cette enquête révèlent que les enseignants enquêtés mobilisent une conception minimaliste en langue-culture opposée au maximalisme inhérent aux directives du Conseil de l'Europe empreintes d'altérité et de diversité linguistique et culturelle. Il existerait donc « un décalage entre les conceptions morales de nos enquêtés et celles des promoteurs de l'éducation plurilingue et interculturelle » (Antier, 2019, p. 12).

De surcroît, Young et Helot (2006), prônent un modèle d'éducation dont l'objectif est de familiariser les apprenants et les professeurs à la diversité linguistique et culturelle. Pour ce faire, ces chercheurs partent d'un constat d'écart entre la ou les langues et la ou les cultures des élèves et la langue et la culture de l'école. Pour eux, il est envisageable de faire de la diversité linguistique et culturelle une « ressource d'apprentissage » pour tous les apprenants. L'hypothèse de départ est que les élèves doivent comprendre par eux-mêmes l'écart existant entre leur(s) langue(s) familiale(s) et la langue de l'école. Par ailleurs, il s'agit aussi de changer le regard des professeurs par rapport à la diversité linguistique et culturelle et d'envisager cette pluralité comme source de richesse et non comme source de difficultés mais plutôt comme « ressource d'apprentissage ».

Pour Dompmartin-Normand (2011), il est important de stimuler l'univers réflexif des apprenants afin qu'ils s'ouvrent à la diversité linguistique et culturelle.

Elle ne conçoit pas « l'enfant de migrants » comme « un enfant potentiellement en difficultés langagières ». Selon elle :

> C'est un enfant qui doit de toute façon « défragmenter » son disque dur langagier, expérientiel et mémoriel sans doute un peu plus que d'autres qui n'auraient pas (ou dont les parents n'auraient pas) migrés. (…) Dans l'espace de l'école en tout cas, le traitement collectif de ces histoires singulières peut être un levier puissant, suite à quoi tous seraient potentiellement en « facilités langagières », quelles que soient leur classe sociale et la cause de la migration ou de la sédentarité de leurs parents et faute de quoi le potentiel serait su minimum inexploité au plan de la littératie, du langage et donc de l'être (Dompmartin-Normand, 2011, p. 167).

Garnier (2014) utilise le concept « d'insécurité linguistique » et montre que les « élèves issus du Maghreb » entretiennent des relations très étroites entre trois mondes ancrés dans un continuum omniprésent : le monde familial, le monde sociopolitique et le monde scolaire. Pour l'auteur, le participe « issus de » doit se comprendre comme « le Maghreb, lieu d'origine, et la France, lieu d'immigration » (Garnier, 2014, p. 264). L'insécurité linguistique se traduit par le décrochage et l'échec scolaire. À cela s'ajoute le statut d'étranger donné aux enfants d'immigrés constamment réitéré. Malgré cela, Garnier (2014) considère que l'école peut faire évoluer la sécurité linguistique de tous les apprenants, et avec elle, la réussite scolaire. Pour ce faire, il prône l'exécution de la « glottodidactique » et d'un enseignement permettant aux apprenants de conserver leurs origines et leur LM. Il s'agit là d'un travail d'envergure qui doit être réfléchi et débattu avec l'ensemble des partenaires éducatifs.

> Il faut repenser les modes de transmission des langues et la définition de la langue elle-même. Une telle entreprise suppose un travail de fond impliquant linguistes, sociolinguistes et équipes pédagogiques pluridisciplinaires, car le problème qu'il faut affronter est pédagogique : c'est l'insuffisance de la pédagogie, l'inadaptation de la didactique, la faible prise en compte de la particularité culturelle des élèves issus du Maghreb, sur l'une ou l'autre des rives de la Méditerranée (Garnier, 2014, p. 279).

Complémentairement, Engel de Abreu (2018) considère le multilinguisme comme la clé de voûte pour les enfants aussi bien du point de vue linguistique et socioculturel que cognitif. La langue première ne rentre pas en concurrence avec l'acquisition d'une deuxième voire même d'une troisième langue mais influence son développement de manière positive. Voilà pourquoi, l'auteur met en exergue l'importance du multilinguisme :

> Dans le contexte migratoire actuel, il est particulièrement important de mieux valoriser le multilinguisme et de ne pas laisser inexploiter la chance que représente le multilinguisme pour les enfants (Engel de Abreu, 2018, p. 134).

Comme indique Engel de Abreu (2018), des recherches internationales prouvent que la maîtrise d'une langue première permet le développement de bonnes capacités multilingues. À l'inverse, des faiblesses dans la langue première rendent compliquées l'acquisition de nouvelles langues. Les enfants et les jeunes ayant comme langue première une langue minoritaire sont souvent désavantagés à l'école d'autant plus que le multilinguisme est généralement perçu, dans un contexte migratoire, comme une situation de départ défavorable. Pourtant, les recherches montrent que le multilinguisme n'est pas l'origine des échecs scolaires chez les enfants dont la LM n'est pas celle du pays d'origine (Ball, 2011, cité dans Engel de Abreu, 2018, p. 131).

Il convient à présent de rendre compte d'approches pédagogiques, insuffisamment connues, qui valorisent les répertoires linguistiques et culturels des apprenants. Il s'agit des programmes d'Éveil aux Langues (dorénavant EVL). Son origine renvoie à Hawkins (1985) avec son courant pédagogique dit Awareness of Language dans les années 80, qui prétendait réduire la non-intégration et les échecs scolaires des élèves non-natifs ainsi que les difficultés des anglophones dans le processus d'enseignement/apprentissage des LE et leurs lacunes dans leur LM. Pour ce faire, Hawkins (1992) a mis en place des activités innovantes à partir de plusieurs langues. Il redonna ainsi de l'importance aux stratégies « d'apprendre à apprendre » les langues en évoquant une « formation de l'oreille » et en élaborant une propédeutique à l'enseignement afin de développer chez les apprenants une malléabilité d'accueil aux LE. Selon Hawkins, les potentialités d'une telle approche sont considérables :

> Les avantages qui découlent de cette approche sont impressionnants, surtout dans les écoles où il y a des enfants appartenant aux minorités ethniques ou des élèves qui ne parlent pas l'anglais « standard ». De tels élèves peuvent apporter à la discussion des exemples tirés de leurs langues maternelles ou de leurs dialectes. Ils sont encouragés à faire une contribution appréciable à la discussion parce qu'ils sont sur un pied d'égalité avec les autres. (Hawkins, 1992, p. 54).

Cette approche d'EVL a été importée en Europe en 1990. En France, elle prend son envol grâce à l'impulsion de Dabène (1992) qui sensibilise les didacticiens et les professeurs à un courant de réflexion sur le « développement de la conscience métalinguistique » des enfants à l'aide d'activités alliant LM et LE. Les faits de langue qui en découlent permettent aux apprenants de découvrir les spécificités propres aux différentes langues. C'est dans ce panorama que sont apparus des projets, menés à bien par des chercheurs d'horizons différents, dans des contextes aussi bien nationaux qu'internationaux

Parmi eux, il convient de citer le projet européen d'innovation pédagogique et de recherche, EVLANG, d'une durée de trois ans (1997 à 2001), soutenu par la Commission européenne avec la participation de nombreux partenaires autrichiens, espagnols, italiens, français et suisses. En juillet 2001, chaque partenaire a remis un rapport scientifique dressant un bilan de l'expérience menée à bien dans les différentes écoles de chaque pays. Le coordinateur européen du programme EVLANG (Éveil aux langues à l'école primaire), Candelier, Professeur à l'Université du Maine, explique qu'une telle démarche contribue « à la construction de sociétés solidaires, linguistiquement et culturellement pluralistes » (Candelier, 2001, p. 3).

Quant au rapport sur la formation des enseignants en contexte européen dans le programme Socrates EVLANG, Macaire (2001) indique qu'il ne s'agit pas seulement d'un « éveil » ou d'une « sensibilisation » voire « ouverture » mais plutôt « d'une éducation à la diversité linguistique et culturelle », autrement dit, d'un « projet ambitieux ».

Les résultats en France ont été les suivants :

- L'éveil aux langues constitue un réel potentiel qui peut être mis en place le plus tôt possible avec toutes les autres matières tout comme celles des langues.
- La diversité permet de mieux apprendre chaque langue.
- La prise de conscience des professeurs vis-à-vis de leur représentation personnelle aux langues est capitale afin de mieux comprendre le rôle qu'elles ont dans la société et la place qu'elles occupent à l'école.

D'autres projets ont vu le jour comme EOLE (Education et ouverture aux langues à l'école) en Suisse romande. À Genève comme à Neufchâtel, des chercheurs ont élaboré, mis en place et évalué en 1998 des activités dans plusieurs classes romandes. Des programmes de formation initiale et continue ont également été proposés. Ces activités ont comme dénominateur commun le fait de travailler sur plusieurs langues (langue(s) locale(s) de l'école, langue(s) de l'école, LM, langues parlées par les apprenants, etc.) sans pour autant devoir les enseigner (Perregaux, Goumoëns, Dominique & De Pietro, 2003). L'expérimentation a donné de très bons résultats : les professeurs ont beaucoup apprécié la démarche, se sentant aptes à intégrer ces activités d'EOLE dans leurs programmes éducatifs.

Comme soulignent Blondin et Mattar (2003), les principales finalités du programme EOLE ont consisté à légitimer les langues de tous les apprenants, de leur faire prendre conscience du rôle social et identitaire du français (langue commune), de développer une compétence plurilingue de l'environnement proche ou lointain, d'engager les apprenants dans une réflexion approfondie sur le langage et les langues afin d'activer des habiletés métalinguistiques, etc.

Le projet ELODIL (Éveil au langage et ouverture à la diversité linguistique) est intéressant également. Impulsé en 2002 par une équipe d'enseignantes, d'étudiantes de l'Université de Montréal, l'équipe ELODIL reprend quelques objectifs d'EVLANG et EOLE mais en définit d'autres, plus axés à la situation québécoise, mettant en relief l'approche coopérative, la pédagogie par projet et l'application d'activités novatrices afin de développer les compétences langagières des allophones (Armand *et al.*, 2004).

Parmi les projets récents, nous citerons celui d'ERASMUS+ Romtels, d'une durée de 2 ans, de 2014 à 2016, qui s'intéresse à la réussite scolaire des enfants Roms dans 4 pays européens (Roumanie, Finlande, France et Grande-Bretagne).

Comme l'indiquent Auger, Azaoui, Houée et Miquel (2018), le but est d'impliquer activement apprenants et parents dans des tâches en ayant recours à leurs langues d'origine comme ressource pour les résoudre. Ce projet vise à établir des relations de confiance entre les parents des enfants roms et leur école, mieux appréhender les milieux culturels et linguistiques des apprenants, valoriser la diversité des langues et des cultures. L'approche linguistique retenue par les chercheurs est de type translanguaging et favorise la « communication intergénérationnelle ».

Pour eux, l'interculturel se situe entre « la culture de l'école » et « la culture familiale ». D'un côté, les enfants transmettent à l'école la culture de leurs parents et, d'un autre côté, ils deviennent le trait d'union entre l'école et la maison, puisqu'ils acquièrent la culture de l'institution scolaire tout en partageant la leur.

Il existe également des projets collaboratifs très intéressants d'échange culturel via le numérique, tels que la mise en relation d'au moins deux classes issues de deux pays différents, connus sous l'appellation de eTwinning.

Ce projet européen, faisant partie du programme Erasmus+ permet de se mettre en contact avec des professeurs de LE de différents pays et de créer un réseau social, permettant aux apprenants de langue et culture différentes de communiquer entre eux et de mener conjointement des activités éducatives.

2. Méthodologie

2.1 Participants

L'échantillon utilisé est composé de 345 professeurs exerçant en France : 82.6 % de femmes et 17.4 % d'hommes. Les chiffres révèlent, d'une part, que la gent féminine a répondu majoritairement au questionnaire contrairement à la gent masculine et, d'autre part, que ce sont principalement les femmes qui exercent le métier de professeurs des écoles ou professeurs du second degré.

Parmi l'ensemble des enquêtés, 49.9 % des enseignants ont plus de 16 ans d'expérience d'enseignement contre 24.1 % entre 9 et 15 ans et 26.1 % de moins de 8 ans. Les enseignements dispensés concernent les Cours Préparatoires /CP (42 %), les Cours Élémentaires 1 / CE1 (38.6 %), les Cours Élémentaires 2 /CE2 (35.4 %), les Cours Moyens 1 /CM1 (39.1 %), les Cours Moyens 2 / CM2 (44.6 %) et la première année du collège / 6ème (4.3 %).

L'annuaire de l'éducation nationale nous a permis de contacter les différentes écoles et les collèges français. En France, l'effectif des établissements scolaires (écoles et collèges dans le secteur public et privé) recensé par le Ministère de l'Éducation Nationale, de la Jeunesse et des Sports (2021) est le suivant :

Écoles publiques	44 979
Collèges publics	5 395
Effectif des écoles et collèges publics	50 374

Tableau 1. Effectif des écoles et collèges publics
Source : Ministère de l'Éducation Nationale, de la Jeunesse et des Sports (2021)

Écoles privées	6 043
Collèges privés	1 696
Effectif des écoles et collèges privés	7 739

Tableau 2. Effectif des écoles et collèges privés
Source : Ministère de l'Éducation Nationale, de la Jeunesse et des Sports (2021)

Les données ont été collectées pendant six mois (de décembre 2020 à mai 2021). Pour ce faire, plus de 58 113 demandes ont été envoyées respectivement dans les établissements d'Enseignement primaire et dans les collèges (pour la classe de sixième) en France métropolitaine ainsi que dans les Départements d'Outre-Mer afin de maximiser les chances d'obtenir un nombre suffisant de maîtres et de professeurs intéressés à répondre à ce questionnaire. Tous nos remerciements à Montserrat Planelles qui s'est occupée d'envoyer les enquêtes aux établissements du secteur public. Merci également aux jeunes étudiantes de Master 1 en formation qui ont également aidé.

Nous avons reçu 345 réponses. Ce résultat est certes faible compte tenu du nombre considérable d'enquêtes ayant été envoyé mais témoigne, d'une part, que ce sont principalement les écoles publiques qui ont bien voulu y répondre, sans doute plus confrontées à la diversité multiculturelle et plurilingue des classes, et d'autre part, que la situation sanitaire de la COVID-19 n'a point aidé pour le retour des questionnaires.

L'analyse des résultats de cette étude ne contemple pas la séparation des données entre les écoles publiques et privées car la différence n'a pas été faite par les autres pays de l'arc méditerranéen ayant participé au projet. Nous analysons donc un échantillon de professeurs des écoles et du second degré ayant bien voulu répondre à ce questionnaire.

2.2. Instruments

Afin de recueillir un corpus de données sur la formation multiculturelle et plurilingue au niveau de l'éducation primaire et de la première année du collège (sixième) en France, un instrument d'évaluation a été conçu à l'aide d'une échelle de Likert, outil psychométrique, s'appuyant sur des techniques statistiques, et comprenant 4 degrés (1. Pas du tout d'accord ; 2. Pas d'accord ; 3. D'accord ; 4. Tout à fait d'accord).

Cette échelle est un instrument de collecte de données, très utilisée dans le cadre des enquêtes, qui nous permettra d'interroger les professeurs sur leur degré d'accord ou de désaccord par rapport à différentes affirmations organisées au moyen d'un ensemble d'items. L'estimation donne au sujet un score par item et un score total qui permet de préciser plus ou moins le degré d'accord ou de désaccord avec l'item. Les éléments de l'enquête peuvent être classés en cinq sections, parmi lesquelles :

Le premier bloc fait référence à la formation en didactique des LVE (Langues Vivantes Étrangères) et se compose de 4 items. Il s'interroge sur la formation des professeurs des écoles et des professeurs certifiés en didactique des LE lors de leurs études universitaires ou de cours de spécialisation dispensés par l'Institut National Supérieur du Professorat et de l'Éducation (INSPE), le Rectorat, l'Inspection Académique, etc. Il s'agit également de savoir si leur formation en didactique est suffisante pour satisfaire les besoins communicatifs des apprenants.

Le deuxième bloc, comprend également 4 items, et se rapporte à la formation au plurilinguisme et s'interroge sur la formation des professeurs des écoles et des professeurs certifiés au plurilinguisme lors de leurs études universitaires ou de cours de spécialisation dispensés par l'INSPE, le Rectorat, l'Inspection Académique, etc. Il s'agit également de savoir si leur formation au plurilinguisme est suffisante pour satisfaire les besoins communicatifs des apprenants.

Le troisième bloc, divisé en 5 items, renvoie à la formation à la multiculturalité. Il s'interroge sur la formation des professeurs des écoles et des professeurs certifiés à la multiculturalité lors de leurs études universitaires ou de cours de spécialisation dispensés par l'INSPE, le Rectorat, l'Inspection Académique, etc. Il s'agit également de savoir si leur formation multiculturelle est suffisante pour satisfaire les besoins communicatifs des apprenants.

Le quatrième bloc se compose de 4 items et se réfère aux conséquences académiques et sociales de la langue d'origine des apprenants afin de savoir si ces derniers éprouvent davantage de difficultés à apprendre cette langue, s'ils ont plus de difficultés d'intégration avec leurs camarades ou s'ils ont plus de mal pour réussir dans les matières scolaires. Les résultats scolaires de ces élèves de LM différente de celle du pays d'accueil varient-ils en fonction de leur genre (masculin / féminin) ?

Le cinquième bloc se divise en 7 items et renvoie à la perception, attitude et performance du corps professoral. Il s'agit de savoir si les professeurs ont été amenés à connaître la culture et le système de la langue d'origine des élèves non francophones. Le fait de connaître la langue et la culture des apprenants est-il un bon moyen pour l'élaboration de stratégies d'enseignement ? On s'interroge aussi sur la diversité des langues et des cultures en classe ainsi que la mise en place de stratégies en didactique de la langue dans des contextes aussi bien plurilingues que multiculturels.

3. Résultats

3.1 Coefficient Alpha de Cronbach

Pour s'assurer de la fiabilité et objectivité du questionnaire, et donc des items qui le compose, nous analysons chaque question et la relation qu'elle entretient avec les autres items du questionnaire, ainsi qu'avec le score total.

C'est l'indice Alpha de Cronbach (1951), désigné par la lettre grecque α, coefficient le plus connu en psychométrie et très utilisé dans les recherches en sciences de l'éducation, qui nous permettra de mesurer la fiabilité, ou fidélité de l'instrument en comparant la somme des variances des questions à la variance totale du questionnaire.

Comme souligne Martineau (1982, p. 135), « tantôt il est un estimateur du coefficient de fidélité d'un instrument de mesure, tantôt il est un indice de l'homogénéité des items formant une échelle de mesure ».

L'indice α peut varier sur une échelle entre 0 et 1. Plus la valeur α s'approche de 1, plus l'ensemble des éléments est homogène. De même, plus une échelle admet d'éléments, plus l'indice α risque d'augmenter.

À l'inverse, une faible corrélation inter-items fera diminuer l'α, alors qu'une corrélation inter-items élevée le fera augmenter.

Dans cette étude sur la formation au plurilinguisme et à la multiculturalité reçue par les maîtres du primaire et les professeurs certifiés en France, le coefficient α de Cronbach sera calculé pour chaque bloc de questions afin de vérifier la fiabilité des items. Nous l'appellerons α1, α2, α3, α4, α5. Finalement le coefficient αt de Cronbach sera mesuré pour la totalité du questionnaire.

Le tableau ci-dessous présente tous les α pour chaque bloc de questions ainsi que celui qui est global pour l'ensemble des items.

3.1.1 Coefficient Alpha de Cronbach pour chaque catégorie d'items

	Coefficient alpha de Cronbach	
Formation en didactique des LVE	α1 0,86	Fiabilité excellente
Formation en plurilinguisme	α2 0,97	Fiabilité excellente
Formation en multiculturalité	α3 -0,28	Alpha négatif
Conséquences académiques et sociales de la langue d'origine des apprenants	α4 0,89	Fiabilité excellente
Perception, attitude et performance du corps professoral	α5 0,99	Fiabilité excellente
Totalité du questionnaire	αt: 0,9	Fiabilité excellente

Tableau 3. Coefficients α1, α2, α3, α4, α5 et αt
Source : élaboration personnelle à partir des enquêtes

Les résultats obtenus sur le coefficient Alpha de Cronbach pour chaque bloc de questions sont intéressants. C'est ainsi que les items appartenant à la perception, attitude et performance du corps professoral montrent la fiabilité la plus élevée par rapport aux autres blocs avec un α5 de 0.99. Les questions indiquent ici que ce sont les plus cohérentes et fiables. Il en est de même pour les items dérivés de la formation au plurilinguisme qui obtiennent un α2 de 0.97 attestant également une fiabilité excellente.

Viennent ensuite les questions concernant les conséquences académiques et sociales de la langue d'origine des apprenants dont α4 est de 0.89 et celles de la formation en didactique des LVE avec un α1 de 0.86 démontrant une nouvelle fois une fiabilité excellente.

Seuls les items issus de la formation à la multiculturalité ont un alpha négatif (α3= -0.28) démontrant un aspect intéressant à exploiter puisque ces questions ont quelque peu déstabilisé les personnes ayant répondu à ce questionnaire. Les items sur la multiculturalité ont donc déconcerté les professeurs.

Selon Martineau (1982, p. 142) : « Une ou deux questions, qui sont la cause de plusieurs corrélations négatives entre les scores aux questions, peuvent exercer sur le coefficient une influence assez grande pour qu'il prenne une valeur négative ».

Voyons en détail comment a été calculé l'Alpha de Cronbach pour chaque bloc de questions :

3.1.2 Coefficient α1 pour la formation en didactique des LVE

Dans la formation en didactique des LVE, les quatre questions (1, 2, 3, 4) sont corrélées :

1. J'ai reçu une formation en didactique des LVE dans le cadre de mes études universitaires.
2. J'ai reçu une formation en didactique des LVE grâce à des cours de spécialisation dispensés par l'Administration de l'Éducation Nationale / INSPE : Institut National Supérieur du Professorat et de l'Éducation / Rectorat/ Inspection Académique.
3. J'ai reçu une formation en didactique des LVE grâce à des cours de spécialisation dispensés par des universités ou d'autres établissements d'enseignement supérieur.
4. J'ai une formation suffisante en didactique des LVE pour satisfaire les besoins communicatifs des apprenants.

D'où l'alpha positif à ces quatre items α= 0.86.

3.1.3 Coefficient α2 pour la formation au plurilinguisme

Dans la formation au plurilinguisme, les quatre questions (5 6, 7, 8) sont également corrélées :

5. J'ai reçu une formation au plurilinguisme dans le cadre de mes études universitaires.
6. J'ai reçu une formation au plurilinguisme grâce à des cours de spécialisation dispensés par l'Administration de l'Éducation Nationale / INSPE : Institut National Supérieur du Professorat et de l'Éducation / Rectorat/ Inspection Académique.

7. J'ai reçu une formation au plurilinguisme grâce à des cours de spécialisation dispensés par des universités, d'autres établissements d'enseignement supérieur.
8. J'ai une formation suffisante au plurilinguisme pour satisfaire les besoins communicatifs des apprenants.

D'où l'alpha positif à ces quatre items $\alpha = 0.97$.

3.1.4 Coefficient α3 pour la formation à la multiculturalité

Dans la formation à la multiculturalité, trois questions sont corrélées (9, 10, 11) :

9. J'ai reçu une formation en multiculturalité dans le cadre de mes études universitaires.
10. J'ai reçu une formation en multiculturalité grâce à des cours de spécialisation dispensés par l'Administration de l'Éducation Nationale / INSPE : Institut National Supérieur du Professorat et de l'Éducation / Rectorat/ Inspection Académique.
11. J'ai reçu une formation en multiculturalité grâce à des cours de spécialisation dispensés par des universités ou d'autres établissements d'enseignement supérieur.

Deux autres questions sont corrélées également (12, 13) :

12. Il est nécessaire d'inclure une formation pour développer les compétences multiculturelles et plurilingues comme partie intégrante de la compétence pédagogique des professeurs des écoles dans les programmes universitaires.
13. Il est nécessaire d'inclure une formation pour développer les compétences multiculturelles et plurilingues comme partie intégrante de la compétence pédagogique dans le cadre de la formation continue des professeurs des écoles.

Par contre, les deux groupes ne sont pas corrélés. D'où l'alpha spécifique à ces cinq questions $\alpha = -0,28$. Par conséquent, si la variance du score total est plus petite que la somme des variances des scores aux questions alors α est négatif. Cela démontre scientifiquement que les questions sur la multiculturalité posent problème dans l'éducation. L'enseignement doit-il intégrer la culture du pays d'origine ou tenir compte de la culture des différents apprenants ?

De nos jours, les maîtres accueillent souvent à l'école un public varié en termes d'origines et de cultures. Cette multiculturalité est une source de richesse, mais parfois aussi de tensions et d'incompréhension. D'où l'importance de découvrir les clés pour mieux comprendre les enjeux et les ressorts du contact interculturel et explorer des pistes d'action dans le respect de cette diversité culturelle. Pour ce faire, les professeurs des écoles doivent prendre conscience du phénomène de multiculturalité, et acquérir des outils d'enseignement, des stratégies de communication et les connaissances culturelles nécessaires afin de faciliter la relation entre apprenants, améliorer le travail dans des classes multiculturelles et en faire une force pour tous.

Tableau 4. Coefficient α3

Formation en multiculturalité					
	Item 9	Item 10	Item 11	Item 12	Item 13 somme
Pas du tout d'accord	187	194	214	34	24 653
Pas d'accord	82	101	63	16	11 273
D'accord	50	39	48	106	99 342
Tout à fait d'accord	26	11	20	189	211 457
Variance	3 778,188	4 930,69	5 678,19	4 653,19	6 315,69
Somme des variances	25 355,94				
Variance de la somme des items	20 711,19				

$$\alpha = \frac{K}{K-1}\left[1 - \frac{\sum S_i^{\,2}}{S_T^{\,2}}\right]$$

α:	Fiabilité du coefficient alpha de Cronbach	-0,280 329
k:	Nombre de questions	5
$\sum_{i=1}^{k} S_i^2$:	Somme des variances des questions	25 355,938
S_T^2:	Variance totale	20 711,188

Source : élaboration personnelle à partir des enquêtes

3.1.5 Coefficient α4 pour les conséquences académiques et sociales de la langue d'origine des apprenants

Dans les conséquences académiques et sociales de la langue d'origine des apprenants, les quatre questions (14, 15, 16, 17) sont corrélées :

14. Les élèves de LM différente de celle du pays d'accueil ont davantage de difficultés à apprendre cette langue.
15. Les élèves de LM différente de celle du pays d'accueil ont davantage de difficultés d'intégration avec leurs camarades.
16. Les élèves de LM différente de celle du pays d'accueil ont davantage de difficultés pour réussir dans les matières scolaires.
17. Les résultats scolaires des élèves de LM différente de celle du pays d'accueil varient en fonction de leur genre (masculin / féminin).

D'où l'alpha positif à ces quatre items α= 0.89.

3.1.6 Coefficient α5 pour la perception, attitude et performance du corps professoral

Dans la perception, attitude et performance du corps professoral, les 7 questions (18, 19, 20, 21, 22, 23, 24) sont corrélées :

18. J'ai été amené(e) à connaître la culture et le système de la langue d'origine des élèves non français.
19. La connaissance du système de la langue d'origine de mes élèves m'a aidée dans l'élaboration de stratégies d'enseignement de la langue française.
20. La connaissance de la culture d'origine de mes élèves m'a aidée dans l'élaboration de stratégies d'enseignement de la langue et de la culture françaises.
21. La diversité des langues en classe est un obstacle pour la progression de l'enseignement / apprentissage.
22. La diversité des cultures en classe est un obstacle pour la progression de l'enseignement / apprentissage.
23. J'ai appliqué avec succès des stratégies en didactique de la langue dans des contextes plurilingues en classe.
24. J'ai appliqué avec succès des stratégies en didactique de la langue dans des contextes multiculturels en classe.

D'où l'alpha positif à ces 7 items α= 0.99.

3.1.7 Coefficient αt pour la totalité du questionnaire

Le coefficient αt de Cronbach pour la totalité du questionnaire est de 0.90. Ce qui démontre la fiabilité globale des items. Par conséquent, si la variance du score total est plus grande que la somme des variances des scores aux questions alors α est positif.

Ce fort coefficient démontre une bonne cohérence globale des items à l'intérieur du questionnaire. Toutefois, comme souligne Midy (1996, p. 20) : « une bonne cohésion générale ne signifie pas que tous les items, pris séparément, sont cohérents avec les autres. Il est alors intéressant de connaître la conséquence individuelle de chacun des items sur la cohérence du groupe ».

En effet, s'il est bien vrai qu'un fort coefficient (supérieur à 0.9) peut être interprété positivement sur l'ensemble du questionnaire, il peut y avoir, cependant, à l'intérieur même de celui-ci, des items qui ne sont pas corrélés (Tableau 6. Coefficient α3 pour la formation à la multiculturalité).

Tableau 5. Coefficient αt

	Formation en didactique des LVE				Formation en plurilinguisme				Formation en multiculturalité				
	Item 1	Item 2	Item 3	Item 4	Item 5	Item 6	Item 7	Item 8	Item 9	Item 10	Item 11	Item 12	Item 13
Pas du tout d'accord	125	113	187	95	190	204	220	153	187	19?	214	34	24
Pas d'accord	104	112	73	128	73	77	56	110	82	10?	63	16	11
D'accord	75	99	47	91	54	47	44	58	50	3?	48	106	99
Tout à fait d'accord	41	21	38	31	28	17	25	24	26	1?	20	89	211
Variance	997,69	1 449,69	3 548,69	1 223,688	3 843,19	5 071,69	6 085,19	2 423,2	3 778,2	4 930,?	5 678,1875	1 390,69	6 315,69

	Conséquences de la langue d'origine				Perception, attitude et performance du corps professoral							Somme
	Item 14	Item 15	Item 16	Item 17	Item 18	Item 19	Item 20	Item 21	Item 22	Item 23	Item 24	
Pas du tout d'accord	41	91	44	124	74	70	58	133	175	85	83	2 919
Pas d'accord	127	169	144	132	101	85	79	134	122	125	115	2 339
D'accord	136	75	134	75	115	125	151	60	29	97	111	1 965
Tout à fait d'accord	41	8	23	14	55	65	57	18	19	37	36	955
Variance	2 057,7	3 279,69	2 850,19	2 216,188	542,688	554,688	1 474,69	2 453,2	4 238,7	1 010,7	993,6875	

Somme des variances	68 409
Variance de la somme des items	511 203

$$\alpha = \frac{K}{K-1}\left[1 - \frac{\sum S_i^2}{S_T^2}\right]$$

α:	Fiabilité du coefficient alpha de Cronbach	0,908
k:	Nombre de questions	24
$\sum_{i=1}^k S_i^2$	Somme des variances des questions	68 409
S_T^2	Variance totale	511 203

Source : élaboration personnelle à partir des enquêtes

3.2 Questionnaire

Le questionnaire a été utilisé pour recueillir les opinions des enseignants dans les premier et second degrés sur leur formation à la multiculturalité et au plurilinguisme à l'aide de l'échelle de Likert décrite auparavant. Les tableaux 10, 11, 12, 13 et 14 présentent les données recueillies sur la formation en didactique des LVE, la formation au plurilinguisme, la formation à la multiculturalité, les conséquences académiques et sociales de la langue d'origine des apprenants et la perception, attitude et performance du corps professoral.

　Alexandra Marti

Tableau 6. Formation en didactique des LVE

ITEMS	Pas du tout d'accord	Pas d'accord	D'accord	Tout à fait d'accord
1. J'ai reçu une formation en didactique des LVE dans le cadre de mes études universitaires	36.2	30.1	21.7	11.9
2. J'ai reçu une formation en didactique des LVE grâce à des cours de spécialisation dispensés par l'INSPE, le Rectorat, l'Inspection Académique, etc.	32.8	32.5	28.7	6.1
3. J'ai reçu une formation en didactique des LVE grâce à des cours de spécialisation dispensés par des universités ou d'autres établissements d'enseignement supérieur	54.2	21.2	13.6	11
4. J'ai une formation suffisante en didactique des LVE pour satisfaire les besoins communicatifs des apprenants	27.5	37.1	26.4	9

Source : élaboration personnelle à partir des enquêtes

Au regard des résultats obtenus, force est de constater que 66.3 % des professeurs affirment ne pas avoir reçu de formation en didactique des LVE durant leurs études universitaires contre 33.6 % qui indiquent le contraire. Les pourcentages montrent donc qu'une large majorité d'enseignants n'a pas suivi de formation en didactique des LVE.

Ils ont certes reçu des cours en LE mais un manque de pédagogie se fait ressentir, d'après les résultats, dans la formation des maîtres du primaire et des professeurs certifiés. De même, 65.3 % des professeurs confirment ne pas avoir reçu de cours de spécialisation dispensés par les institutions supérieures (INSPE, Rectorat, Inspection Académique) pour la formation en didactique des LVE contre 33.6 % qui en ont reçus.

75.4 % des professeurs des écoles affirment également ne pas avoir reçu de cours de spécialisation en didactique des LVE dispensés par des universités ou autres établissements d'enseignement supérieur contre 24.6 % qui indiquent le contraire.

De plus, 64.6 % du corps professoral estime ne pas avoir reçu une formation suffisante en didactique des LVE pour satisfaire les besoins communicatifs des apprenants contre 35.4 % qui indiquent l'inverse.

Au vu des résultats, il est primordial de renforcer la formation initiale et continue des professeurs, d'approfondir leur connaissance, en leur permettant d'assister à des cours de didactique des LVE tout au long de leur carrière d'enseignement.

Tableau 7. Formation au plurilinguisme

ITEMS	Pas du tout d'accord	Pas d'accord	D'accord	Tout à fait d'accord
5. J'ai reçu une formation en plurilinguisme dans le cadre de mes études universitaires	55,1	21,2	15,7	8,1
6. J'ai reçu une formation en plurilinguisme grâce à des cours de spécialisation dispensés par l'INSPE, le Rectorat, l'Inspection Académique, etc.	59,1	22,3	13,6	4,9
7. J'ai reçu une formation en plurilinguisme grâce à des cours de spécialisation dispensés par des universités ou d'autres établissements d'enseignement supérieur	63,8	16,2	12,8	7,2
8. J'ai une formation suffisante en plurilinguisme pour satisfaire les besoins communicatifs des apprenants	44,3	31,9	16,8	7

Source : élaboration personnelle à partir des enquêtes

Les pourcentages montrent que 76.3 % des professeurs interrogés n'ont pas reçu de formation au plurilinguisme durant leurs études universitaires contre seulement 23.8 % qui attestent en avoir reçu.

La majorité du corps professoral confirme à 81.4 % ne pas avoir suivi de cours de spécialisation en plurilinguisme dispensés par l'INSPE, le Rectorat ou l'Inspection Académique face à une minorité (18.5 %) qui indique en avoir suivi.

De surcroît, 80 % des professeurs des écoles affirment également ne pas avoir suivi de cours de spécialisation en plurilinguisme dispensés par les universités et autres établissements d'enseignement supérieur contre 20 % qui affirment en avoir suivi.

Les résultats indiquent aussi que selon 82.2 % des maîtres leur formation au plurilinguisme est insuffisante face à 23.8 % qui confirment le contraire.

D'où la nécessité d'agir au plus vite pour optimiser le plurilinguisme dans les institutions d'enseignement. Il faudrait, par exemple, offrir des formations en LE plus diversifiées et favoriser des méthodes innovantes alliant différents supports pédagogiques issus de documents authentiques (extraits de littérature, chansons, contes, fables, etc.) dans différentes langues.

Il est important également de renforcer les programmes de mobilité (Erasmus, Leonardo, etc.) entre les différents pays européens et recourir à des lecteurs dans la formation des maîtres du primaire, notamment pour l'enseignement/ apprentissage des LE. Nombreuses sont les universités européennes qui n'ont pas encore eu l'opportunité de recevoir des lecteurs dans leurs Facultés. D'où l'intérêt de promouvoir ce genre d'initiative en faveur du plurilinguisme.

Il faut donc convaincre les plus indécis, ceux qui hésitent à se lancer dans l'apprentissage de plusieurs LE, en leur vantant les bénéfices de la polyglossie. Enfin, il est capital d'expliquer clairement ce qu'est le plurilinguisme et les avantages qu'il engendre et qu'il engendrera plus tard, assurant un avenir prometteur aux citoyens de demain.

Tableau 8. Formation à la multiculturalité

ITEMS	Pas du tout d'accord	Pas d'accord	D'accord	Tout à fait d'accord
9. J'ai reçu une formation en multiculturalité dans le cadre de mes études universitaires	54,2	23,8	14,5	7,5
10. J'ai reçu une formation en multiculturalité grâce à des cours de spécialisation dispensés par l'INSPE, le Rectorat, l'Inspection Académique, etc.	56,2	29,3	11,3	3,2
11. J'ai reçu une formation en multiculturalité grâce à des cours de spécialisation dispensés par des universités ou d'autres établissements d'enseignement supérieur	62	18,3	13,9	5,8
12. Il est nécessaire d'inclure une formation pour développer les compétences multiculturelles et plurilingues comme partie intégrante de la compétence pédagogique des professeurs des écoles dans les programmes	9,9	4,6	30,7	54,8
13. Il est nécessaire d'inclure une formation pour développer les compétences multiculturelles et plurilingues comme partie intégrante de la compétence pédagogique des professeurs des écoles dans le cadre de la formation continue des professeurs des écoles	7	3,2	28,7	61,2

Source : élaboration personnelle à partir des enquêtes

Une grande majorité du professorat interrogé (78 %) s'accorde à dire qu'elle n'a pas reçu de formation en multiculturalité durant ses études universitaires contre une minorité (22 %) qui indique le contraire.

Complémentairement, 85.5 % des professeurs témoignent ne pas avoir reçu de cours de spécialisation en multiculturalité par l'INSPE, le Rectorat ou l'Inspection Académique contre 14.5 % qui soutiennent en avoir reçu.

80.3 % des enseignants corroborent le fait de ne pas avoir suivi de formation en multiculturalité lors de cours de spécialisation dispensés par les universités ou d'autres établissements d'enseignement supérieur contre 19.7 % qui indiquent en avoir reçu.

Par ailleurs, 85.5 % des professeurs des écoles considèrent qu'il est nécessaire d'inclure une formation pour développer les compétences multiculturelles et plurilingues comme partie intégrante de la compétence pédagogique du corps professoral dans les programmes universitaires alors que 14.5 % ne l'approuvent pas (9.9 s'y opposent catégoriquement et 4.6 % ne sont pas d'accord également).

Les réponses précédentes sont cohérentes avec celles de la question suivante puisque 89.9 % des enseignants pensent qu'il est important d'intégrer dans la formation continue du corps professoral des cours pour développer les compétences

multiculturelles et plurilingues comme partie intégrante de la compétence pédagogique du professorat contre 10.10 % qui y sont opposés.

Tableau 9. Conséquences académiques et sociales de la langue d'origine des apprenants

ITEMS	Pas du tout d'accord	Pas d'accord	D'accord	Tout à fait d'accord
14. Les élèves de LM différente de celle du pays d'accueil ont davantage de difficultés à apprendre cette langue	11,9	36,8	39,4	11,9
15. Les élèves de LM différente de celle du pays d'accueil ont davantage de difficultés d'intégration avec leurs camarades	27	49	21,7	2,3
16. Les élèves de LM différente de celle du pays d'accueil ont davantage de difficultés pour réussir dans les matières scolaires	12,8	41,7	38,8	6,7
17. Les résultats scolaires des élèves de LM différente de celle du pays d'accueil varient en fonction de leur genre	35,9	38,3	21,7	4,1

Source : élaboration personnelle à partir des enquêtes

D'un point de vue académique, les résultats montrent que 48.7 % des professeurs des écoles pensent que les élèves de LM différente de celle du pays d'accueil
n'ont pas davantage de difficultés à apprendre la langue contre 51.3 % qui considèrent que les apprenants ayant une LM différente de celle du pays d'accueil
éprouvent plus de difficultés à apprendre cette langue (39.4 % sont d'accord et
11.9 % sont tout à fait d'accord).

D'un point de vue social, une grande majorité du professorat affirme que les
élèves de LM différente de celle du pays d'accueil ont davantage de difficultés
d'intégration avec leurs camarades face à une minorité (24 %) qui pense le contraire.

C'est un aspect très important à prendre en considération car l'intégration
au sein d'un groupe est cruciale pour partager ensemble des valeurs, des us et
coutumes, des opinions qui enrichiront les camarades d'une classe. À l'inverse, la
non-intégration d'un individu au sein d'un groupe aura des conséquences négatives. D'où le rôle capital des professeurs des écoles pour intégrer tous les apprenants dans une même classe indépendamment de leur origine, langue et culture.

Chemin faisant, 54.5 % des enseignants indiquent que les élèves de LM différente de celle du pays d'accueil n'ont pas davantage de difficultés pour réussir
dans les matières scolaires. À l'inverse, 45.5 % des professeurs pensent qu'effecti-
vement les apprenants de LM différente de celle du pays d'accueil éprouvent plus
de difficultés dans la réussite des matières scolaires. Ces résultats sont très par-
tagés et montrent un désaccord d'opinions dans le corps professoral interrogé.

Il est à noter également qu'une majorité des enseignants (74.2 %) considère que les résultats scolaires des élèves de LM différente de celle du pays d'accueil ne varient pas en fonction de leur genre (masculin/féminin) alors qu'une minorité (25.8 %) le considère.

Il serait judicieux de demander fréquemment aux apprenants l'élaboration d'un Portefeuille européen des langues, communément appelé Portfolio, attestant toutes les expériences linguistiques et culturelles qu'ils ont eues jusqu'à présent. Cela permettra aux professeurs de contrôler l'évolution de leur parcours d'apprentissage, et par ailleurs d'être plus motivés pour élargir leurs horizons linguistiques.

Tableau 10. Perception, attitude et performance du corps professoral

ITEMS	Pas du tout d'accord	Pas d'accord	D'accord	Tout à fait d'accord
18. J'ai été amené·e à connaître la culture et le système de la langue d'origine des élèves non francophones	21,4	29,3	33,3	15,9
19. La connaissance du système de la langue d'origine de mes élèves m'a aidée dans l'élaboration de stratégies d'enseignement de la langue française	20,3	24,6	36,2	18,8
20. La connaissance de la culture d'origine de mes élèves m'a aidée dans l'élaboration de stratégies d'enseignement de la langue et de la culture françaises	16,8	22,9	43,8	16,5
21. La diversité des langues en classe est un obstacle pour la progression de l'enseignement/apprentissage	38,6	38,8	17,4	5,2
22. La diversité des cultures en classe est un obstacle pour la progression de l'enseignement/apprentissage	50,7	35,4	8,4	5,5
23. J'ai appliqué avec succès des stratégies en didactique de la langue dans des contextes plurilingues en classe	24,9	36,2	28,1	10,7
24. J'ai appliqué avec succès des stratégies en didactique de la langue dans des contextes multiculturels en classe	24,1	33,3	32,2	10,4

Source : élaboration personnelle à partir des enquêtes

Les résultats obtenus montrent que 50.7 % des professeurs interrogés n'ont pas été amenés à connaître la culture et le système de la langue d'origine des élèves non francophones alors que 49.2 % ont indiqué le contraire. Le fait de s'intéresser à la culture et au système de la langue des apprenants allophones permettra sans doute de mieux comprendre leurs difficultés, d'y remédier et d'établir des relations linguistiques et culturelles entre la langue et la culture de scolarisation et celles d'origine des élèves. À l'inverse, ne pas prêter attention à la culture ni à la langue des non-natifs fera que le fossé entre langue et culture de scolarisation et langue et culture d'origine s'éloigne de plus en plus.

Pour 55 % des enseignants, la connaissance du système de la langue d'origine des apprenants les a aidés dans l'élaboration de stratégies d'enseignement de la langue française contre 44,9 % des enseignants qui estiment le contraire. De même, pour 60.3 % des professeurs, la connaissance de la culture d'origine des apprenants les a aidés dans l'élaboration de stratégies d'enseignement de la culture française contre 39.7 % des enseignants qui ne partagent pas cette opinion (16.8 % pas du tout d'accord et 22.9 % pas d'accord).

Concernant la diversité des langues en classe, 77.4 % des enseignants du primaire estiment que ce n'est pas un obstacle pour la progression de l'enseignement/apprentissage. En revanche, 22.6 % des professeurs des écoles pensent le contraire et pour eux la diversité des langues en classe constitue une difficulté.

Quant à la diversité des cultures en classe la grande majorité du professorat interrogée (86.1 %) pense que ce n'est pas un obstacle pour le processus d'enseignement/apprentissage contre 13.9 % qui indique l'inverse.

Par ailleurs, nombreux sont les maîtres du primaire qui mentionnent ne pas avoir appliqué de stratégies en didactique de la langue dans des contextes ni plurilingues (61.1 %) ni multiculturels en classe (57.4 %).

En revanche, les résultats s'inversent pour quelques professeurs des écoles ayant appliqué avec succès des stratégies en didactique de la langue dans des contextes aussi bien plurilingues (38.8 %) que multiculturels (42.6 %).

4. Discussion

Partageant l'opinion de Perrégaux (2004), la mondialisation a changé la place et le statut du français qui, malgré les résistances, doit accepter à l'école la présence d'autres langues différentes de la langue de scolarisation. Ce changement modifie la relation aux langues des professeurs et celle des apprenants qui acquièrent souvent un profil plurilingue. Perrégaux met en exergue les ressources des apprenants qui doivent être intégrées dans de nouvelles approches pédagogiques. Pour elle, c'est dans ce contexte plurilingue que le processus d'enseignement/apprentissage prend tout son sens.

Complémentairement, si la langue première d'un enfant ne peut pas être encouragée directement dans le système scolaire, il est nécessaire comme mentionne, à juste raison, Engel de Abreu (2018), que le corps enseignant soit conscient de l'importance des langues d'origine et valorise leur utilisation. L'auteur préconise d'intégrer, dans la mesure du possible, les langues premières dans le quotidien de la crèche et de l'école. Pour ce faire, elle suggère d'impliquer activement les parents à parler à leurs enfants dans leur langue d'origine, celle qu'ils maîtrisent le mieux, afin de mieux développer leur langue première.

Auger (2013), pour sa part, souligne que les pratiques de classe laissent parfois de côté les facteurs spécifiques de la communication exolingue. La linguiste et didacticienne pointe du doigt le manque de formation des professeurs qui méconnaissent souvent le panorama sociolinguistique de France où coexistent plusieurs langues.

Les résultats de l'enquête confirment cette constatation mettant en relief des lacunes considérables dans la formation des professeurs interrogés en didactique des LVE, à la multiculturalité et au plurilinguisme.

De surcroît, Auger (2013) argue que les discours sur les rapports de force entre langue dominante et langue minoritaire ainsi que sur l'immigration font que les professeurs utilisent peu les ressources des langues des apprenants qui leur permettraient de mieux développer la langue scolaire. Pour surmonter cette difficulté, de nombreuses méthodes ont déjà vu le jour, destinées à l'apprentissage des langues par intercompréhension, permettant ainsi de tisser des liens entre les langues et de dépasser la dichotomie langue dominante/langue minoritaire. Comme précise Auger, les professeurs souhaitent des réponses quant aux questions de plurilinguisme et de variations vis-à-vis de la langue de scolarisation. Les résultats de notre enquête le confirment également puisque la majorité du corps professoral considère qu'il est nécessaire d'inclure une formation pour développer les compétences multiculturelles et plurilingues comme partie intégrante de la compétence pédagogique.

L'étude de Young et Helot (2006) sur les différences dans le parler bilingue des enfants immigrés a attiré notre attention également, et indique que ce que les professeurs remarquent d'emblée sont :

- les écarts vis-à-vis de la norme dans la langue de l'école ;
- une compétence dans la langue de scolarisation des allophones moins développée ou plus éloignée de celle des natifs ;
- une interlangue en perpétuelle construction chez les non-natifs

Rappelons que dans l'enquête effectuée, 22.6 % des professeurs des écoles pensent que la diversité des langues en classe constitue une difficulté. Ils ont sans doute constaté les différences énumérées ci-dessus dans les parlers des apprenants allophones.

Par ailleurs, Young et Helot (2006) expliquent les carences d'un grand nombre d'enseignants, qui pourraient éventuellement expliquer le manque de formation au multiculturalisme et au plurilinguisme attesté dans notre questionnaire :

- aucune connaissance, en règle générale, des langues parlées des apprenants issus de l'immigration ;
- aucun vécu bilingue ou plurilingue, communément, qui pourrait sensibiliser les enseignants à comprendre la difficulté pour les allophones de taire leur langue maternelle ;
- manque de formation à la variation langagière ;
- importance accordée à la langue de l'école sans prendre en considération les autres langues ;
- manque de ressources pour que les professeurs pensent à la question des langues à l'école afin de gérer la diversité linguistique et culturelle.

Pour palier ces carences, Young et Helot (2006) proposent, à juste raison, et nous soutenons de telles démarches, de construire des ponts entre la langue de l'école, les LE ou régionales, les langues familiales des apprenants. Une didactique intégrée des langues permettrait alors de considérer les langues et cultures familiales comme des ressources pédagogiques en classe et de les valoriser aux yeux des apprenants et des professeurs. L'implication des parents d'élèves est fondamentale pour familiariser les apprenants d'une classe à comprendre que tous les élèves ne partagent pas la même LM et ont une culture différente mais ce sont ces différences qui enrichissent nos sociétés, notamment la société française, où l'on apprend à vivre ensemble en partageant plusieurs langues et cultures et en construisant des valeurs communes.

La publication de Marti, Planelles, Sandakova (2018) est un bon exemple aussi d'ouverture à la diversité linguistique et culturelle qui peut aider le corps professoral. Cet ouvrage rassemble plusieurs enseignants-chercheurs espagnols, français, russes sur la thématique de la gastronomie et son rapport intrinsèque aux langues et cultures. D'après les éditrices, cette diversité linguistique et culturelle enrichit la communication interculturelle en symbiose avec l'art culinaire. Cette réalité empreinte d'hétérogénéité du point de vue social, culinaire, éducatif est synonyme d'échange et de partage entre les cultures, de connexions et d'enrichissements mutuels.

Nonobstant, force est de constater et les résultats de l'enquête le prouvent, que les préconisations du CECR (Conseil de l'Europe, 2001) sont très éloignées de la réalité des classes actuelles. Le professorat n'est pas suffisamment préparé pour gérer cette diversité des langues et cultures par un manque certain de formation.

Il ne suffit donc pas de prôner l'altérité et la diversité des langues et cultures dans le CECR mais de conscientiser les enseignants à une formation au plurilinguisme et à la multiculturalité et de les aider moyennant l'application d'approches pédagogiques utiles et pertinentes.

Selon Antier (2017, p. 297) :

> On l'aura compris, en l'état actuel de la réflexion, penser la formation à l'éthique des enseignants de langue-culture, c'est avant tout essayer de sortir du piège que représente le moralisme. En matière d'éthique, plus que dans d'autres domaines encore, il nous semble urgent de résister aux sirènes de la grandiloquence, aux discours incantatoires et déconnectés de l'expérience morale des enseignants.

En connivence avec Castellotti, Coste, Duverger (2008), l'école peut mener différentes expériences dans une perspective d'éducation plurilingue et pluriculturelle. Pour la diversité des langues et des variétés, les chercheurs proposent les suivantes :

- expérience de la variation et des variétés de la langue de scolarisation ;
- expérience de la pluralité des normes conformant la langue de scolarisation en fonction du contexte ;
- expérience, même rudimentaire, de la distance et de la proximité entre la langue de scolarisation et d'autres langues.

Pour l'appropriation plurilingue, les auteurs énumèrent les expériences ci-dessous :

- expérience des transferts d'une langue à l'autre ;
- expérience d'apprentissage d'une LE alliant la langue de scolarisation et les langues appartenant aux répertoires langagiers des enfants ;
- expérience mettant en relief les jeux avec les mots, la créativité, etc.

Concernant la diversité, elle peut être travaillée à partir d'une :

- expérience du partage des connaissances ;
- expérience personnelle de chacun ;
- découverte de l'identité des apprenants.

L'utilisation de portfolios permettrait également de prendre en compte et de valoriser le profil des apprenants. Il est très important de connaître le répertoire langagier des élèves, d'identifier leur biographie plurilingue et de la valoriser. De surcroît, il est judicieux de mettre en place des projets éducatifs exposant périodiquement les apprenants à plusieurs langues, incluant les leurs, cultiver la réflexion sur le langage et les langues grâce à des démarches pédagogiques comme EVLANG ou EOLE, prôner une approche intégrative des langues en établissant des relations entre les LE, les langues d'origine et la langue de scolarisation (Castellotti *et al.*, 2008).

Comme l'indiquent les auteurs précédemment cités, les approches d'EVL sont insuffisamment connues, ce qui est extrêmement dommage, car de telles démarches pourraient développer l'éducation au plurilinguisme et à la multiculturalité. Les projets EVLANG, EOLE en sont des exemples précieux et permettent la mise en relation des langues afin de mieux appréhender leurs fonctionnements. Certaines ressources méthodologiques mettent l'intercompréhension des langues au cœur même de leurs approches (Itinéraires romans, Euromania, Eurom 4, Galatea, etc). D'autres utilisent deux langues d'enseignement comme les programmes des sections bilingues (CLIL-EMILE, etc.) et finalement il y en a qui valorisent les approches culturelles comme le projet Carap.

De Pietro et Matthey (2001, p. 32), pour leur part, évoquent également à juste titre les finalités des approches d'EVL, parmi lesquelles, « l'importance donnée à la prise de conscience des phénomènes langagiers, ainsi qu'aux représentations et attitudes des élèves, dont le rôle peut être inhibant ou bénéfique, dans la construction de leur répertoire langagier ». Les auteurs résument les caractéristiques communes aux démarches d'EVL de la manière suivante :

- Divers aspects du langage sont abordés à partir de différentes activités fondées sur une pluralité de langues (LM, LE, langues régionales, autres langues du monde).
- Les aptitudes langagières et métalangagières sont développées ainsi que les représentations envers les langues pour s'ouvrir à la diversité linguistique et culturelle.
- Tous les élèves sont concernés : les monolingues, les bilingues, les plurilingues et c'est dans toute cette diversité où toutes les langues auront un statut en classe, ce qui permettra d'établir des connexions entre elles, de se décentrer par rapport à la L1 sans pour autant renoncer à elle.
- Ces pratiques d'EVL visent le développement linguistique, cognitif, sociolinguistique et psychologique des enfants et leur répertoire afin de se situer eux-mêmes dans cette diversité langagière.

En adéquation avec les préceptes de Dreyfus (2004), les approches de type « Eveil au langage ou éveil aux langues et aux cultures » mises en place à l'école sont très pertinentes. Elles visent non seulement à sensibiliser les apprenants à la réalité multilingue et multiculturelle mais aussi à les préparer à l'apprentissage d'une ou de plusieurs LE tout en développant chez eux des compétences métalinguistiques transférables à la langue de scolarisation ou à la LM. Pour les allophones, c'est aussi l'occasion d'intégrer petit à petit leurs langues d'origine, « de les situer dans l'espace social et langagier de la classe et, donc, de travailler à une reconnaissance de leurs langues et de leurs cultures » (Dreyfus, 2004, p. 28). Ces pratiques pédagogiques bouleversent certes le panorama éducatif en France mais trouvent difficilement leur place dans les nouveaux programmes de l'école. Il y a opportunément un enseignement orienté vers l'apprentissage d'une LE ou régionale et ce dès la grande section de maternelle et le début de l'école élémentaire afin de faire découvrir aux apprenants la diversité linguistique et culturelle mais force est de constater que les langues sollicitées par cet enseignement ne concernent que certaines langues ciblées (les langues frontalières et les langues régionales) mais éclipse beaucoup d'autres langues, notamment celles issues de la migration, et considérées comme langues minoritaires. Pour Dreyfus, ces pratiques d'EVL à l'école peuvent être adaptées à l'enseignement d'autres langues :

> Il est tout aussi nécessaire, à notre avis, d'adapter cette approche pour les classes d'enfants nouvellement arrivés, et ce, d'autant plus que des démarches de ce type existent parfois de façon empirique dans ces classes et demandent à être organisées autour de progression et de programmation (travail autour de contes, comptines et chants dans différentes langues, par exemple). Cela peut sans aucun doute contribuer à aider les enfants nouvellement arrivés en France à mieux gérer l'écart entre normes linguistiques, sociolinguistiques et culturelles de leur environnement familial et celles du monde scolaire (Dreyfus, 2004, p. 144).

Partageant l'opinion de Macaire (2001) et au vu des résultats du questionnaire, il faut donc encourager à développer :

- Des formations à visée professionnelle en intégrant davantage les sciences du langage, discipline qui contribuera à aider les enseignants à mieux discerner les rapports entre les langues.
- La réflexion autour des langues est un débat fondamental. De nos jours, l'enseignement a plus que besoin d'apprenants et de professeurs réflexifs.
- Une didactique d'éveil aux langues fondée sur le constructivisme et l'interactionnisme apportera de nombreux bénéfices.
- L'innovation pédagogique doit entraîner un changement de mentalité et une ouverture à l'éveil aux langues.
- La constitution d'un réseau, entre les professeurs, pour partager ensemble, des expériences, stimuler l'esprit d'appartenance et renforcer l'engagement.

L'éducation élémentaire est la base de toute éducation plurilingue. Il faut donc la favoriser dès les classes de maternelle et cela doit devenir l'une des priorités de chaque état membre. Il va de soi qu'à cette étape élémentaire, des activités ludiques devront être exercées pour que les enfants apprennent tout en découvrant à travers le jeu et l'expérimentation. En accord avec Montagne-Macaire (2008, p. 3) :

> (....) l'école devrait être un lieu favorable à la mise en évidence, à la reconnaissance de ce "plurilinguisme latent", en tant que richesse (état de fait) et que potentiel (par le fait d'engager un processus). Si l'institution scolaire propose des dispositifs favorables à l'émergence de représentations positives de la pluralité, si elle accorde un statut au fait linguistique et interculturel, dans une acception large, les ponts e- liens se tisseront.

5. Conclusion

Ce projet de recherche GRE 19–05, financé par l'Université d'Alicante, montre déjà par l'enquête sur le terrain le manque de formation à la multiculturalité et au plurilinguisme des professeurs en poste dans les premier et second degrés, ainsi qu'un désir de formation pour gérer cette diversité linguistique et culturelle. Celle-ci s'est accrue de manière inédite par les phénomènes migratoires des dernières décennies, et nécessite des organisations curriculaires destinées à l'ensemble des élèves, immigrés et natifs, visant la compréhension au plurilinguisme et à la multiculturalité.

L'hypothèse de départ de cette étude se confirme en grande partie, pour l'échantillon analysé ici, composé de 345 professeurs, susceptible d'être complété par des enquêtes et des résultats ultérieurs sur le même thème. Les données recueillies montrent que les enseignants ne disposent généralement pas de formation pour gérer ces changements éducatifs ou d'une méthodologie d'enseignement suffisamment efficace pour faire face à cette diversité omniprésente dans les classes.

Les difficultés s'accentuent d'autant plus, pour celles et ceux, qui enseignent la langue de scolarisation, langue officielle du pays. La LM peut ne pas être la langue officielle du pays pour tous les apprenants. Le français à l'école est pour les uns, leur LM, pour d'autres, leur L2/ langue seconde, voire même leur LE. Par conséquent, les enseignants de français à l'école deviennent polyvalents et endossent souvent le rôle de professeur de FL2 ou professeur de FLE.

C'est une réalité sans équivoque qui implique la mise en place de stratégies pédagogiques capables d'aider les professeurs des écoles et les professeurs certifiés à défier ces nouvelles situations d'enseignement/apprentissage. Il faut donc mettre en place des approches méthodologiques innovantes pour favoriser une éducation plurilingue et faire part à l'ensemble de la communauté éducative des méthodes d'enseignement qui se sont avérées bénéfiques. Il s'agit là d'un travail en collaboration car l'expérience des uns peut être utile à celle des autres et réciproquement.

Par ailleurs, il s'avère fondamental de familiariser les enfants à différentes langues et sonorités, de leur faire découvrir les cultures des autres apprenants et de développer chez eux un esprit d'ouverture à la diversité. D'où l'importance de créer des situations optimales, les aidant à développer des capacités d'écoute et de compréhension. Tout professeur se doit également de valoriser dans une classe toutes les langues et cultures en présence, d'en faire une richesse au sein même du processus d'E/A.

Dans ce contexte aux multiples facettes, les projets déjà mis en place (EVL), mais méconnus par la majorité du corps professoral offrent de belles perspectives. D'où l'importance d'œuvrer en ce sens, de les faire connaître, d'en appliquer de nouveaux, d'en proposer d'autres lors de la formation des professeurs dans les premier et second degrés, de les familiariser à ces ressources méthodologiques innovantes susceptibles d'intéresser de nombreux professeurs et de convaincre les plus indécis.

Cette réflexion, en perpétuelle évolution, doit se poursuivre autour de quatre axes fondamentaux :

1. La formation au plurilinguisme et à la multiculturalité des enseignants.
2. La mise en relation de la langue de scolarisation avec les autres langues (LE, langues régionales, langues d'origine, etc.).
3. Le changement des attitudes et représentations envers les langues et cultures d'origine.
4. La valorisation de la pluralité des langues et des cultures au service du vivre ensemble.

Les résultats de ce projet alimenteront très certainement les échanges entre pays et professeurs sur l'éducation européenne plurilingue et multiculturelle, fondée sur la connaissance réciproque de tous les apprenants, l'intercompréhension entre les langues, et l'affirmation des valeurs communes.

Références bibliographiques

Antier, E. (2019). « L'éducation plurilingue et interculturelle au regard des conceptions morales des enseignants de langue-culture en contexte multiculturel », *Recherches en didactique des langues et des cultures*. URL : http://journals.openedition.org/rdlc/6825

Antier, E. (2017). L'éthique professionnelle des enseignants de langue-culture en contexte multiculturel : constats, enjeux et perspectives. Education. Université Paul-Valéry Montpellier 3.

Armand, F ; Maraillet, É ; Beck, I ; Lamarre, P ; Messier, M et Paquin, S. (2004). « Pour éveiller à la diversité linguistique : le projet Élodil ». *Québec français*, n° 132, 2004, 54–57.

Auger, N. ; Azaoui, B., Houée, C. et Miquel, F. (2018). « Le projet européen Rom-tels (*Roma translanguaging enquiry learning spaces*) », *Recherches en didactique des langues et des cultures*,15–3. URL : https://journals.openedition.org/rdlc/3321

Auger, N. (2013). Vers une prise en compte du plurilinguisme/plurinormalisme à l'École française ? *Travaux du 19ème Congrès International des Linguistes*, Genève, Switzerland.

Ball, J. (2011). *Enhancing learning of children from diverse language backgrounds: Mother tongue-based bilingual or multilingual education in the early years.* Paper commissioned for UNESCO. Paris : UNESCO.

Blondin, C ; Mattar, C. (2003). *S'ouvrir aux langues et aux cultures grâce à l'éveil aux langues.* Service de Pédagogie expérimentale. Université de Liège.

Candelier, M. (2001). Rapport concernant les objectifs. *Éveil aux langues.* Projet Socrates / Lingua : https://jaling.ecml.at/pdfdocs/evlang/evlang1.pdf

Castellotti, V ; Coste, D; Duverger, J. (2008). *Propositions pour une éducation au plurilinguisme en contexte scolaire.* Paris : ADEB.

Conseil de l'Europe. (2001). *Un cadre européen commun de référence pour les langues : apprendre, enseigner, évaluer : apprentissage des langues et citoyenneté européenne.* Paris : Didier.

Cronbach, L. J. (1951). Coefficient alpha and the internal structure of tests. *Psychometrika, 16*(3), 297–334.

Dabène, L. (1992). Le développement de la conscience métalinguistique : un objectif commun pour l'enseignement de la langue maternelle et des langues étrangères, *Repères* 6, 13–22 https://www.persee.fr/docAsPDF/reper_1157-1330_1992_num_6_1_2062.pdf

De Pietro, J-F, Matthey, M. (2001). L'éveil aux langues : des outils pour travailler la différence. *Langage & pratiques*, 28, 31–44.

Dompmartin-Normand, C. (2011). Éveil aux langues et aux cultures à l'école : une démarche intégrée avec un triple objectif cognitif, affectif et social. *L'Autre*, 2 (Volume 12), 162 à 168.

Dreyfus M. (2004). Plurilinguisme et approche interculturelle. Quelques réflexions à propos d'expérimentations de type « Éveil aux langues ou aux langages » à l'école primaire. Dans : *Repères, recherches en didactique du français langue maternelle*, n°29. Français et langues étrangères et régionales à l'école. Quelles interactions ? 127–145.

Engel de Abreu, P. (2018). Un enfant, plusieurs langues : Multilinguisme, développement linguistique et soutien à l'apprentissage des langues au Luxembourg. *Rapport national sur l'éducation au Luxembourg*, 126–135.

Garnier, B. (2014). Présentation. Multiculturalisme et insécurité linguistique en éducation dans l'espace méditerranéen. *Éla. Études de linguistique appliquée*, 175, 263 à 281.

Hawkins, E. (1985). Awareness of Language, réflexion sur les langues, *Les Langues Modernes 6*, 9–23.

Hawkins, E. (1992). La réflexion sur le langage comme « matière-pont » dans le programme scolaire, *Repères 6*, 41–56.

Macaire, D (2001). La formation des enseignants dans le programme EVLANG. Rapport sur la formation des enseignants en contexte européen dans le programme Socrates EVLANG. Projet Socrates / Lingua : https:// jaling.ecml.at / pdfdocs /evlang/evlang3.pdf

Marti, A. Planelles, M. & Sandakova, E. (2018). *Langues, cultures et gastronomie : communication interculturelle et contrastes / Lenguas, culturas y gastronomía: comunicación intercultural y contrastes*. Bern : Peter Lang.

Martineau, G. (1982). Exploration des valeurs possibles du coefficient α de Cronbach. *Revue des sciences de l'éducation*, 8(1), 135–143. https://doi.org/10.7202/900362ar

Midy, F. (1996). *Validité et fiabilité des questionnaires d'évaluation de la qualité de vie : une étude appliquée aux accidents vasculaires cérébraux*. [Rapport de recherche] Laboratoire d'analyse et de techniques économiques (LATEC). 38 p.

Ministère de l'Éducation Nationale, de la Jeunesse et des Sports (2021). Annuaire de l'éducation nationale. education.gouv.fr https://www.education.gouv.fr/annuaire?keywords=&department=&academy=&status=2&establishment=2&geo_point=

Montagne-Macaire, D. (2008). Didactique des langues et recherche-action. *Recherches en Didactique des Langues et Cultures : les Cahiers de l'acedle*, 4, 93–119.

Perrégaux, C. (2004). Prendre appui sur la diversité linguistique et culturelle pour développer aussi la langue commune, *Repères*, 29, 147–166.

Perrégaux, C, Goumoëns, C. de, Jeannot, D. & De Pietro, J-F. (2003). *Education et ouverture aux langues à l'école (EOLE)*. Neuchâtel : CIIP.

Young, A. et Helot C. (2006). La diversité linguistique et culturelle à l'école : Comment négocier l'écart entre les langues et les cultures de la maison et celle(s) de l'école ? *Écarts de langue, écarts de culture. A l'école de l'Autre*, Peter Lang, Francfort, 207–226.

Vincenzo A. Piccione

Marina Geat

Romina De Cicco

Formación del profesorado para la multiculturalidad. Encuesta en Italia

Resumen: Los resultados de la investigación que aquí se presentan obligan a leer, observar, analizar y comentar, en términos introductorios, interdisciplinarios y, por tanto, reticulares, procesos y fenómenos culturales, socioculturales y lingüísticos interconectados, que han producido un profundo impacto en los estilos de vida de las nuevas generaciones de niños y adolescentes. Se trata de un impacto –visible y tangible dentro de micro- y macrocontextos que ya son multiculturales– que atestigua una actual y profunda desatención a la calidad de la formación y la actualización de los profesores y sus estilos de enseñanza. Los datos recogidos mediante la administración de un cuestionario a los profesores de primaria confirman la necesidad de una profunda actualización de sus planteamientos pedagógicos, sus objetivos educativos y sus metas de enseñanza. El hilo conductor que une el análisis del contexto y el comentario de los datos recogidos será la percepción del reto que se plantea en este momento histórico a la pedagogía y a las ciencias de la educación, la definición de las distancias existentes entre una mente monocultural y una mente multicultural.

Palabras clave: mente multicultural, enfoque pedagógico, estilo de enseñanza, escuela primaria, objetivos educativos

1. Introducción

El fenómeno de la inmigración es una experiencia muy reciente para un país mediterráneo como Italia. Incluso si nos centramos solo en las razones plausibles que generalmente favorecen los movimientos migratorios internacionales y en las razones culturales para responder a las necesidades emergentes en un país elegido como destino por su proximidad geográfica, se trata de una experiencia efectivamente limitada en el espacio y en el tiempo cuyo impacto no ha sido percibido en profundidad, quizás por la inexperiencia, quizás por la falta de herramientas de observación analítica, quizás por la ausencia de una lectura cultural y sociocultural. En cualquier caso, se trata de una situación fuertemente condicionada por una atención limitada, cuanto menos, por sus efectos políticos, culturales, socioculturales, geográficos, económicos, formativos y educativos;

efectivamente miope en el momento en el cual debería haber detectado el valor del papel de la escuela como factor primario del cambio democrático y de la planificación sociocultural; sustancialmente tardía en considerar la necesidad de objetivos interculturales y únicamente capaz de una inserción puramente mecánica de los menores procedentes de otros países en las aulas de nuestras escuelas.

La idea de la investigación que aquí se presenta es especialmente significativa porque ha permitido a un grupo de trabajo internacional promover una reflexión articulada sobre elementos contextuales y centrarse en aspectos concretos. Así, por un lado, se presentan de forma sintética los resultados del análisis del trasfondo cultural y social y del entorno pedagógico y educativo en los que las generaciones de profesores de primaria se incorporan a las aulas de cuatro países mediterráneos; por otro lado, se detectan datos importantes sobre la voluntad estratégica institucional y las acciones adoptadas para preparar a las generaciones de esos maestros para un enfoque multicultural declaradamente innovador.

El análisis del contexto ha revelado aspectos preocupantes desde el punto de vista pedagógico, educativo y formativo. Parece, en efecto, que las orientaciones pedagógicas y educativas comprometidas con la multiculturalidad están ausentes en la práctica del aula. Es preocupante que estas indicaciones raramente se consideren relevantes, que se lean con cierta distracción en el ámbito institucional, que no sean percibidas desde la conciencia social y cultural por quienes tienen un papel profesional en el cuidado educativo (a partir de ahora, "cuidado" se utilizará como equivalente de *care* en inglés, *cura* en italiano y *soin* en francés). Es preocupante la miopía en la lectura de los fracasos educativos de las dos últimas décadas; es preocupante la mudez del pensamiento pedagógico, el silencio del pensamiento educativo, la sordera del pensamiento planificador para una idea de sostenibilidad cultural y social, el ruido de las voces del prejuicio, la ceguera del fundamentalismo cultural. Se trata, en concreto, del resurgimiento de la idea de las fronteras geográficas, culturales y sociales, del punto de vista único que tiene la presunción de leer y gestionar la realidad, de proponer el objetivo de la conversión del otro 'incivilizado' y de la homogeneización cultural. En definitiva, preocupa el resurgimiento de una mente monocultural, la difusión de fundamentalismos monoculturales (Anolli, 2006; Giroux, 2011; Morin, 2018).

La investigación internacional se basó en una encuesta con preguntas cerradas organizadas en categorías mediante una escala de Likert. El objetivo compartido por el equipo de investigación era recabar información cuantitativa sobre la formación que han recibido los profesores de primaria durante su carrera y en estudios posteriores, y datos sobre su percepción del impacto que tiene la cultura y la lengua de origen en el aprendizaje.

2. Ser multicultural, pensar multicultural

Sintetizar los aspectos temáticos cruciales de los antecedentes y objetivos de la investigación no es fácil, sobre todo porque los nudos argumentales y las tramas que hay que desentrañar presentan intersecciones complejas, interconexiones múltiples, que requerirían discusiones profundas y analíticamente articuladas. Para las páginas siguientes, hemos elegido un hilo argumental en torno al cual el discurso puede desarrollarse con fluidez; su trama debe leerse en una secuencia lógica, como en una urdimbre. Para que la sostenibilidad caracterice la calidad del futuro individual y la vida social de las nuevas generaciones, es necesario que una protagonista del cambio como es la escuela vuelva a desempeñar el papel educativo que le corresponde, y que los maestros/profesores/educadores devuelvan a la pedagogía la intensidad de su voz interdisciplinar. El objetivo educativo primordial de una escuela protagonista y de los maestros/profesores/educadores es potenciar un pensamiento narrativo que explique, vincule, comente, interprete y explore contenidos, significados, ideas, fenómenos, sucesos, hechos, utilizando el pensamiento deductivo, inductivo, analítico, sintético, representativo, simbólico, abstracto, creativo, etc. Con ello, el adulto educador superará la idea de la mera transmisión de conocimientos para formar técnicos competentes para pasar a una idea según la cual el conocimiento solo es útil si se utiliza para reflexionar críticamente. El pensamiento narrativo es el protagonista de una mente multicultural porque habita el hombre, su presente, sus interacciones sociales, sus reflexiones, sus ideas, sus ideales. El pensamiento narrativo y la mente multicultural tienen una relación dinámica muy intensa, constante, interactiva y sistémica.

Ahora, para empezar a profundizar, es imprescindible reflexionar inmediatamente, en términos introductorios, sobre las razones por las que existen obstáculos y frenos de diversa índole para la plena realización de una sociedad multicultural, de un enfoque educativo multicultural, de una formación multicultural de maestros y profesores en las escuelas y universidades del país. Los detalles específicos los abordaremos en el siguiente apartado. En primer lugar, es precisamente una idea no leída, no vista, no hablada del multiculturalismo lo que reduce la percepción de su significado. Un estudio minucioso de los enfoques pedagógicos adoptados en la actualidad, de las acciones educativas seleccionadas y de los objetivos pedagógicos preferidos en las escuelas y universidades de las zonas geográficas occidentales revela varias ausencias. Para empezar, la idea de que una cultura es un marco objetivo (Anolli, 2006) que contiene las voces y las opciones de un país nos impide percibir el entorno invisible en el que estamos totalmente inmersos y que da forma y sustancia a nuestra existencia, nuestras ideas, nuestros pensamientos, los condiciona, los informa, los hace respirar y crecer. Es en ese entorno donde nuestro léxico mental se estructura y se hace reconocible; y, sobre todo, es en ese entorno donde el papel del léxico mental cumple sus funciones clarificadoras, referenciales, reflexivas y propositivas; es en ese entorno donde nuestro léxico mental personal nos permite describir y manipular cualquier conocimiento formal, informal, no formal; y, principalmente, es en ese entorno invisible donde nuestra mente se vuelve multicultural porque aprende a leer, comentar y narrar, tanto otro entorno invisible e inmaterial como a un hombre distinto a él; y a leer, comentar y narrarse a sí misma en su propio entorno invisible e inmaterial. Es evidente que la posibilidad de no poder leer y hablar no solo implica la imposibilidad de permitir que una mente multicultural exista y viva, sino, sobre todo, la imposibilidad de permitir que una cultura exista y narre. En otras palabras: dado que la cultura es un entorno invisible e inmaterial, es posible que la atención a la misma se desvanezca gradualmente en el tiempo o que haya momentos históricos en los que desaparezca. En resumen, no permitir que exista una mente multicultural significa perder la posibilidad de que los humanos expliquen, narren y se fusionen; significa repetir un error que los humanos ya cometieron en el pasado, cuando pensaron que una cultura era mejor que otra, que su voz narraba significados más importantes que otros, cuando pensaron que una mente solo debía ser cultural y no multicultural, que los puntos de vista narrativos de otras historias y objetivos colectivos, de otras ideas y principios no eran necesarios ni útiles.

Con una síntesis muy lúcida, es Edgar Morin (2015) quien subraya el riesgo de la generalidad, de la generalización, del vacío que no permite el multiculturalismo: "Sin comprensión no hay verdadera civilización sino barbarie en las relaciones humanas" (p. 90). Con sus palabras, Morin nos permite una síntesis rápida y eficaz de las cuestiones a las que debemos prestar atención: en el presente, la tendencia a la reducción de contenidos y significados, la banalización del conocimiento, la banalización de otras culturas y sus portadores, la ridiculización de otras opiniones y creencias, el empobrecimiento de los estilos comunicativos, lingüísticos y léxicos, la lectura reductora de la intensidad emocional de cada persona, privan de entendimiento al ser humano, a las naciones y a las religiones. Ese riesgo es el promotor de un imperialismo cultural que ya ha invadido y puede seguir invadiendo nuestras ciudades, nuestras relaciones, las relaciones entre padres e hijos, nuestras mentes. En resumen, la narración profunda de una cultura utiliza el pensamiento reflexivo que se convierte en narrativo cuando explica, comenta, profundiza, interpreta; es decir, el pensamiento reflexivo y el pensamiento narrativo contribuyen intensamente a la maduración del pensamiento multicultural.

Y, además, la percepción de lo que es una cultura, la percepción de su significado están íntimamente conectadas con los estilos y herramientas que utilizamos para acceder a sus contenidos, con los estilos y herramientas que utilizamos para comunicar sus contenidos, con los estilos y herramientas que utilizamos para mostrar las implicaciones que produce su manipulación. Básicamente, permaneciendo aún en un nivel general en el análisis de nuestro tema central, la mente oral, la mente alfabética (Loré, 2004) y, necesariamente, la mente multicultural, la mente multimedia son contenidos que la pedagogía y la didáctica no pueden ignorar. La lectura de una y mil historias, de una y mil zonas geográficas y de una y mil voces humanas del presente o del pasado, tiene sentido porque –siempre a nivel general– nos permite construir redes de significados y referencias.

El enfoque estático para observar los conocimientos, los significados y los fenómenos desde fuera no puede sino conducir a un punto de vista condicionado por contenidos culturales y valores paradójicos, porque son inmóviles e impermeables, incapaces de una perspectiva comunicativa e interactiva, e incapaces de reducir la percepción de extrañeza de quienes necesitan madurar, crecer, comprender, leer, participar en su tiempo y vivirlo, explicarlo y narrarlo. Las nuevas generaciones tienen derecho a no percibir la cultura y las culturas como mosaicos con piezas que no encajan, con fragmentos que se quedan pegados a un territorio y a una forma de vida y de pensamiento; es decir, tienen derecho a no arriesgarse al relativismo o al fundamentalismo cultural. Al mismo tiempo, tienen derecho a saber que las culturas están fuera y dentro de las mentes y los cerebros, que cada mente y cada cerebro son únicos y deben ser protegidos y valorados, que las conexiones entre las mentes y los cerebros solo tienen sentido si interactúan en nombre de una lógica reflexiva, de la deconstrucción y la construcción, de la codefinición y la codeterminación, de la covariación y la fiabilidad, en una palabra, de la heredabilidad y el aprendizaje. La cultura narrable y la narración deben representarse, por tanto, como herramientas capaces de propiciar:

- procesos de mediación individual y social, ya que los significados y valores, las ideas y las innovaciones deben ser elaborados y comprendidos por todos, necesitan una constante reconsideración colectiva;
- procesos de participación y construcción social, ya que los significados y valores, las ideas y las innovaciones deben ser comunicados, practicados, experimentados por las comunidades, reconsiderados, modificados y actualizados;
- procesos de mediación temática individual y social, ahora organizados en niveles hipertextuales de complejidad variable;

- procesos de mediación simbólica individual y social, ya que están conecta-
  dos con significados y valores, ideas e innovaciones que sufren una constante
  actualización léxica, lingüística y de representación.

La naturaleza de la cultura narrable y la narración exigen, por tanto, al mismo
tiempo, que un yo contemporáneo proteico (Piccione, 2012) adopte una mente
multicultural, intercultural, hipercultural, capaz de ser una alternativa a la mente
acostumbrada a un único registro, a un único modelo de referencia, que evita la
complejidad; debe ser consciente de que las palabras y las acciones no tienen ni
sentido ni valor si se excluyen de un contexto. En esta dirección, Bateson (1984)
lúcidamente, como precursor, subraya: "Esto se aplica no sólo a la comunicación
verbal humana, sino a cualquier comunicación, a todos los procesos mentales,
a toda la mente" (p. 33). En segundo lugar, la mente multicultural, intercultural
e hipercultural debe conservar sus rasgos específicos, sus características fundamentales, es decir, debe ser una mente versátil, abierta y compleja, comprome-
tida a vivir procesos de formación continua a lo largo del tiempo, gracias a los
cuales supera con dignidad la cultura de la distancia y la separación que corresponde a las fronteras y a los límites; adopta la cultura del 'vagabundeo', que está
hecha de desafío, deseo, curiosidad; promueve en el individuo la conciencia de
ser extranjero y de la presencia del otro extranjero, fomenta la visión de los territorios reales y virtuales como lugares estimulantes, acoge las culturas narrables
y las narrativas como voces individuales de posibles yoes y colectividades. Este
aspecto también lo subrayan Castells y Himanen (2014):

> The recognition of cultural identity is a condition of human dignity and refers to mul-
> ticultural pluralism of contemporary societies. It should be incorporated as a relevant
> capacity for development. From a cultural perspective on human development, dignity
> refers to the need to ensure and expand the possibilities of people in a constructive
> way in order for them to choose their preferred lifestyle, considering other ways of life.
> (p. 254).

He aquí, pues, el sentido que la pedagogía y la didáctica deben privilegiar en
general. Sin la presencia de adultos capaces de comunicar no solo los contenidos
y los significados de los relatos individuales y de los grandes relatos, sino también el valor de la memoria y una ética de la memoria; sin la presencia de adultos
capaces de dar profundidad a las relaciones y de proponer modelos de codificación y descodificación, la pedagogía y la didáctica corren el riesgo de invisibilizar
su papel. En otras palabras, en este presente, la narración multicultural tiene
sentido porque permite construir redes hipermedia de contenidos y significados,
aumentar las oportunidades dadas al vocabulario mental, al pensamiento multimedia y a la reflexión sobre las ideas en red. En definitiva, solo tiene sentido si

se convierte en hipertexto multicultural, si se hace actual, si se encuentra con el joven lector/oyente del presente.

Por lo tanto, a la pedagogía y a la didáctica también les corresponde la tarea de conocer e investigar todas las razones culturales generales por las que existe una narración; es decir, por qué un narrador, un oyente, un lector utilizan un léxico y un vocabulario mental en su tiempo y entorno invisibles e inmateriales, si la proximidad y la continuidad de la relación educativa efectiva permiten referirse a las palabras clave importantes, tener un estilo verbal y no verbal abierto, flexible, disponible, un estilo léxico claro, transparente, un estilo comunicativo que transmita acogida, confianza, disposición al encuentro social y mental, sintonía. Para el cuidado en la relación educativa para la multiculturalidad, en efecto, son necesarios la concentración, el desplazamiento del interés de lo propio a lo ajeno, el reconocimiento del valor del otro (Morin, 2015), la escucha que cuida el significado comunicado, la escucha acompañada de la mirada, de la palabra hablada y de la palabra no dicha, la escucha que acoge al otro y se compromete a comprender sus palabras habladas y sus palabras no dichas, el silencio que da paso a la palabra del otro: "Sólo cuando la postura de la mente es abierta y reflexiva, la escucha se convierte en un espacio de apertura, generando espacios de encuentro" (Mortari, 2015, p. 188).

Sin la presencia de adultos capaces de comunicar no solo los contenidos y significados de las narrativas individuales y de las grandes narrativas, sino también el valor de la memoria y una ética de la memoria, la soledad de los adolescentes y niños usuarios de Internet solo puede aumentar las distancias, la incomprensión y la incomunicación. Sin la presencia de adultos capaces de dar profundidad a las relaciones y de proponer modelos de codificación y descodificación, la soledad de los menores internautas puede anular todos los filtros paradójicamente puestos para protegerlos en Internet, puede empujarlos a adherirse a viejos y nuevos modelos de racismo, impedirles ver el profundo relativismo de la mente monocultural. Sin la presencia de adultos cultos, los menores internautas difícilmente pueden percibir la cultura como mediación y fuente de mediación, como participación y fuente de participación, como sistema caracterizado por lo reticular, la interactividad, la sostenibilidad de la ciudadanía propia y ajena. Sin la presencia de adultos cultos, los menores internautas difícilmente pueden comprender la intensa reciprocidad existente entre mente y cultura, la planificación humana posible gracias a una mente multicultural que vive la complejidad de la convivencia en el presente (Anolli, 2006); y mucho menos pueden darles sentido y valor a todos ellos.

2.1. La centralidad del alumno, el pensamiento multicultural, el pensamiento narrativo

La experiencia de la narrativa de la cultura y la multiculturalidad recorre la vida de la mente oral, la mente alfabética, la mente multicultural, intercultural, hipercultural, y está preparada, en el presente, para connotar y denotar la vida de la mente multimedia. Nuestra idea es que la necesidad de integrar en nuestra reflexión pedagógica el modelo de atención centrada en el aprendiz es inaplazable. Aparentemente, no hay mucha novedad en esta idea, ya que, por ejemplo, la individualización e, incluso, el sistema de modularidad disciplinar están muy cerca de ella. Pero, en realidad, lo que proponemos es un enfoque basado en una profundización adicional de los problemas pedagógicos y didácticos. Y, además, nuestra propuesta es que un cambio de enfoque en la relación educativa puede sustentarse también en la herramienta de la narración, siempre que sea, para todos y en todos los ámbitos educativos, un instrumento para conocerse a sí mismo y al otro, para narrar el conocimiento sin dejar de lado las nociones, utilizar un vocabulario compartido por los que educan y los que aprenden, para permitir el acceso a un conocimiento que sintetiza tanto el enfoque tradicional basado en el uso de la secuencialidad discursiva como un enfoque hipertextual y reticular que defina el sentido de la participación humana en la construcción del conocimiento. Con tales propósitos, hay muchas voces en la literatura, todas interesantes y con aportaciones significativas. Algunos de ellos se centran en problemas todavía generales, otros proponen contenidos más profundos. Algunos son indudablemente compartibles, otros parcialmente. Para empezar, Biagio Loré (2004), por ejemplo, tiene razón cuando sostiene que la mente alfabética está atravesando una crisis que ahora le afecta en sus fibras más profundas. De hecho, la mente alfabética ya no es suficiente, mientras que la mente oral necesita asumir un papel adicional, obviamente renovado con respecto al pasado. Por su parte, la mente multimedia integra lo oral, lo alfabético y se propone como una dimensión compleja capaz de responder a demandas complejas. El debate interdisciplinar sobre estas cuestiones permite acceder a un conjunto de contenidos caracterizados por una gran coherencia y contigüidad: la idea de la mente multimedia es, al mismo tiempo, contigua, cercana, contextual a los ecos de la mirada cosmopolita de Ulrich Beck (2005), del hombre proteico de Jeremy Rifkin (2000), de las inteligencias múltiples de Howard Gardner (2005), de la solidez y liquidez de Zygmunt Bauman (2007), del extraño de Richard Sennett (2014), del individuo sabio de Eugenio Borgna (2019), el individuo justo que valora la dignidad multicultural del ser humano de Martha Nussbaum (2019), el individuo capaz de un pensamiento reflexivo profundo de Luigina Mortari

(2018), el individuo apasionado por su existencia multicultural de Edgar Morin (2020); incluso, el analfabetismo emocional de las nuevas generaciones señalado por Umberto Galimberti (2007). De todos ellos, directa e indirectamente, se desprende la necesidad de educar y formar, con un renovado sentido de la responsabilidad, en un hábito proyectual.

El pensamiento narrativo es un pensamiento sistémico, capaz de ser funcional para la reflexión de la mente multicultural y multimedia, incluso de ser pensamiento retrospectivo e introspectivo. El pensamiento narrativo tiene en sí mismo una complejidad refinada que explora los significados de las redes de información, las nociones y saberes; que reelabora las redes de contenidos y significados para permitir su manipulación profunda. El pensamiento narrativo juega un papel fundamental en este momento de la historia porque puede sintetizar la acción reflexiva del pensamiento crítico y la reelaboración constante de lo que aprendemos en cada contexto educativo. Es al pensamiento reflexivo al que debemos confiar la tarea de reducir la percepción de la distancia a términos únicamente de espacio entre lugares.

Todo ello hace que la pedagogía y la didáctica deban pensar en contenidos adicionales sobre los que reflexionar para confirmar la validez de sus propios principios y objetivos. Nuestra idea, en definitiva, es la siguiente: sin una conciencia de los acontecimientos, de los tiempos vividos y de los espacios vividos, es extremadamente difícil percibirse y explicarse, mirarse y comprenderse; sin una percepción consciente de sí mismo y sin una narración de sí mismo para sí y para los demás, se corre el riesgo de ser y convertirse en extranjero y extraño; sin una narración que interprete el conocimiento y ponga de relieve su carácter reticular, se corre el riesgo de hacer que el conocimiento se perciba como un patrimonio técnico dentro del cual hay que elegir solo lo que es útil. Podemos aceptar la idea de que no sea un objetivo significativo para todo adulto o educador formar a un individuo que sepa o quiera contar a los demás sobre sí mismo (lo que, sin embargo, no debe considerarse un objetivo despreciable), pero no es aceptable que quien está creciendo y en unos años se convertirá en adulto no aprenda a reconocer y explicar la compatibilidad de sus habilidades y características con el micromundo o macromundo en el que vive y vivirá. Como tampoco es aceptable que, siendo adulto, no sepa enseñar y contar a los demás sobre él. Por tanto, la exploración profunda y reticular del saber produce implicaciones de sentido que conciernen al papel y a los objetivos de todo adulto y de todo educador, produce el hábito de la comparación, de la conexión. En resumen, produce el hábito del uso del pensamiento narrativo, permite la reflexión sobre la realidad y el conocimiento en una relación sistémica y no alternativa entre sí.

Como se ve, se trata de un pensamiento narrativo y de un modelo de narración y de una definición de la propia narración que debe mucho a Jerome Bruner
(2003), porque opta por la estabilidad del yo reflexivo y consciente, dispuesto a
actualizarse y a mejorar, capaz de ignorar las fronteras y de entenderse con el otro
en nombre del compartir y de la co-construcción. Es más, son un pensamiento
narrativo y un modelo de narración que tienen un alto grado de contigüidad y
coherencia con los estilos sociales y comunicativos del entorno digital contemporáneo, tienen un léxico altamente compatible con el léxico de la realidad virtual,
requieren un enfoque de la interacción marcadamente coherente con las interacciones posibles en ella, viven intensamente los efectos de las transformaciones,
requieren procesos cognitivos profundamente compatibles con los procesos de
elaboración exactos de internet, imponen el uso intenso de estrategias cognitivas
impuestas también por la interacción y la investigación en la red. Por supuesto,
Jerome Bruner no habla de ello en estos términos, pero los nueve principios
que elabora para describir, caracterizar, calificar y apoyar un enfoque educativo
eficaz (2000), no solo son adecuados para una problematización actualizada de
las cuestiones pedagógicas y didácticas, sino que nos permiten definir con mayor
profundidad la utilidad, el significado y los objetivos de la narración y el pensamiento narrativo. En efecto, la narración debe convertirse en un instrumento de
la mente multicultural, un campo de acción, investigación y experimentación,
caracterizado por la veracidad, la verosimilitud y la coherencia.

Una narración leída, elaborada, analizada, comprendida, codificada, descodi-
ficada, anula el riesgo de estandarización expresiva, simbólica, icónica, porque
tiene en sí misma propuestas de representación de significados y requiere atri-
buciones y comparaciones, categorizaciones y diferenciaciones, codificaciones y
descodificaciones, procesos de pensamiento elaborativo y reelaborativo. Su red
de información biográfica, autobiográfica, psicobiográfica y sociobiográfica es
capaz de enriquecer y explicar la complejidad, de explicar la participación en la
complejidad. Una narrativa como hipertexto multicultural se caracteriza por ser
un producto que limita sistemáticamente los problemas de erosión de la verdad y
de erosión de la confianza; una narrativa como hipertexto multicultural se caracteriza por ser un producto nunca estandarizable de un conjunto de procesos que,
a su vez, nunca son estandarizables ni reducibles a la unicidad. El pensamiento
narrativo multicultural que procesa el tiempo y el espacio experimentados y
narrados utiliza diferentes sistemas para representar e interpretar, a saber:

– el sistema inductivo, que genera hipótesis plausibles y útiles, examina tipi-
  cidades, evalúa, verifica, establece restricciones, necesita objetos claros e

inmutables, eventos, aspectos, propósitos, identifica tendencias sistemáticas, hace uso de los sistemas de categorización y generalización, refina la información semántica;
- el sistema deductivo, que constituye un campo de investigación privilegiado para los contextos matemáticos pero no para todos los contextos cognitivos, comprueba, verifica, compromete la memoria de trabajo, planifica, reduce la información semántica;
- el sistema asociativo, que analiza, sintetiza, compara, diferencia, abstrae, identifica conexiones, utiliza y manipula símbolos, produce innovación utilizando la creatividad;
- el sistema de categorización, que selecciona, distingue, discrimina, clasifica, manipula variables, analiza, sintetiza, representa, distribuye y organiza por clases y subclases, funciones, reglas;
- el sistema de generalización, que organiza los mecanismos, las características, las reglas, simplifica, encuentra e integra nuevas variables;
- el sistema representativo, que codifica, registra, ordena, organiza, integra e interconecta las novedades e innovaciones, encuentra vínculos, exige formas de autorreflexión, sintetiza y se deja utilizar por todos los sistemas anteriores.

En consecuencia, la posibilidad de encontrar nuevos y ulteriores espacios de acción, la posibilidad ulterior de interactuar con individuos y grupos, así como la posibilidad de nuevos lenguajes y comparaciones aumentan las dimensiones simbólicas y multiculturales del movimiento a través de nuevos umbrales y nuevas entradas, nuevas columnas de Hércules y rutas, nuevas formas de sorpresa y expectativas, nuevos rituales y límites, nuevas narrativas y procedimientos, nuevos comportamientos y actitudes, nuevas percepciones y realidades; así como nuevos obstáculos y dificultades, nuevas familiarizaciones e incógnitas, nuevas negociaciones y elaboraciones. Mientras que los territorios monoculturales del presente son, a menudo, para los adultos contemporáneos, tierra de nadie, para las nuevas generaciones son, y deben ser, espacios de lo posible, para ser visitados y enriquecidos. El problema es que, como en cualquier otro rito de iniciación, los niños y adolescentes tienen derecho a la protección en las pruebas que propone el movimiento hacia y a través de nuevos umbrales y accesos. Tienen derecho a ser acompañados en la construcción de una identidad que puede tener las características de las identidades fronterizas, es decir, de aquellas que, en consonancia con lo expuesto en el párrafo anterior, no sólo perciben y experimentan la cultura, el conocimiento, la lengua, el vocabulario, la comparación, la conciencia, la pertenencia y la seguridad que existen a cada lado del umbral, sino que también perciben y experimentan la riqueza de otros estímulos, oportunidades, costumbres, significados, valores, principios, curiosidad, comparaciones. Evidentemente, la identidad fronteriza debe entenderse aquí como aquella que vive dinámicamente en las inmediaciones de un umbral, ya sea este un límite geográfico real, o una metáfora que hay que cruzar gracias a la curiosidad, el interés y el deseo de atravesarlo para conocer lo que hay más allá. Para resumir lo que hemos dicho hasta ahora, y es útil subrayarlo en este punto, las categorías de permeabilidad y superabilidad definen los umbrales, las categorías de disponibilidad, mediabilidad y flexibilidad marcan la identidad fronteriza. Básicamente, la identidad fronteriza es una identidad proteica, múltiple, capaz de reconocer habitualmente al otro, de identificar las metáforas del más allá y del acceso, de aceptar las diferencias y distinciones, de negociar contenidos y significados, de reducir la extrañeza y la intransigencia, de acostumbrarse a los cruces y a los retornos, de respirar y proyectar su voz y su pensamiento multicultural. Pero sobre todo, la identidad fronteriza no percibe el espacio que hay que cruzar como vacío, no lo comunica como un lugar virtual a las nuevas generaciones que nacen en la frontera, no lo define como una distancia de lo que se vive al otro lado del umbral, no lo construye como suspensión y ausencia; sino que lo interpreta como un lugar estable y dinámico, como un lugar que permite acceder a la transformación porque se encuentra constantemente con lo nuevo, nunca como un lugar en el que es posible perderse, ni concreta ni metafóricamente.

Básicamente, el pensamiento narrativo multicultural al que deben acceder las nuevas generaciones de niños y adolescentes gracias a profesores motivados y lúcidos en la observación de la realidad, les permite adquirir el hábito de atender a un conjunto de procesos de reflexión analítica, sintética, metacognitiva, orientativa, valorativa, creativa, proyectual, retrospectiva e introspectiva. Tiene la tarea de definir las razones por las que la red es una metáfora de una narrativa multicultural del yo y del otro, la red es una metáfora del hombre y su pensamiento sistémico, la red es una metáfora del presente.

3. Diseñar multicultural, educar multicultural

Lo señalado hasta ahora impone una serie de exigencias impostergables como es la formación en pensamiento multicultural, la acción multicultural, la lectura multicultural del presente; cada detalle que se capta en el análisis del significado de la participación en el presente desde un enfoque multicultural retorna a la pedagogía un papel intercultural e interactivo entre las ciencias humanas, devuelve intensidad a su voz, un tanto opaca durante las dos últimas décadas; conduce en la dirección de un maestro y un profesor que saben:

- Que cualquier planteamiento pedagógico, cualquier enfoque educativo, cualquier estilo educativo, cualquier objetivo educativo, debe caracterizarse por opciones basadas en un profundo conocimiento de las generaciones cuya educación se les ha confiado. Por lo tanto, la investigación pedagógica y la acción educativa, para volver a ser, respectivamente, visibles y tangibles, deben confirmarse como ciencias humanas y ratificar su identidad interdisciplinaria al tiempo que actualizan la información sobre el impacto que los cambios producen en los estilos individuales, sociales, culturales, comunicativos, expresivos, lingüísticos, léxicos, afectivos, emocionales, éticos, estéticos, en el proyecto de las nuevas generaciones, en sus estilos de aprendizaje, en sus estilos de memorización, en sus estilos de percepción del conocimiento y de acceso a él.
- Que cualquier enfoque pedagógico, cualquier enfoque educativo, cualquier estilo educativo, cualquier objetivo educativo no puede olvidar la centralidad de la persona que aprende, la centralidad de sus propias características, la centralidad de sus aspiraciones. Por lo tanto, la investigación pedagógica y la acción educativa, para hacerse visibles y tangibles respectivamente, deben recuperar una intencionalidad consciente y reflexiva.
- Que cualquier enfoque pedagógico, cualquier enfoque educativo, cualquier estilo educativo, cualquier objetivo educativo no puede olvidar que la adquisición del pensamiento crítico es prioritaria, se basa en el análisis razonado de los conocimientos formales, no formales e informales indispensables. Por lo tanto, la investigación pedagógica y la acción educativa, para llegar a ser, respectivamente, visibles y tangibles, deben recuperar una idea de cuidado que permita a cada alumno no ser nunca periférico, no percibirse nunca como periférico, ser siempre capaz de un pensamiento reflexivo, percibirse como capaz de un pensamiento reflexivo, en cualquier contexto social, cultural, geográfico que viva.

Deducción inevitable y consecuencia explícita de esas tres consideraciones fundamentales para la educación es la idea de devolver a la pedagogía la intensidad de su voz. Es una idea que tiene al menos tres nodos temáticos: pensar que la educación debe volver a habitar los lugares de lo humano, y los lugares de la convivencia colectiva; reducir las distancias entre generaciones que parecen no conocerse, no saber y no entender el lenguaje del otro; leer y conocer el impacto que producen en el pensamiento y en los estilos de aprendizaje determinados procesos y fenómenos que deben ser observados y analizados desde un punto de vista pedagógico. Esos procesos y fenómenos tienen características e identidades completamente diferentes, viven en tiempos y espacios distintos, permiten detectar aspectos diferentes que deben ser leídos, descritos, comprendidos, profundizados.

Estos son algunos de los procesos que preocupan y afectan a la pedagogía, a la intensidad de su voz y, al mismo tiempo, a la educabilidad:

- El alejamiento de una idea razonada de educabilidad y sostenibilidad, bajo la ilusión de que el sentido común, la banalización o la psicologización pueden reemplazar a un enfoque pedagógico y a la educación del ser social e individual. Parece que el adulto, que en algunos casos está delegando su papel educativo y en otros ya ha abdicado de él, piensa que los niños y adolescentes son incapaces de aprender y que no aprenden a través de la exploración, la concentración, la experimentación, los procesos de reflexión, la elaboración, el razonamiento, la selección, la deducción, la atribución de sentido y significado, la memorización, la simbolización, la abstracción, la percepción del mundo. Y, asimismo, parece que esos adultos creen que los modelos de comunicación adoptados por los niños y adolescentes se basan en la ausencia de diálogo interior y en la falta de habilidades introspectivas.
- La homogeneización y la generalización de la didáctica y de la evaluación escolar, bajo la ilusión de que la complejidad de los comportamientos, de las acciones, de los pensamientos puede simplificarse y resolverse mediante soluciones mecánicas o sumativas que, por ejemplo, olvidan que, como cualquier otro ser humano, el portador de una "necesidad educativa especial" no es incapaz, sino que actúa, piensa, tal vez expresa una necesidad personal, tal vez un conflicto complejo, tal vez una profunda y aguda disconformidad, tal vez una gran impaciencia ante las continuas exigencias del rendimiento, tal vez un sufrimiento provocado por los adultos ausentes, ciegos, mudos, incapaces de explicar, acompañar, cuidar a los que crecen.
- La artificialización de las relaciones con la cultura, el conocimiento, las ideas y los ideales, bajo la ilusión de que la reducción de la complejidad a lo resumido, a lo concreto y a lo práctico es portadora de pragmatismo, de verdad y de justicia.
- El agotamiento de las relaciones con el yo profundo bajo la ilusión de que la presencia y la visibilidad en la red dan realmente sentido a un yo social e individual.
- La aniquilación del sentido y del valor de la memoria y de la planificación individual y colectiva, en la ilusión de que la idea de aparecer, de parecer, de mostrarse solo en un "aquí" y en un "ahora" puede prevalecer durante mucho tiempo no tanto en la idea de saber, de saber ser, de saber hacer, como en la de

cuidar de un pensamiento, de una reflexión, de un proyecto de vida individual y social.

– La 'enemigalización' del distinto, en la ilusión de que la posibilidad de juzgar al otro da valor a un pensamiento, a una posición, a una idea del mundo, a un yo social e individual.

Y estos son algunos de los fenómenos que afectan a la pedagogía, a la intensidad de su voz y, al mismo tiempo, a la educabilidad:

– Para las nuevas generaciones de hoy, como nunca ha ocurrido en la historia de la humanidad, existe un conocimiento, el tecnológico, sobre el que las generaciones adultas no son capaces de transmitir mucho, en efecto, ni en términos de contenido, ni de procedimientos de uso, ni de significado, ni de estrategias cognitivas comprometidas en su manipulación, ni de lenguajes específicos.

– Por primera vez en la historia de la humanidad, el conocimiento tiene en sí mismo un potencial instrumental añadido, ya que el uso de las tecnologías puede permitir el acceso a todos los demás conocimientos sin que la presencia del adulto sea indispensable. La distinción entre el acceso a conocimientos más profundos o menos profundos no tiene razón de ser, ya que depende del enfoque del usuario que accede a ellos y de la motivación para aprender.

– Por primera vez en la historia de la humanidad, existe la posibilidad de preservar las huellas indelebles de la memoria individual y social. Si, por un lado, los grandes relatos exigen y necesitan, precisamente en términos poshumanos, una nueva vitalidad, por otro lado, la narrabilidad del conocimiento necesita nuevas herramientas, técnicas, métodos, estrategias reticulares.

– Por primera vez en la historia de la humanidad, los lugares tangibles y visibles no son los únicos donde es posible aprender, interactuar, socializar, expresar, comunicar, experimentar emociones y sentimientos. El entorno virtual, la posibilidad de encontrar espacios de acción nuevos y adicionales, la posibilidad de interactuar con individuos y grupos, así como la posibilidad de nuevos lenguajes y comparaciones, aumentan las dimensiones simbólicas y culturales del 'movimiento a través de' nuevos umbrales/fronteras y nuevos accesos, nuevas formas de sorpresa y expectativas, nuevos rituales y límites, nuevas narrativas y procedimientos, nuevos comportamientos y actitudes, nuevas percepciones y concreciones, así como nuevos obstáculos y dificultades, nuevas familiaridades e incógnitas, nuevas negociaciones y elaboraciones.

– Por primera vez en la historia de la humanidad, los ritmos de aprendizaje formal y los ritmos de maduración emocional y afectiva tienen velocidades diferentes. Es decir, las nuevas generaciones, como en el pasado, aprenden más rápido que los adultos, sin embargo, parecen sufrir, en comparación con

las anteriores, una importante lentitud en cuanto a su maduración emocional-
afectiva.

Por lo tanto, todo esto –procesos, fenómenos, datos– no puede nunca justifi-
car que el punto de vista pedagógico se desentienda de las exigencias que de él
se derivan: el enfoque fiable, duradero, flexible y estable de cualquier educador
no es menos indispensable ahora, pero debe integrarse en las exigencias que el
presente y cada nuevo presente plantean y plantearán a las nuevas generaciones.
El modelo de cuidado educativo puede ser útil para este tipo de enfoque multicultural.

3.1. Cuidado educativo centrado en el alumno

Cura es un personaje de la mitología romana y es Cayo Julio Higinio quien, en
el transcurso del siglo I a. C., lo menciona por primera vez. Es un personaje
femenino que parece solo supuestamente reflexivo. Se la describe como inquieta,
instintiva, impulsiva. Esta es la historia: un día, la diosa Cura, al cruzar un río,
ve un poco de barro. Sin un objetivo preciso, sin una intención precisa, coge
el suficiente para modelar un hombre. La casualidad quiso que, nada más ter-
minar la figura, llegara Júpiter. La diosa le pidió que diera vida a su creación y
le propuso darle su propio nombre. Júpiter accedió a la primera petición, pero
negó a Cura la segunda. Argumentó que, puesto que fue él quien insufló vida al
nuevo ser, era únicamente él quien podía elegir su nombre. También participó
en la disputa Terra, quien, desde su punto de vista, arguyó obviamente que, ya
que ella proporcionó el material con el que se modeló la figura, era la única realmente legitimada para asignarle un nombre. Los tres decidieron entonces pedir
a Saturno que fuera el juez de la disputa. Y Saturno sentenció: en primer lugar,
el nombre de la figura no sería el elegido por ninguno de los tres contendientes,
sino que sería "hombre", de "*humus*" (= 'tierra'); después, a la muerte del hombre,
Júpiter tendría derecho a recuperar la posesión de su alma, precisamente porque
le había infundido un espíritu vital; también después de la muerte del hombre, el
cuerpo regresaría a la Tierra, precisamente porque había sido modelado con su
materia; pero, durante toda su vida, el hombre solo pertenecería a Cura. En otras
palabras, al decidir así, Saturno hace del hombre la criatura de la inquietud y de
la aspiración a la complejidad, porque es el resultado del encuentro y la inde-
cisión permanentes entre la dimensión de la tierra y la dimensión del espíritu.

Martin Heidegger habla de este carácter en *Essere e tempo* (2005), y lo hace
precisamente para referirse al cuidado, en el sentido que hemos venido indicando indirectamente hasta ahora. La autoconciencia y el autoconocimiento, la
autenticidad y la profundidad de la relación consigo mismo y con el mundo,

permiten al hombre planificar su existencia. Para Heidegger, es este cuidar de sí mismo, lo que hace auténtico al ser humano; y es el cuidar del otro lo que le permite ser auténtico en el mundo y con el mundo. Por eso, para el filósofo alemán, el cuidado no es tanto el instrumento que el hombre necesita para hacer auténtica su existencia individual y social. Para él, el cuidado es la existencia misma, una es imposible sin el otro, coincide con el *Dasein*, con el 'Ser-nosotros'. Para nosotros, aquí, el cuidado tiene un significado cultural adicional bien resumido por Cristina Palmieri (2012):

> La cura è la più profonda e più completa intenzionalità umana costantemente in bilico tra la possibilità di esistere autenticamente o inautenticamente, mantenendo o meno la padronanza di sé. La Cura è temporalità, rapporto con l'essere che si traduce e si manifesta in una modalità di essere nel mondo e di essere se stessi: una modalità mai data, mai garantita, ma possibile, ogni volta da scegliere o non scegliere, ogni volta differente oppure determinante l'essere dell'uomo, la sua esistenza, la sua formazione. (p. 3).

Ser capaz de dar sentido al cuidado educativo, en nuestra opinión, significa reapropiarse de las razones de la educación, significa pensar en una pedagogía basada en objetivos y no en una pedagogía basada en competencias; significa reflexionar sobre la dimensión humana, según una dirección que los tecnócratas de la pedagogía basada en competencias han abandonado. Esta es una dirección que los tecnócratas de la pedagogía por competencias, de las escuelas y universidades que preparan a las personas para el trabajo abandonaron hace algunos años, una dirección que, paradójicamente, en estos momentos, en nuestro país, corremos el riesgo de imitar, a pesar de un acercamiento histórico a la idea de una educación y una enseñanza que promueva la construcción de personas y no de ejecutores técnicos: el retorno de la intensidad a la voz de la pedagogía y la reapropiación de las razones de la educación, finalmente, pasan por la restitución de la centralidad a la presencia y a la voz de las nuevas generaciones de niños y adolescentes, pasan por la conciencia de que ningún enfoque pedagógico puede ser eficaz si no conocemos a quien se nos confía, si no escuchamos y comprendemos sus palabras, si no estamos dispuestos a solicitar el pensamiento crítico, las reflexiones personales, las intuiciones, los comentarios.

4. Resultados de la encuesta en Italia

4.1. Metodología

Se pidió a los profesores de primaria que respondieran a unas preguntas sobre la presencia en su plan de estudios universitario y en su formación posterior de contenidos específicos relacionados con las dimensiones de aprendizaje de L2, multilingüismo y multiculturalismo y a su percepción en cuanto a la influencia de la diversidad cultural y lingüística en las actuaciones de sus alumnos y sus actitudes hacia ellos. Respondieron 129 profesores, de colegios públicos y concertados, 121 mujeres y 8 hombres. La mayoría de ellos (53 %) declaró tener más de 16 años de experiencia profesional; a ellos hay que añadir un porcentaje significativo (17.9 %) que lleva entre 9 y 15 años trabajando en centros de primaria; algo más de uno de cada cuatro (28.5 %) lleva menos de ocho años como profesor de primaria. El cuestionario propuesto, con una escala de Likert (muy en desacuerdo, en desacuerdo, de acuerdo, totalmente de acuerdo), planteaba a los profesores veinticuatro preguntas en total: trece sobre su formación; y once referentes a su percepción del impacto de la cultura de origen de sus alumnos sobre sus relaciones sociales y sobre sus resultados académicos.

4.2. Resultados

a. Formación en enseñanza de L2, multilingüismo, multiculturalismo

Las respuestas a las primeras preguntas (Tabla 1) indican inmediatamente la presencia de un problema importante: la atención institucional a la formación en multilingüismo y multiculturalidad no parece ser profunda y, por lo tanto, la percepción de su importancia es bastante débil. De hecho, durante sus estudios universitarios, casi la mitad de los profesores de primaria (ítem 1, 47.2 %) no tuvieron ninguna experiencia en la enseñanza de segundas lenguas; una vez que entraron en el mercado laboral, al menos 3 de cada 5 (ítem 2, 62.6 %) afirman que nunca tuvieron ninguna oportunidad ofrecida por su institución de seguir un curso de enseñanza de segundas lenguas; casi la mitad (ítem 3, 48.8 %) no siguieron ningún curso de especialización superior en la enseñanza de segundas lenguas. En concreto, desde el punto de vista formal de la adquisición de competencias técnicas específicas, la mitad de los profesores afirma no tener ninguna herramienta utilizable ante la necesidad de enseñar en una L2 o una LE; la gran mayoría pertenece al grupo que tiene una vida profesional más larga.

Tabla 1. Porcentajes de las respuestas totales sobre la formación recibida en didáctica de L2

ÍTEMS	Muy en desacuerdo	En desacuerdo	De acuerdo	Muy de acuerdo
He recibido formación en didáctica de segundas lenguas en el programa de mis estudios universitarios.	18.7	28.5	27.7	25.2
He recibido formación en didáctica de segundas lenguas en cursos de especialización ofrecidos por la administración de Educación.	31.7	30.9	22.0	15.4
He recibido formación en didáctica de segundas lenguas en cursos de especialización ofrecidos por universidades u otras instituciones de educación superior.	25.2	23.6	27.6	23.6
Tengo la suficiente formación en didáctica de segundas lenguas para atender las necesidades comunicativas del alumnado.	9.8	27.6	38.2	24.4

Fuente: Elaboración propia de los autores

Las posibles observaciones, por tanto, sobre la presencia de una atención específica a las competencias formales en la enseñanza de una lengua distinta del italiano confirman una percepción aún no relevante del problema; ni siquiera las universidades parecen haber estado preparadas para aceptar los retos del multilingüismo y la multiculturalidad.

Teniendo en cuenta, pues, la evolución de los planes de formación de las escuelas y universidades italianas en los últimos años y la presencia efectiva de profesores y maestros de lengua materna en todos los ciclos escolares y académicos, las respuestas al último de los ítems de la Tabla 1 permiten detectar un cambio cultural, aunque todavía bastante limitado. La mayoría de los profesores más jóvenes declaran tener las competencias lingüísticas formales para responder a las necesidades comunicativas de sus alumnos; una parte de ellos, aunque hayan asistido a institutos y universidades en los últimos años, comparte con sus colegas más experimentados un importante escepticismo sobre las competencias técnicas que poseen.

En concreto, por cada tres profesores, más de 1 (37.4 %) cree que es técnicamente incapaz de dar respuesta a las necesidades comunicativas de sus alumnos. Este es un dato de gran importancia, sobre todo si se observa a través de lo que hemos subrayado en las páginas anteriores, comentando de forma sintética el impacto que algunos cambios del presente han determinado en los estilos culturales, comunicativos, éticos, sociales de las nuevas generaciones. La ausencia y la distancia, la simplificación y la falta de atención parecen caracterizar las opciones institucionales. La falta de una visión multicultural parece prevalecer porque es la ausencia de una idea de sostenibilidad cultural y social que se extiende junto con la falta de una planificación a medio y largo plazo.

Los datos recabados en los ítems propuestos en la Tabla 2 confirman lo obtenido gracias a las preguntas anteriores. Por otro lado, como todas las cifras apuntan a una falta de atención al multilingüismo aún más acusada, la situación que se plantea es todavía más preocupante.

Tabla 2. Porcentajes de las respuestas totales sobre la formación recibida en plurilingüismo

ÍTEMS	Muy en desacuerdo	En desacuerdo	De acuerdo	Muy de acuerdo
He recibido formación en plurilingüismo en el programa de mis estudios universitarios.	25.2	31.7	29.3	13.8
He recibido formación en plurilingüismo en cursos de especialización ofrecidos por la administración de Educación.	39.0	36.6	18.7	5.7
He recibido formación en plurilingüismo en cursos de especialización ofrecidos por universidades u otras instituciones de educación superior.	29.3	34.1	22.0	14.6
Tengo la suficiente formación en plurilingüismo para atender las necesidades comunicativas de los estudiantes de mi aula.	10.6	33.3	40.7	15.4

Fuente: Elaboración propia de los autores

De hecho, las carencias institucionales y académicas parecen ser mayores; respectivamente, los datos correspondientes a los tres primeros ítems se elevan al 56.9 %, 75.5 %, 63.4. Se trata de una información significativa, que afecta a todos los profesores con mayor experiencia profesional y a la mayoría de los más jóvenes.

Incluso la conciencia de poseer herramientas adecuadas para responder a las necesidades comunicativas de los alumnos está en franco retroceso (el 43.9 % de los profesores cree que no es capaz de atenderlas porque no ha recibido formación específica en multilingüismo).

Tabla 3. Resultados en porcentajes de la valoración de la formación en multiculturalidad que presenta el profesorado de E.P.

ÍTEMS	Muy en desacuerdo	En desacuerdo	De acuerdo	Muy de acuerdo
He recibido formación en multiculturalidad en el programa de mis estudios universitarios.	23.6	31.7	32.5	12.2
He recibido formación en multiculturalidad en cursos de especialización ofrecidos por la administración educativa.	30.1	39.0	22.8	8.1
He recibido formación en multiculturalidad en cursos de especialización ofrecidos por universidades u otras instituciones de educación superior.	28.5	28.5	28.5	14.6
Es necesaria la inclusión de formación para el desarrollo de las competencias multicultural y plurilingüística como parte de la competencia docente en los programas universitarios de Maestros en Educación Primaria.	0.8	5.7	27.6	65.9
Es necesaria la inclusión de formación para el desarrollo de las competencias multicultural y plurilingüística como parte de la competencia docente en los planes de formación permanente de los maestros de Educación Primaria.	1.6	5.7	24.4	68.3

Fuente: Elaboración propia de los autores

En resumen, las competencias técnicas que deberían ser preparatorias para el desarrollo de una visión y una planificación multicultural aparecen, de manera particular y marcadamente decepcionante, en un grupo no suficientemente representativo de profesores de primaria.

Sin embargo, las respuestas que los profesores entrevistados dieron a los ítems presentados en la Tabla 3 sugieren que se está produciendo un cambio, al menos en cuanto a su percepción del valor y el significado de la multiculturalidad, el pensamiento multicultural y una idea de diseño de la multiculturalidad.

Por un lado, la información sobre la formación recibida a nivel académico e institucional confirma silencios significativos, pues en términos comparativos, los tres primeros ítems apuntan a la tendencia ya observada. Los datos son muy cercanos a los registrados para el multilingüismo: alcanzan el 55.3 %, el 69.1 % y el 57 % respectivamente. Este conjunto de informaciones es preocupante porque la maduración de una idea y una planificación multicultural solo es posible si un enfoque interdisciplinar profundiza, comenta y potencia su significado. Es decir, solo si un conjunto de disciplinas académicas y cursos de formación explican y habitan sus contenidos, sus razones, sus objetivos, su necesidad; solo si las disciplinas académicas y los cursos de formación se fijan como objetivo la planificación y la promoción de una identidad multicultural.

El profesorado de primaria percibe la importancia de la formación en las competencias multiculturales formales, no formales e informales integradas con cualquier otra competencia, hasta el punto de que el 93.5 % afirma, en sus respuestas al punto 4, que está a favor de esta idea y cree que la universidad debería encargarse de ello. Con algo menos de intensidad (ítem 5, 92.7 %), consideran necesaria la formación continua de sus colegas que ya trabajan en las aulas de todo el país y de los futuros profesores.

Desde luego, es sorprendente y decepcionante que haya un 6.5 % de profesores que no consideran necesario que este tipo de formación esté presente en los planes de estudios de los futuros profesores de primaria, y especialmente sorprendente y decepcionante es el 7.3 % de profesores que no lo consideran necesario en los planes de formación continua. La experiencia demuestra que todavía existe un porcentaje muy bajo de profesores de cualquier nivel escolar que se opone personalmente a una idea y un proyecto multicultural, es más, que se opone a cualquier curso de actualización. Lo que sorprende y decepciona, en el fondo, es la evidencia de los datos concretos y es preocupante que de los poquísimos escépticos que había en Italia hayamos pasado a un porcentaje –que si bien es inferior al 10 %– también es decididamente más alto que en el pasado reciente.

b. Implicaciones producidas por la lengua de origen de los alumnos

Son especialmente interesantes las valoraciones expresadas por los profesores en respuesta a los siguientes puntos.

Tabla 4. Resultados en porcentajes de la valoración de las consecuencias académicas y sociales de la lengua de origen del alumnado

ÍTEMS	Muy en desacuerdo	En desacuerdo	De acuerdo	Muy de acuerdo
Los alumnos de lengua materna diferente de la del país de acogida tienen más dificultades para aprender esa lengua.	4.1	31.7	43.1	21.1
Los alumnos de lengua materna diferente de la del país de acogida tienen más dificultades para la integración con sus compañeros.	12.2	43.9	37.4	6.5
Los alumnos de lengua materna diferente de la del país de acogida tienen más dificultades para aprobar las asignaturas escolares.	8.9	28.5	52.8	9.8
Los resultados académicos de los estudiantes de lengua materna distinta de la del país de acogida son diferentes en función de su género.	39.8	35.8	19.5	4.9

Fuente: Elaboración propia de los autores

Como puede verse en la tabla 4, en conjunto, los profesores señalan la existencia de procesos de integración cualitativamente contradictorios en términos generacionales.

Por un lado, la mayoría (64.2 %) responde que los alumnos que tienen una lengua materna diferente de la del país de acogida muestran mayores dificultades en el aprendizaje del idioma. En la misma dirección van los datos (62.6 %) que apuntan a las dificultades para superar las pruebas de evaluación escolar y disciplinar. En concreto, este conjunto de información debería hacernos replantear implicaciones significativas también en términos de integración social, además de lingüística y educativa. De hecho, los éxitos educativos y culturales cuantitativa y cualitativamente menos intensos condicionan las oportunidades de relación e interacción con los micro- y macrocontextos culturales de acogida.

Por otro lado, las respuestas de los profesores señalan que los alumnos cuya lengua materna es diferente de la del país de acogida están especialmente motivados para interactuar con sus compañeros. En concreto, el 56.1 % de las respuestas señalan un compromiso significativo en ese sentido, y un número significativamente bajo de respuestas (6.5 %) no lo señalan en absoluto.

Finalmente, el último punto planteaba una cuestión relevante. Pedía, en esencia, una evaluación de una posible diferencia de género en los logros escolares y académicos en el país de acogida. El 75.6 % de las respuestas coinciden en que no hay diferencias; tres de cada cuatro profesores italianos no ven ninguna diferencia entre los resultados obtenidos por los alumnos y las alumnas. Solo el 4.9 % declara que existe realmente un desequilibrio en los resultados académicos.

c. Percepción, actitud y acción docente del profesorado

Los últimos ítems propuestos a los profesores tenían como objetivo detectar el posible impacto que la presencia de alumnos procedentes de un contexto lingüístico y cultural no italiano puede haber producido en las aulas de primaria en los últimos años, desde el punto de vista de su percepción por parte del propio profesorado de Primaria.

La gran mayoría de los profesores italianos se declaran disponibles para sus alumnos, independientemente de su origen. El 95.3 % de los encuestados dice estar interesado en la cultura y el sistema lingüístico de los alumnos no italianos; menos del 1 % dice no estar interesado en absoluto en uno u otro.

Son interesantes los datos recogidos para los dos puntos siguientes. Para el 82.9 % de los profesores, conocer los aspectos lingüísticos del país de origen de los alumnos no italianos facilitó la elaboración de estrategias de enseñanza de la lengua italiana. Para el 83 % de los profesores, conocer aspectos culturales del país de origen de los alumnos no italianos facilitó la elaboración de estrategias de enseñanza de la lengua y la cultura italianas. En términos multiculturales, interculturales y sociales, estos datos son extremadamente significativos, especialmente si se ven a través de la lente de las encuestas realizadas en la primera parte de este capítulo.

Los dos puntos siguientes también pretendían obtener información cualitativa relevante. A los profesores se les preguntó básicamente si la diversidad es un obstáculo que limita los procesos de aprendizaje y enseñanza. En el caso de la percepción de la lengua como obstáculo para la fluidez de esos procesos, el 78 % de los profesores la excluyó; y en el caso de la percepción de la cultura como obstáculo para la fluidez de esos procesos, el 91 % de los profesores la excluyó. Por lo tanto, si en una primera lectura, el primero de los dos datos podría suscitar perplejidad, en realidad, el segundo reduce notablemente su alcance. De hecho, los profesores subrayan el impacto potencial que un conocimiento de baja calidad de una lengua distinta a la propia produce en los procesos de enseñanza y aprendizaje.

Tabla 5. Resultados en porcentajes de la valoración del profesorado sobre creencias, percepciones y actuaciones que la cultura y el sistema de la lengua tienen en el alumnado de Educación Primaria

ÍTEMS	Muy en desacuerdo	En desacuerdo	De acuerdo	Muy de acuerdo
Me he interesado por conocer la cultura y el sistema de la lengua de origen de los alumnos no italianos.	0.8	4.1	48.8	46.3
El conocimiento sobre el sistema de la lengua de origen de mis alumnos me ha facilitado la elaboración de estrategias de enseñanza de la lengua italiana.	3.3	12.8	56.1	26.8
El conocimiento de la cultura de origen de mis alumnos me ha facilitado la elaboración de estrategias de enseñanza de la lengua y la cultura italianas.	1.6	15.4	54.5	28.5
La diversidad de lenguas en el aula es un obstáculo para el avance en la enseñanza/aprendizaje.	33.3	44.7	19.5	2.4
La diversidad de culturas en el aula es un obstáculo para el avance en la enseñanza/aprendizaje.	46.3	44.7	6.5	2.4
He aplicado en el aula estrategias de didáctica de la lengua en entornos plurilingües con éxito.	4.9	26.8	55.3	13.0
He aplicado en el aula estrategias de didáctica de la lengua en entornos multiculturales con éxito.	5.7	20.3	60.2	13.8

Fuente: Elaboración propia de los autores

Tendencialmente y de forma comparativa, los dos últimos ítems también confirman los hallazgos realizados hasta ahora: el enfoque multicultural (74 %) favorece y mejora, en comparación con el enfoque multilingüe (68.3 %), la calidad de la enseñanza de idiomas.

5. Conclusiones

Los resultados de la encuesta sugieren que se está produciendo un profundo cambio en Italia, al menos en la percepción social y cultural del alumno de Educación Primaria como persona, como individuo en crecimiento, como individuo social capaz de interactuar socialmente, como individuo especialmente motivado a las relaciones sociales con los compañeros (Boffo, 2006; Cambi, 2006; Mortari, 2018; Palmieri, 2012; Piccione, 2012). Por supuesto, para confirmar esta tendencia habría que hacer las mismas preguntas a los profesores de instituto. Teniendo en cuenta lo que ya hemos señalado respecto a la corta historia de Italia como país de destino de los flujos migratorios, la idea de verificar su continuidad a medio plazo, a través de encuestas cíclicas, es realmente plausible.

Los profesores de primaria italianos están inmersos en la búsqueda de posibles formas de mediación didáctica para mejorar cualitativamente el impacto educativo y formativo en sus clases. Además, son ampliamente conscientes de la necesidad de acceder a una formación coherente con la realidad, capaz de hacer leer la realidad y permitirle habitarla. En general, son conscientes de la delicadeza de su papel y de su función de acompañar a las generaciones de niños hacia la madurez personal y social, sea cual sea su origen.

Lo que todavía preocupa es la idea de que se considere suficiente la inmersión en contextos multilingües para que crezcan como hombres y mujeres responsables (Bauman, 2007; Byung-Chul, 2017; Castells, 2015; Gardner, 2007; Morin, 2018; Nussbaum, 2019; Sen, 2010). Preocupa no percibir la distancia de sentido entre 'estar inmerso' y 'habitar' (Morin, 2015; Piccione, 2012; Smorti, 1994). Preocupan las distancias entre las posiciones culturales de las distintas generaciones de profesores. Preocupa la percepción cultural y profesional de los procesos de enseñanza como procesos de aprendizaje diferentes, porque esta idea separa torpe e incomprensiblemente lo que está interconectado, es interdependiente (Maldonado, 2005; Mortari, 2015; Sennett, 2014). Es preocupante la limitada percepción de la escuela como incubadora de pensamientos, de pensamiento crítico, de ideas, de reflexiones, de consideraciones, de interpretaciones, de lecturas, de comentarios, como una realidad que se hace multicultural solo si y solo porque tiene un proyecto de sostenibilidad social y cultural (Baldi, 2003; Borgna, 2019; Gardner, 2005; Morin, 2020).

Referencias bibliográficas

Anolli, L. (2006). *La mente multicultural.* Laterza.

Baldi, P. L. (2003). *Le parole della mente. Lessico mentale e processi linguistici.* Franco Angeli.

Bateson, G. (1984). *Mente e natura. Un'unità necessaria.* Adelphi.

Batini, F., y Del Sarto G. (2005). *Narrazioni di narrazioni. Orientamento narrativo e progetto di vita.* Erickson.

Bauman, Z. (2007). *Homo consumens. Lo sciame inquieto dei consumatori e la miseria degli esclusi.* Erickson.

Beck, U. (2005). *Lo sguardo cosmopolita*. Carocci.

Benasayag, M., y Schmit, G. (2004). *L'epoca delle passioni tristi* Feltrinelli.

Boffo, V. (2006). *La cura in pedagogia*. CLUEB.

Borgna, E. (2019). *Saggezza*. Il Mulino.

Bruner, J. (20007). *La cultura dell'educazione. Nuovi orizzonti per la scuola*. Feltrinelli.

Bruner, J. (2003). *La mente a più dimensioni*. Laterza.

Byung-Chul, H. (2017). *L'espulsione dell'altro*. Nottetempo.

Cambi, F. (2006). *Manuale di storia della pedagogia*. Laterza.

Castells, M., y Himanen, P. (2014). *Reconceptualizing development in the global information age*. Oxford University Press.

Castells, M. (2015). *Reti di indignazione e speranza*. EGEA.

Di Francesco, M. (1998). *L'io e i suoi sé. Identità personale e scienza della mente*. Raffaello Cortina.

Galimberti, U. (2007). *L'ospite inquietante, il nichilismo e i giovani*. Feltrinelli.

Gardner, H. (1994). *Intelligenze creative*. Feltrinelli.

Gardner, H. (2006[4]). *Sapere per comprendere. Discipline di studio e disciplina della mente*. Feltrinelli.

Gardner, H. (2005). *Educazione e sviluppo della mente. Intelligenze multiple e apprendimento*. Erickson.

Gardner, H. (2007). *Cinque chiavi per il futuro*. Feltrinelli.

Giroux, H. A. (2011). *On critical pedagogy*. Bloomsbury Publishing.

Heidegger, M. (2005). *Essere e tempo*. Longanesi.

Loré, B. (2004). *Omero. L'educatore orale*. Monolite.

Maldonado, T. (1994). *Reale e virtuale*. Feltrinelli.

Maldonado, T. (2005). *Memoria e conoscenza. Sulle sorti del sapere nella prospettiva digitale*. Feltrinelli.

McLuhan, M. (1967). *Gli strumenti del comunicare*. Saggiatore.

McLuhan, M. (1976). *La galassia Gutenberg. Nascita dell'uomo tipografico*. Armando.

Morin, E. (2000). *La testa ben fatta. Riforma dell'insegnamento e riforma del pensiero*. Raffaello Cortina.

Morin, E. (2015). *Insegnare a vivere. Manifesto per cambiare l'educazione*. Raffaello Cortina.

Morin, E. (2018). *Conoscenza, ignoranza, mistero*. Raffaello Cortina.

Morin, E. (2020). *Cambiamo strada*. Raffaello Cortina.

Mortari, L. (2006). *La pratica dell'aver cura*. Mondadori.

Mortari, L. (2015). *Filosofia della cura*, Raffaello Cortina.

Mortari, L. (2018). *Apprendere dall'esperienza. Il pensare riflessivo nella formazione*. Carocci.

Nussbaum, M.C. (2019). *Giustizia sociale e dignità umana*. Il Mulino.

Palmieri, C. (2012). *La cura educativa*. Franco Angeli.

Ong, W. (1986).*Oralità e scrittura. Le tecnologie della parola*. Il Mulino.

Piccione, V. A. (2012). *Mappe educative e formative 1. I nuovi setting pedagogici*. Aemme Publishing.

Pinto Minerva, F., y Gallelli, R. (2004). *Pedagogia e post-umano. Ibridazioni identitaria e frontiere del possibile*. Carocci.

Rifkin, J. (2000). *L'era dell'accesso. La rivoluzione della new economy*. Mondadori.

Salomone, I. (1997). *Il setting pedagogico. Vincoli e possibilità per l'interazione educativa*. NIS.

Sen, A. (2010). *L'idea di giustizia*. Mondadori.

Sennett, R. (2014). *Lo straniero*. Feltrinelli.

Smorti, A. (1994). *Il pensiero narrativo. Costruzione di storie e sviluppo della conoscenza sociale*. Giunti.

George K. Zarifis

La educación multilingüe e intercultural en la Educación Primaria griega

Exploración de la necesidad de formación profesional continua de los profesores

Resumen: Debido a las dificultades a las que se enfrentan los profesores a la hora de enseñar lenguas no solo a alumnos nativos, sino también a alumnos de diversos orígenes etnoculturales, como los extranjeros y los inmigrantes, el objetivo de este capítulo es examinar los requisitos de formación de los profesores que trabajan en centros de primaria financiados por el Estado en Grecia. Además de decidir cómo abordar los problemas a los que se enfrentan en su trabajo diario, parece que deben priorizar su crecimiento profesional para estar a la altura de la creciente necesidad de competencia multilingüe e intercultural. En este capítulo se analiza la situación actual de la educación multilingüe e intercultural en las escuelas primarias griegas financiadas por el Estado, haciendo hincapié en los resultados de la encuesta transnacional que forma parte del proyecto GRE 19–05 "Formación del profesorado europeo de primaria en multiculturalismo y plurilingüismo. España, Francia, Italia y Grecia", financiado por la Universidad de Alicante (España), así como las implicaciones de estos resultados para futuras investigaciones. Tras analizar las percepciones de los instructores sobre su formación profesional especializada desde sus estudios universitarios, con especial énfasis en las extensiones académicas y sociales para los estudiantes de diversos orígenes lingüísticos, el capítulo termina con algunas recomendaciones para futuras investigaciones.

Palabras clave: educación multilingüe, educación intercultural, profesores de Educación Primaria, desarrollo profesional, necesidades de formación profesional

1. Introducción

La sociedad griega se caracteriza actualmente por la heterogeneidad multicultural de su población. Miles de inmigrantes económicos y refugiados procedentes de naciones de toda Europa, Asia y Oriente Medio pasan por Grecia cada año en busca de una vida mejor en Europa Occidental. Grecia no solo es una opción a corto y medio plazo, sino que también es el principal destino en una serie de situaciones durante un período en el que los griegos que regresan se encuentran entre las masas de personas que se desplazan a Europa. Esta tendencia contribuyó a un cambio cultural en Grecia que se produjo en la década de 1990: Grecia, de ser una nación de "envío" de inmigrantes al extranjero, pasó a ser una de "acogida".

Como resultado de los enormes cambios demográficos que se han producido en el país durante las tres últimas décadas, miles de estudiantes internacionales e hijos de emigrantes griegos retornados se han matriculado en los centros escolares en los últimos años, convirtiéndolos así en instituciones multiculturales. En consecuencia, a pesar de que la escuela griega está concebida para atender a una población estudiantil más homogénea, se ha visto obligada a integrar y educar a alumnos con diversos orígenes étnicos y culturales, así como lingüísticos. La finalidad de esos centros es alcanzar tanto objetivos sociales como educativos. Para ser eficaz en el plano social, la escuela debe contribuir a la perfecta inclusión de los grupos minoritarios en la sociedad, al tiempo que ayudar al grupo dominante a tomar conciencia en cuestiones como el respeto a la diversidad cultural, la tolerancia y la solidaridad entre todos los individuos. Para que la actuación docente en el aula sea eficaz es importante promover la educación de todos los alumnos, independientemente de su origen cultural, teniendo en cuenta la igualdad de las culturas y el valor del capital educativo para todos.

En 1996, Grecia creó "escuelas interculturales" (oficialmente "Escuelas de Educación Intercultural") en virtud de la Ley de Educación Intercultural 2413 (Boletín Oficial 124, número 1, 17-6-1996). Este tipo de centro (existen trece escuelas primarias de este tipo) se consideró el primer paso fundamental hacia una educación que hiciera hincapié en la inclusión, en lugar de la asimilación, de los alumnos de diversos orígenes culturales (Damanakis, 2002). Así, la ley permite que los colegios con una población superior al 45 % de extranjeros, emigrantes de origen griego retornados y/o refugiados se conviertan en interculturales. Estas escuelas suelen esforzarse por mantener una proporción del 40–45 % de extranjeros y del 60–55 % de alumnos nativos, con el fin de fomentar el intercambio intercultural entre los grupos étnicos griegos dominantes y los minoritarios y evitar la creación de guetos escolares (todos los 'extranjeros' juntos). Además, en las escuelas interculturales imparten docencia profesores que dominan, al menos, una de las lenguas que hablan las nacionalidades o etnias de sus alumnos. Algunos de ellos son del mismo origen étnico que los estudiantes y suelen dar clases de acogida. Igualmente, esos profesores deben tener estudios y formación específicos en educación intercultural y bilingüe, tal como define la normativa.

Sin embargo, es legítimo preguntarse si un profesor sería capaz de enfrentarse a una realidad escolar de este tipo y, al mismo tiempo, ser productivo y dar oportunidades equitativas a todos los alumnos, ya sean nativos o internacionales. La formación es la vía esencial y eficaz para que un profesor llene las lagunas, en este caso, por sus carencias fundamentales en cuanto a la instrucción básica en problemas interculturales, así como para que adquiera una educación pedagógica, que incluya la "competencia intercultural", como parte de su formación y desarrollo pedagógico generales. Además, lo que se espera de los estudiantes como miembros de una sociedad multicultural moderna es que se adapten a un entorno social en constante cambio, que establezcan relaciones con "otros", que interactúen con estudiantes de diversos orígenes culturales y étnicos, y que se enfrenten a las desigualdades sociales, los estereotipos y los prejuicios.

En consecuencia, se está trabajando para establecer un nuevo lenguaje y enfoque del papel de la educación en la sociedad. En este ámbito, las perspectivas monoculturales y etnocéntricas para la gestión de la variedad cultural se encuentran entre las primeras que generalmente se aplican para tratar la pluralidad cultural en el aula. La dificultad surge cuando los alumnos no conocen suficientemente la lengua de escolarización; y la solución, normalmente, ha sido empezar a enseñarles la lengua de estudio cuanto antes. Para aprender a cumplir con las tareas escolares, estos alumnos suelen perder elementos de su lengua e identidades culturales debido a esta metodología. Después de ese modelo, surgió el paradigma de integración. En lugar de una aniquilación completa de las raíces culturales, este se caracteriza por la retención parcial de los componentes culturales y lingüísticos de origen, aunque exclusivamente en la vida privada y no en el ámbito público. Mientras no interfiera en los fundamentos estructurales e históricos esenciales de la sociedad, la diversidad cultural se tolera e incluso se fomenta (Kesidou, 2008).

Debido al fracaso de esos modelos de asimilación e integración monoculturales o de diversidad lingüística y cultural, cada vez se tiene más en cuenta una perspectiva global en la reforma educativa. Los sistemas escolares que promueven la asimilación debilitan la capacidad de pensamiento crítico de los alumnos, crean indiferencia y arrogancia hacia los "diferentes" y sirven de caldo de cultivo para el desarrollo de estereotipos, prejuicios y racismo en el aula y fuera de ella (Markou, 2004).

2. La escuela primaria griega como agente de la educación plurilingüe e intercultural: algunas cuestiones para considerar

Durante la década de 1990, una propuesta del Consejo de Europa y la Organización de las Naciones Unidas para la Educación, la Ciencia y la Cultura (UNESCO) puso en primer plano la educación intercultural con el objetivo de consolidar valores democráticos como la libertad, la igualdad y la justicia en las instituciones educativas de todo el mundo. Según esto, las actuaciones deben guiarse por los principios de solidaridad emocional y social, la tolerancia de la diversidad cultural y la eliminación del pensamiento nacionalista, los prejuicios nacionales y los sesgos que prevalecen en el mundo actual. Desde un punto de vista educativo que tiene en cuenta los continuos cambios en la naturaleza de la sociedad, se requieren profesores que puedan adaptarse a los requisitos de sus alumnos y, al mismo tiempo, mantener un alto nivel de calidad y eficacia de la enseñanza (Zarifis y Papadimitriou, 2018).

Esto significa que, para ser eficaz, el educador debe tener "competencia intercultural". Debe tener la capacidad de estar informado y conocer otras culturas en general, así como la de reconocer la diversidad cultural en el aula y planificar y dirigir su enseñanza de acuerdo con ella. Se define de la siguiente manera: estar informado y conocer otras culturas; estar informado y conocer la realidad social; estar informado y conocer la inmigración; estar informado y conocer la exclusión (Kesidou y Papadopoulou, 2008). Las prácticas principales de la educación intercultural incluyen la integración de un componente intercultural en la educación primaria y en los programas de formación del profesorado que es ampliamente reconocida como una de las iniciativas más significativas en este campo.

Sin embargo, una investigación más profunda revela que los estudiantes que van a ser profesores en las universidades griegas solo reciben el mínimo de cursos de Pedagogía Intercultural como asignaturas obligatorias en su primer año de estudios (Liakopoulou, 2006). En consecuencia, la formación permanente podría suplir el vacío producido por la escasez de estudios básicos en este ámbito de la enseñanza pedagógica. Esa formación permanente de los profesores puede utilizarse para fomentar habilidades, perspectivas y conocimientos esenciales en los alumnos. Para que los docentes puedan cumplir con estos requisitos, es necesario establecer un proceso de formación continua, desde el momento de su entrada en la profesión hasta el momento de su jubilación, que sea descentralizado y diverso, partiendo de las necesidades identificadas por los profesores y de las prioridades educativas nacionales, y progresando a partir de esa base (Xochellis, 2002, p.5). Además, la formación debe servir de vínculo entre la investigación científica y la práctica educativa, ya que los resultados de la investigación se utilizan tanto en la planificación de los proyectos educativos como en la definición de sus metas, sus contenidos y sus métodos para alcanzar los objetivos de cada proyecto educativo, así como en la ejecución de otros de diversos tipos (Hatzipanagiotou, 2001). También pueden incluirse en el diseño de los programas de formación de profesores aspectos basados en la metodología de formación de adultos estructurada en fases. Estas fases del proceso consisten en la recopilación y el registro de las necesidades, la definición de las metas y los objetivos, la selección de los recursos, la puesta en marcha de una organización y una metodología y la determinación de los criterios de evaluación. Por lo tanto, a la hora de crear programas para profesores en activo o que vayan a serlo, es fundamental realizar previamente una investigación exhaustiva de sus necesidades de formación con el fin de apoyar su desarrollo profesional y personal.

Cabe señalar en este punto que no existe un acuerdo general sobre lo que constituye un requisito de formación en dichos programas en Grecia, ya que la línea que separa una necesidad formativa de un deseo de formación es bastante difusa. Además, las expectativas de los profesores no siempre son explícitas, no siempre se pueden abordar abiertamente y no siempre ellos mismos son conscientes de sus propias expectativas. Por lo tanto, el examen de las necesidades de formación no debe limitarse a la definición de los contenidos, sino que también debe incluir las técnicas para su aplicación, es decir, para garantizar que un programa de formación tenga éxito ahora, a diferencia del pasado (Queeney, 1995, pp. 1–2).

Como se ha explicado anteriormente, en Grecia hay escuelas construidas a propósito para acoger principalmente a alumnos de grupos étnico-culturales diversos y no nativos, mientras que los alumnos del grupo dominante no son en ese caso mayoría. Desde el punto de vista de los profesores, las dificultades de aprendizaje son como mínimo evidentes en este tipo de entorno educativo debido a la presencia de una heterogeneidad cultural reconocida. También hay centros de enseñanza primaria que aceptan un número aleatorio de alumnos de lenguas extranjeras, de orígenes y culturas diferentes. En este caso, la escuela se constituye en un lugar donde solo se enseña la lengua oficial, y es a través de esta interacción como los miembros del grupo dominante entran en contacto con los del grupo minoritario. Además, dependiendo de la situación, el potencial alumno de una clase puede ser su único 'otro alumno', mientras que otro potencial alumno puede representar al grupo que será mayoritario en otra aula. Para acoger a todos ellos y ayudarlos en la transición a un entorno escolar previamente establecido, el del grupo mayoritario, la escuela está obligada a crear un entorno acogedor (Vratsalis y Skourtou, 2000). Dado que la mayoría nacional desea imponerse a la minoría y, al mismo tiempo, es necesario que se reconozca la identidad nacional, religiosa, lingüística y cultural de todos los alumnos en general, el sistema educativo nacional puede convertirse en un punto de controversia en el contexto actual.

Algunas investigaciones demuestran que los alumnos retornados, inmigrantes pero de origen griego, se enfrentan a las exigencias de conformación de su escuela griega y de su entorno social más amplio, exigidas por la lógica de la uniformidad, con el fin de erradicar las cualidades culturales particulares que traen consigo. Los estudiantes extranjeros y retornados que consiguen superar el obstáculo de ser un 'inadecuado' y mejoran su condición de estudiante hasta ser 'excelente' o 'muy bueno' representan un porcentaje insignificante del total. Al mismo tiempo, la mayoría de las barreras aparecen en las clases de idiomas. Las relaciones entre los estudiantes y los profesores son tensas, y muchos alumnos están insatisfechos con su experiencia educativa en el país de acogida (Karabasis, 2013).

Sin embargo, la cuestión es cómo se aplicarán los conceptos y los objetivos de la educación intercultural. La implementación de los principios teóricos y su "traslación" a un nivel práctico pueden llevarse a cabo mediante diversos métodos, algunos de los cuales escapan a la esfera de competencia del profesor y otros que requieren la asistencia de un profesional de la educación con competencia intercultural. Por un lado, hay prácticas que pertenecen al nivel de la gestión política de la alteridad y están definidas por el organismo central de la política oficial, en Grecia, el Ministerio de Educación; mientras que, por otro lado, hay comportamientos que pertenecen al control social de la alteridad, definidos, asimismo, por ese organismo central de la política oficial.

Muchos investigadores en Grecia (Karabasis, 2013) sugieren que la coeducación de los estudiantes de diversos orígenes culturales en las mismas escuelas con los estudiantes del grupo mayoritario/nativo es una práctica decisiva, ya que facilita el contacto necesario al mismo tiempo que evita la marginación. Además, se deben eliminar los prejuicios y estereotipos raciales de los planes de estudio y los libros de texto y hacer hincapié, no solo en las diferencias, sino también en las similitudes, entre las civilizaciones. Para poder aplicar los principios teóricos de la educación intercultural, los profesores de idiomas deben poseer una competencia intercultural, que puede obtenerse mediante la inclusión de una dimensión intercultural en sus planes universitarios de estudios básicos o mediante la participación en programas de formación continua intercultural (Kesidou, 2008).

3. Preparación de los maestros para la escuela multicultural

El profesor "preparado interculturalmente" es aquel que puede abordar con comodidad y facilidad las cuestiones relativas a la diversidad, así como cualquier preocupación que surja de la cohabitación e interacción de los grupos etnoculturales en un mismo país. Los profesores deben poseer actitudes y principios democráticos inconfundibles, así como la capacidad de ver las situaciones desde una variedad de perspectivas (Banks, 2016). Además, en el marco de la competencia intercultural, se hace gran hincapié en la reducción de los prejuicios mediante la adopción por parte del profesor de enfoques pedagógicos alternativos que fomenten la cooperación, la autoexpresión y la activación de los alumnos (Kossivaki, 2002). Igualmente, el desarrollo de la capacidad intercultural está vinculado a la necesidad de reflexionar sobre la calidad de las interacciones de los profesores con los inmigrantes y de comprender los procesos por los que los perciben como "extranjeros", buscando y legitimando así una distancia cognitiva, emocional y social con ellos. En otras palabras, la competencia intercultural es la capacidad de combatir los procesos por los que los inmigrantes son entendidos socialmente como "extranjeros" (Govaris, 2007).

Aunque existe un acuerdo generalizado sobre la importancia de contar con instructores "interculturalmente competentes" en las aulas multiculturales contemporáneas en Grecia, no hay consenso sobre los contenidos que deberían tener los cursos básicos de los futuros profesores en los programas universitarios correspondientes. En todo caso, la dimensión intercultural se divide en tres ejes: cognitivo, didáctico y emocional (Kesidou y Papadopoulou, 2008). Más concretamente, la formación del profesorado debe tratar de educar y reflexionar sobre temas como el multiculturalismo, el racismo, la inmigración y la exclusión social, pero no solo a nivel teórico. Hay que tener en cuenta sus consecuencias prácticas. Un elemento fundamental es también la familiarización básica con las distintas culturas y el conocimiento de las relaciones entre ellas (Zeichner y Hoeft, 1996), ya que este acercamiento puede ayudar al profesor a conocer los orígenes de sus alumnos.

Una cuestión que se requiere que posea el profesor interculturalmente competente es la comprensión de los rasgos y la idiosincrasia de la comunicación intercultural. Dado que la comunicación es un proceso de exteriorización basado en la personalidad, la sociedad y la cultura, el conocimiento de los antecedentes culturales de las personas implicadas en una situación comunicativa adquiere una importancia vital, ya que sirve de base para que el emisor exteriorice sus sentimientos y creencias, a la vez que sirve de clave para el receptor. Por lo tanto, es esencial que el profesor de lenguas comprenda los códigos de comunicación de los alumnos de diversos orígenes culturales. De lo contrario, existe la posibilidad de que se produzcan malentendidos que podrían dar lugar a la marginación de esos alumnos (Kesidou y Papadopoulou, 2008).

Además, el profesor interculturalmente competente es el que podrá suavizar las fricciones del grupo, fomentar un ambiente de familiaridad y, en última instancia, la cooperación entre estudiantes culturalmente diversos. Teniendo como base la diversidad lingüística y cultural, es fundamental que los profesores establezcan conexiones entre la lengua madre de los alumnos extranjeros y la del país de acogida, ya que la lengua materna sirve de base para la segunda y, por tanto, un buen conocimiento de ella garantiza el aprendizaje más eficaz de esta última.

Sin embargo, la escuela griega exige a los estudiantes de lenguas maternas extranjeras que aprendan la lengua académica del país de acogida en un periodo de tiempo muy corto, que comprendan ideas complejas y son evaluados en este nivel, con la posibilidad de ser excluidos (Zarifis y Papadimitriou, 2018). Por otra parte, conocer dos idiomas en lugar de uno es un talento valioso en una era de comunicación internacional, y el bilingüismo también beneficia el desarrollo de la inteligencia, del pensamiento crítico y de la capacidad translingüística en el nivel cerebral, como indican las investigaciones (Kesidou, 2008).

Los estudios realizados en Grecia demuestran la necesidad del plurilingüismo y la interculturalidad en los programas de formación básica del profesorado. Algunos estudios constatan la imposibilidad de los profesores para aplicar los conceptos de la educación intercultural debido a la falta de preparación (Kesidou y Papadopoulou, 2008) o al insuficiente apoyo de la formación continua de los profesores (Papanaoum, 2011). También se sienten incapaces, inseguros y estresados, y gestionan los problemas en el aula multicultural basándose únicamente en su experiencia (Papanoum, 2004). Estos defectos se originan en el hecho de que el Estado parece descuidar la evolución social, los requisitos escolares y las cualificaciones por él establecidas para acceder a la profesión docente cuando crea los planes de estudios para la formación del profesorado (Liakopoulou, 2004). También es necesario intervenir en los programas de formación continua para promover la competencia intercultural. Pero esa formación no compensa totalmente las carencias de los estudios básicos. Limitar la instrucción en competencia intercultural a esto minimizaría su función y su relevancia. Además, la formación por sí sola no proporciona soluciones sencillas ni recetas para resolver los problemas de las aulas. Sin embargo, hoy en día, especialmente en Grecia, la formación se considera una panacea, y se exagera su potencial, mientras que su carácter oportunista socava el vínculo continuo esencial con la actuación docente (Papanoum, 2003). La especialización resulta menos relevante si no hay una formación pedagógica inicial.

4. Metodología

La parte teórica de este capítulo ha establecido la importancia de dotar a las escuelas modernas de instructores que posean una competencia intercultural, que puede obtenerse mediante la formación. En la actualidad, la variedad cultural de las naciones modernas es el resultado de la frecuente y generalizada movilidad de la población, la cual altera las estructuras sociales de los países de acogida de los inmigrantes y los repatriados. En las culturas multiculturales contemporáneas se produce un cambio significativo en la composición de la población escolar y, por tanto, en la función de la escuela y del profesorado. El carácter de la escuela, en particular, determina el perfil del profesor con éxito. Por lo tanto, es importante que los docentes que trabajan en centros con una población estudiantil heterogénea posean conocimientos, perspectivas y habilidades especiales basados en los principios de la educación intercultural y que obtengan buenos resultados mediante la aplicación de prácticas adecuadas. La eficacia se define como la provisión de oportunidades educativas equitativas para todos los niños, independientemente de su origen; la adaptación de la instrucción a los requisitos únicos de cada estudiante y, en última instancia, combatir y erradicar la violencia escolar, el racismo y el abandono de los estudiantes. Sin embargo, a pesar de que esta "equipación" es necesaria para el instructor, no se le da, al menos, en el nivel elemental. No obstante, la cuestión tiene solución.

Afirmar que la formación continua compensa la falta de formación inicial de los instructores puede ser demasiado simplista. Aunque tiene el objetivo de completar a esta última, no es una panacea. La formación es un componente de un proceso más amplio de desarrollo profesional del profesorado que implica actividades de instrucción continua y autodesarrollo. Sin embargo, a menudo, esas actividades formativas se crean sin tener en cuenta a quién van dirigidas por lo que el contenido, la duración, la técnica, los actores y otros aspectos se establecen de forma arbitraria y sin considerar las necesidades específicas del grupo meta.

Sin embargo, cuando un programa de formación se planifica en torno a las necesidades conocidas de los alumnos e incorpora sus aportaciones, tiene más éxito. Por ello, el paso de determinar las necesidades formativas es fundamental a la hora de elaborarlo. Por último, hay que señalar que los profesores son los que más dificultades tienen en su trabajo, ya que dependen del lenguaje como instrumento fundamental y su carencia genera problemas. Esta es la razón de que se decidiera investigar las necesidades de formación de los profesores que trabajan en centros con una población estudiantil heterogénea.

En la sección anterior de este capítulo se ha intentado explicar la composición multicultural de la escuela moderna, que exige a los profesores una "competencia intercultural" para desempeñar su trabajo con eficacia. A continuación, y debido a que los estudios iniciales de los profesores no proporcionan una formación suficiente en el campo específico de la pedagogía, se demostró que, para compensar esta deficiencia, la formación continua puede producir resultados significativos, siempre que se cumplan ciertas condiciones básicas en su diseño e implementación. El primer requisito, y el más crítico, es el examen de las demandas de la población objetivo. Es fundamental identificar de antemano las necesidades a

las que responderá una actividad de formación. Hay que subrayar que la determinación de esas necesidades no debe limitarse a la identificación de los temas
que requieren instrucción. Además de ellos, este procedimiento debe establecer
la técnica, la duración e incluso la organización en la que se impartirá la instrucción. Así, cuando todos los factores mencionados se incluyen en el diseño de un
programa formativo, la probabilidad de obtener resultados favorables aumenta.
Por último, a pesar de la continua demostración de la necesidad de investigar los
requisitos de formación en la literatura académica, la realidad griega y las organizaciones competentes no parecen prestar la debida atención a este asunto. En
concreto, la Organización de Formación del Profesorado-OEPEK y el Instituto
Pedagógico, dos entidades encargadas de supervisar el aspecto más crítico de
la formación del profesorado, han realizado estudios comparables a este en los
últimos años.

El objetivo principal de esta investigación es documentar las exigencias de
formación de los profesores que trabajan en escuelas primarias con alumnos
internacionales e hijos de emigrantes retornados. Sus objetivos específicos son
establecer las demandas educativas de los alumnos según las definen los profesores de acuerdo con su género, edad, experiencia profesional, cursos de educación
básica impartidos y formación adicional recibida. En consecuencia, las preguntas de investigación que se examinan aquí son las siguientes:

- ¿Existen diferencias en las demandas expresadas en función del género o de
  los años de experiencia laboral?
- ¿Existen diferencias en las exigencias de formación según la experiencia
  docente anterior y la formación continua?
- ¿Existen diferencias en la adquisición del idioma entre sus alumnos nativos y
  no nativos?

En cuanto a la finalidad y los objetivos específicos de la investigación, se clasifica
como descriptiva. La técnica descriptiva más adecuada y utilizada en la investigación educativa es la visión de conjunto, que recoge datos en un momento
determinado para explicar la naturaleza de las situaciones actuales o para identificar las constantes con las que se pueden contrastar las condiciones existentes o
establecer correlaciones entre distintos sucesos. En este caso se eligió el cuestionario como instrumento de recogida de datos, ya que es el método más utilizado
para las encuestas, pues permite recoger información de grandes muestras en
poco tiempo y mantener el anonimato. Para documentar las necesidades explícitas de formación, se emplearon preguntas cerradas con respuestas estandari-
zadas. Este es el método ascendente, en el que esas necesidades de formación
son identificadas y expresadas por los propios profesores. Es el más apropiado

para identificar las necesidades implícitas, como se indica en la sección teórica del trabajo.

Como se ha dicho anteriormente, el objetivo de la investigación es identificar las áreas en las que los profesores que enseñan en entornos multiculturales deberían recibir formación adicional. Uno de los métodos para documentar las demandas es formular preguntas con respuestas estándar sobre estos temas o utilizar preguntas de escala para evaluar los retos cotidianos de sus actividades educativas. Sin embargo, en esta situación se trata de identificar las exigencias explícitas de los participantes tal y como ellos mismos las definen y evalúan. Para la recogida de datos se utilizaron encuestas en línea. Se enviaron 312 cuestionarios por correo electrónico, de los cuales se completaron 110 (35.25 %). La encuesta comenzó a mediados de febrero y finalizó a principios de mayo de 2021, con el objetivo de recopilar los siguientes datos: información personal sobre los participantes, como su género, experiencia docente, cursos impartidos, educación básica y formación continua recibidas, las necesidades de formación de los participantes según sus propias evaluaciones y sus opiniones sobre las consecuencias académicas y sociales de las situaciones planteadas en el estudio.

El cuestionario se diseñó y redactó en colaboración con la Universidad de Alicante, la Università Roma Tre y el l'ISFEC-St-Saint François d'Assise de Burdeos, tras una evaluación de la bibliografía pertinente. Las preguntas se elaboraron de forma que no hubiera discrepancias por falta de claridad o confusiones. Los participantes respondieron de forma anónima.

En los párrafos siguientes, comentaré algunos de los resultados de la encuesta realizada en Grecia en relación con los tres temas de estudio indicados anteriormente.

5. Discusión de los principales resultados

El análisis y las pruebas de los datos se realizaron con el programa SPSSv25. De los 110 encuestados, la mayoría (49.1 %) tenía más de 16 años de experiencia en la enseñanza primaria, mientras que el 39.1 % impartía clases en el 6º (último) curso de la escuela primaria griega (53 encuestados en total). Del total de encuestados, 74 eran mujeres (67.3 %) y 36 hombres (32.7 %). De los que cuentan con más de 16 años de experiencia, 12 son hombres (22.2 %) y el resto son mujeres (77.8 %).

La mayoría de todos los encuestados (61 %) han tenido poca o ninguna formación en la enseñanza de segundas lenguas (28.2 % y 31.8 %, respectivamente) en sus estudios universitarios básicos, mientras que el 33.7 % afirmó haber recibido la formación pertinente en programas financiados por el Estado y organizados

226   George K. Zarifis

por el Ministerio de Educación u otros planes de formación profesional *ad hoc* pertinentes.

En cuanto a las posibles diferencias en la formación previa en la enseñanza de segundas lenguas en relación con el género, el análisis no mostró nivel estadístico de significación para ninguna de las variables relevantes (Chi-cuadrado >0,5). Sin embargo, la experiencia docente tiene un nivel estadístico de significación cuando se compara con las respuestas relativas a la formación en segundas lenguas en los estudios universitarios básicos (Chi-cuadrado=0,003), como se muestra en la tabla 1.

Tabla 1. Comparación de la variable de la experiencia docente con la formación en L2 en la formación inicial universitaria

		Experiencia docente			
		Menos de 8 años	Entre 9 y 16 años	Más de 16 años	Total %
Formación Universitaria en L2	Ninguna	1.9	6.3	20.0	28.2
	Poca	8.1	7.2	16.3	31.6
	Moderada	4.5	6.5	5.4	16.4
	Mucha	12.8	3.6	7.4	23.8
Total		27.3	23.6	49.1	100.0

Fuente: Elaboración propia del autor

Lo mismo ocurre cuando se compara la experiencia docente con las respuestas relativas a la formación en una segunda lengua como parte de la formación profesional continua de los encuestados (Chi-cuadrado=0), como se muestra en el gráfico 1, en el que se compara la variable de experiencia docente con la formación en L2 en programas de formación continua.

Bar Chart

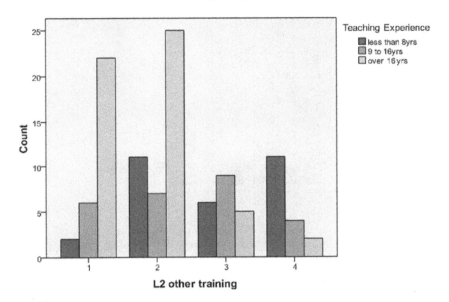

Gráfico 1. Comparación de la variable de experiencia docente con la formación en L2 en programas de formación continua

Fuente: Elaboración propia del autor

Los resultados han mostrado esencialmente que cuanto mayor es el nivel de experiencia docente (más de 16 años), menor es la formación en la enseñanza de segundas lenguas. Los encuestados con menos de 8 años en activo parecen estar mejor capacitados para afrontar los retos de la enseñanza de segundas lenguas.

No obstante, los resultados no mostraron ninguna significación estadística cuando se compara la experiencia docente con las necesidades expresadas por los encuestados en cuanto a la inclusión de la formación multilingüe y multicultural en la educación universitaria básica (Chi-cuadrado=0,6´, como se muestra en el gráfico 2, o la formación multicultural y de la diversidad cultural en el desarrollo profesional continuo (Chi-cuadrado=0,92), como se muestra en el gráfico 3.

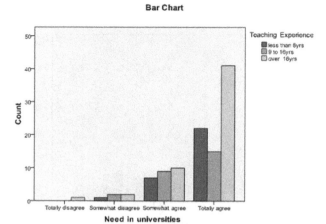

Gráfico 2. Comparación de la variable de experiencia docente con la opinión de los participantes sobre la inclusión de asignaturas sobre multiculturalidad y multilingüismo en la formación universitaria básica

Fuente: Elaboración propia del autor

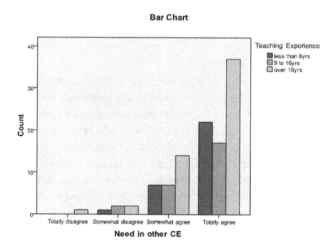

Gráfico 3. Comparación de la variable de experiencia docente y la opinión de los participantes sobre la inclusión de cursos en multiculturalidad y multilingüismo en los programas de formación permanente

Fuente: Elaboración propia del autor

Este resultado confirma esencialmente que la mayoría de los encuestados, independientemente de su experiencia docente, están de acuerdo en que la formación multilingüe y multicultural es esencial tanto en los estudios universitarios básicos como en los programas de desarrollo profesional continuo.

Por último, y también importante, el análisis mostró que, según los participantes, las diferencias de aprendizaje entre los estudiantes nativos que tienen el griego como lengua materna y los estudiantes de origen étnico-cultural diverso cuya lengua materna es distinta del griego, existen tanto en lo que respecta a la dificultad de los estudiantes no nativos para aprender una segunda lengua (Chi-cuadrado=0), como en lo que respecta a su adaptación social (Chi-cuadrado=0), como muestran el gráfico 4 y la tabla 2, respectivamente.

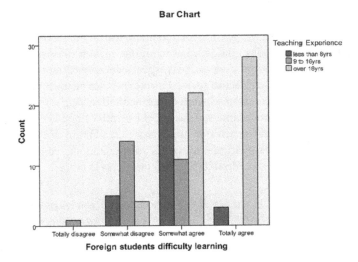

Gráfico 4. Comparación de la variable de la experiencia docente con la opinión de los encuestados sobre las dificultades de aprendizaje de la lengua por los estudiantes extranjeros

Fuente: Elaboración propia del autor

Tabla 2. Comparación de la variable de experiencia docente y la opinión de los docentes sobre la dificultad de adaptación social de los alumnos extranjeros

		Experiencia docente			Total %
		Menos de 8 años	Entre 9 y 16 años	Mas de 16 años	
Dificultad de adaptación de los estudiantes extranjeros	Total desacuerdo	2.9	2.8	3.7	9.4
	Desacuerdo	3.6	11.8	8.2	23.6
	Acuerdo	19.0	9.1	19.0	47.1
	Muy de acuerdo	1.8	0	18.1	19.9
Total		27.3	23.7	49.0	100.0

Fuente: Elaboración propia del autor

Estos datos demuestran que, independientemente de sus años en activo, la mayoría de los encuestados está de acuerdo en que existen diferencias entre los alumnos de primaria nativos y no nativos respecto del aprendizaje de la lengua y también en cuanto a la adaptación social. En este caso, los encuestados tienden a creer que los alumnos no nativos tienen más dificultades.

Lo que también es interesante señalar en este punto es que la opinión de los participantes sobre las diferencias de aprendizaje en función del género de los alumnos también es estadísticamente significativa cuando se compara con sus años de servicio (Chi-cuadrado=0,008), como muestra la tabla 3.

Tabla 3. Comparación de la variable de experiencia docente con la opinión de los participantes en cuanto a las diferencias de aprendizaje de la lengua según el género de los estudiantes extranjeros

		Experiencia docente			Total %
		Menos de 8 años	Entre 9 y 16 años	Mas de 16 años	
Diferencias de los estudiantes extranjeros en cuanto al género	Total desacuerdo	1.9	0	11.0	12.9
	Desacuerdo	9.0	11.1	18.2	38.3
	Acuerdo	15.3	11.8	13.6	40.7
	Totalmente de acuerdo	0.9	0.9	6.3	8.1
Total		27.1	23.8	49.1	100.0

Fuente: Elaboración propia del autor

Esta conclusión sugiere que existen diferencias entre hombres y mujeres en el aprendizaje de idiomas entre los alumnos de primaria no nativos, pero no se indica si son las chicas o los chicos los que realmente tienen más dificultades.

6. Conclusión

En Grecia, la escuela primaria se enfrenta a un reto: la diversidad cultural y étnica. Debe abordar una serie de problemas de gestión, además de las dificultades inherentes a la institución educativa. Es fundamental contar con un equipo docente flexible, bien formado y especializado para resolver estos retos. Es decir, instructores capaces de abordar la diversidad cultural y lingüística en sus clases. Junto con su capacidad para gestionar estas circunstancias, los profesores deben, además, ser capaces de diversificar su enseñanza logrando la individualización de las necesidades de sus alumnos, deben tener la flexibilidad para modificar la programación y los criterios de evaluación y la capacidad para enseñar la lengua griega a los alumnos que carecen de la competencia lingüística fundamental en ese idioma. En otras palabras, ser capaces de aprovechar las diferencias, cultivar el conocimiento y el aprecio por la variedad, respetando al mismo tiempo las normas democráticas y éticas. Para obtener estas cualificaciones, es necesario que adquieran una "competencia intercultural".

Los profesores que trabajan en entornos multiculturales deben poseer competencias interculturales para ofrecer igualdad de oportunidades educativas a todos los alumnos y, al mismo tiempo, fomentar la conciencia y la aceptación de las diferencias. Los maestros deben ser profesionales altamente cualificados que se comprometan a proporcionar una enseñanza de alto nivel. Para ello, necesitan una formación profesional urgente y continua. La situación griega ejemplifica la escasa contribución de la instrucción básica a los estudios interculturales. Por ello, la formación es fundamental para dotar a los profesores de lenguas de la escuela primaria de las habilidades y los conocimientos necesarios para su trabajo diario.

El objetivo de la encuesta, cuyos resultados se han resumido en este capítulo, era conocer las necesidades de formación de los profesores de lengua de las escuelas primarias griegas que cuentan con una población estudiantil multicultural y multilingüe, tal y como las determinan ellos mismos, así como la influencia de factores como su género, su edad, su experiencia docente y su formación académica.

Según los resultados del estudio, los profesores participantes muestran un interés entre alto y muy alto por la formación, lo que confirma su actitud positiva hacia la misma, de la que a menudo esperan una solución a sus problemas actuales. Además, otras investigaciones realizadas en Grecia constatan esa acti-tud hacia la formación y el crecimiento (Papanaoum, 2003). Al mismo tiempo, casi seis de cada diez encuestados están de acuerdo en que se les ofrezca forma-ción continua, lo que indica un deseo de aprender permanentemente sobre su trabajo. Además, la mayoría de los encuestados coincide en que los programas de formación profesional continua deberían incorporar el multilingüismo y el multiculturalismo en sus planes de estudio.

Aunque la conexión directa con la actividad didáctica y pedagógica es fun-damental para la eficacia de la formación, los participantes también deben tener posibilidades de colaboración y autoactuación. Por otra parte, los métodos teóricos para la formación temática, como las conferencias y el uso de la jerga académica, no parecen ser tan eficaces y deberían evitarse siempre que sea posi-ble. Debido al carácter teórico de la formación recibida, parecen estar menos inclinados que otros profesionales a buscar instrucción para resolver sus retos, a pesar de que, con regularidad, están muy interesados en mejorar su eficacia en la profesión educativa.

Hay que tener en cuenta numerosos factores, empezando por la adquisición del idioma y la integración social de los estudiantes internacionales. Se trata de obstáculos críticos porque la docencia es una actividad que depende totalmente del uso de la lengua. Algunos profesores abordan una dificultad lingüística en un alumno de lengua extranjera de la misma manera que lo harían con un alumno cuya lengua materna es el griego. La competencia en la enseñanza del idioma del país como lengua extranjera a estudiantes que no son nativos es una necesidad inmediata de formación.

A pesar de sus limitaciones, el estudio demuestra la importancia de que los instructores ubiquen sus identidades profesionales en entornos multicultura-les, ya que esto tiene un impacto directo en su eficacia docente. Según estudios relevantes realizados en Grecia, la forma de que un programa de formación sea beneficioso parece depender de que esté dictado por las demandas de los profe-sores participantes a quienes está dirigido (Papanoum, 2003). Además, hay que incluir a los alumnos en el diseño del programa, que debería tener lugar durante el horario escolar para garantizar una evaluación objetiva de los maestros. Aparte de esto, es ventajoso proporcionar un marco teórico limitado porque, por un lado, los profesores tienen fácil acceso a la bibliografía; y, por otro, la importante brecha entre la teoría y la práctica los inclina a buscar soluciones prácticas. El carácter vivencial de las actividades de cooperación y de autoactuación, así como el desarrollo y la presentación de las mejores prácticas, contribuyen significativa-mente a maximizar la eficacia.

En conclusión, los profesores que participaron en la encuesta solo recibieron una formación superficial en materia de educación intercultural, por lo que son incapaces de enfrentarse eficazmente a los problemas cotidianos que surgen en sus aulas como consecuencia de la presencia de alumnos extranjeros o no nativos.

Referencias bibliográficas

Banks, J. A. (2016). *Cultural diversity and education: Foundation, curriculum, and teaching.* Routledge.

Kossivaki, F. (2002). The contribution of general didactics in matters of intercultural and bilingual education and learning. *DiapolitismikiEkpaidefsi*, 2(1), 37–45. (in Greek)

Damanakis, M. (2002). *The education of repatriated and foreign students in Greece: an intercultural approach.* Gutenberg. (in Greek)

Govaris, C. (2007). Intercultural Pedagogy. In N. Mitsis, D. Benekos (Eds.) *Otherness in the Classroom and Teaching of Greek Language and Mathematics: The Case of Roma Children. An Educational Guide.* (pp.23–37). Eptalofos. http://repository.edulll.gr/edulll/bitstream/10795/156/3/155.pdf(in Greek)

Hatzipanagiotou, P. (2001). *Teacher training: issues of organization, planning and evaluation.*Typothito-Dardanos. (in Greek)

Karabasis, N. (2013). *Investigation of training needs of language teachers in multicultural schools.* Unpublished postgraduate thesis. Aristotle University of Thessaloniki. AUTH Repository. https://ikee.lib.auth.gr/record/132047/?ln=en (in Greek)

Kesidou, A. (2008). Intercultural education: an introduction. In Z. Papanaoum. (Ed.) *Inclusion of returnee and foreign children in school: Training Guide.* (pp. 21–36). Ministry of Education/Lithografia. https://www.pi.ac.cy/pi/files/epimorfosi/program/defteri_glossa/synedrio/dimosieuseis/odigos_epimorfosis_diapolitismiki.pdf (in Greek)

Kesidou, A., Papadopoulou, V. (2008). The intercultural dimension in basic teacher education: Necessity and applications. *PaidagogikiEpitheorisi*, 45(2), 37–55. (in Greek)

Liakopoulou, M. (2004). Pedagogical and didactic training of candidate teachers in Greece: Content and organization of curricula. Paper presented at the 3rd International Conference on Educational History, Laboratory of the Historical Archive of Modern Greek and International Education of the University. (in Greek)

Liakopoulou, M. (2006). *The intercultural dimension in teacher education. Theoretical and empirical approach.* Kyriakidis. (in Greek)

KEDA/University of Athens. (in Greek)

Markou, G. (2004). The necessity of new pedagogical and institutional approaches in modern multicultural societies. In T. Papakonstantinou, A. Lambraki-Paganou (Eds.), Curriculum and educational work in Secondary education: Theory, practice and evaluation of educational work. (pp. 98–108). University of Athens. (in Greek)

Papanoum, Z. (2003). *The teaching profession: theoretical and empirical approach,* Typothito-Dardanos. (in Greek)

Papanoum, Z. (2004). *Primary Schools and Gymnasiums with a multicultural composition of the student population. First assessments from the conduct of training seminars for teachers.* Paper presentation at the Conference on "Education of returnees and foreign students: Dissemination of results", Thessaloniki, 24.1.2004. (in Greek)

Papanoum, Z. (2011). Teacher education and teaching in the multicultural School. In V. Economidis (Ed.), *Teacher education and training. Theoretical and research approaches.* (pp. 284–298). Pedio. (in Greek)

Queeney, D. S. (1995). *Assessing Needs in Continuing Education: An Essential Tool for Quality Improvement.* Jossey-Bass.

Vratsalis, K., Skourtou, E. (2000). Teachers and students in classes of cultural diversity: Learning issues. *EkpaideftikiKoinotita,* 54(1), 26–33. (in Greek)

Xochellis, P. (2002). Teacher training in Greece: Data, conditions and proposals, *Chronika of the Experimental School of the University of Thessaloniki.* 12(1), 3–10. (in Greek)

Zarifis, G. K., Papadimitriou, A. (2018). How much cultural diversity is embraced in European higher education? Growing challenges, policy interventions and pedagogical approaches for migrant and ethnic minority students. In V. Korhonen and P. Alenius (Eds.), *Internationalisation and Transnationalisation in Higher Education, Studies in Vocational and Continuing Education Series,* (pp. 194–210). Peter Lang. https://doi.org/10.3726/b11212

Zeichner, K. M., &Hoeft, K. (1996). Teacher socialization for cultural diversity. In J. Sikula, T. Buttery, & E. Guyton (Eds.), *Handbook of research on teacher education* (2nd ed., pp. 525–547). Macmillan.

BIOS

Bernard Hugonnier. Doctorado en Economía, Universidad Paris IX- Dauphine; Máster en Economía Pittsburgh University; Máster en Economía, Universidad Paris IX Dauphine. Director de Whiteshield Partners, con más de treinta años de experiencia en cuestiones de comercio, inversiones, flujos de capital, mercados emergentes, educación y agricultura. Miembro del Consejo Científico del Gobierno francés. Tras ejercer la docencia en París IX, París IV y Sciences-Po y trabajar en las direcciones de economía, asuntos financieros y fiscales, desarrollo regional, urbano y rural, y comunicación y relaciones públicas, Bernard Hugonnier fue director adjunto de la Dirección de Educación de la OCDE (2002–2012). Actualmente es profesor de Ciencias de la Educación en el Instituto Católico de París (L1 y L2) y director de tesis, consultor internacional en educación y economía, miembro de redes y asociaciones de investigación en el ámbito de la educación y miembro del Comité Directivo del Fondo de Pensiones de la OCDE.

María Fernanda Medina Beltrán. Egresada de Relaciones Internacionales por el Instituto Tecnológico y de Estudios Superiores de Occidente (ITESO), México y máster en Derechos Humanos y Paz por la misma institución. Especializada en el estudio de personas en situación de movilidad humana, especialmente niños, niñas y adolescentes migrantes no acompañados. Amplia experiencia en el campo de la cooperación y los derechos humanos en distintas organizaciones en México, España y Estados Unidos.

Antonio López Vega. Profesor titular de Historia Contemporánea de la Universidad Complutense de Madrid y director del Instituto Universitario de Investigación Ortega y Gasset-Marañón. Doctor por la UCM. Profesor visitante en la Universidad de Guadalajara, México, Universidad Católica de Argentina, Universidad de la Provincia de Buenos Aires; Universidad Santo Toribio de Mogrovejo (Perú). Visiting Scholar en St. Antony's College, Universidad de Oxford. Investigador principal del proyecto: "La biografía como género en la Edad Contemporánea: España, Argentina, México" del Ministerio de Ciencia, Innovación y Universidades del Estado Español (HAR 2017-89291-P) para los años 2018–2020. Investigación en biografía, historia de los intelectuales, de la ciencia y de la medicina. Su actividad investigadora fue reconocida con el Premio "Julián Marías" de Humanidades de la Comunidad de Madrid en su edición de 2012.

Viviane Devriésère es doctora en Lengua y Literatura Francesas y especialista en el estudio de los estereotipos en la literatura infantil europea. Es miembro del Seminario Bretón de Investigación Colaborativa en Educación, miembro del RUIPI de Roma Tre e investigadora del ISFEC François d'Assise. Es experta en varias agencias europeas y fue cofundadora de la asociación Evalue, Asociación de expertos y evaluadores de la Unión Europea, de la que ahora es presidenta.

Rosabel Roig-Vila. Doctora en Pedagogía y catedrática de la Universidad de Alicante, en la que ha sido decana de la Facultad de Educación y directora del Instituto de Ciencias de la Educación. Presidenta de la Comisión de Acreditación del Sello Internacional de Calidad en Enseñanzas No Presenciales e Híbridas (ENPH) de la Agencia Nacional de Calidad de España. Editora de la *Journal of New Approaches in Educational Research* y directora del Grupo de Investigación Interdisciplinar en Docencia Universitaria-Educación y Tecnologías de la Información y Comunicación/Educación Inclusiva (GIDU-EDUTIC/IN).

Diego Xavier Sierra Pazmiño. Doctor por la Universidad de Alicante (Programa Investigación Educativa). Profesor de la Facultad de Filosofía, Letras y Ciencias de la Educación de la Universidad Central del Ecuador. Es colaborador del Grupo de Investigación Interdisciplinar en Docencia Universitaria-Educación y Tecnologías de la Información y Comunicación/Educación Inclusiva (GIDU-EDUTIC/IN) de la Universidad de Alicante.

José Luis Cazarez Valdiviezo. Doctor por la Universidad de Alicante (Programa Investigación Educativa). Profesor de la Facultad de Filosofía, Letras y Ciencias de la Educación de la Universidad Central del Ecuador. Es colaborador del Grupo de Investigación Interdisciplinar en Docencia Universitaria-Educación y Tecnologías de la Información y Comunicación/Educación Inclusiva (GIDU-EDUTIC/IN) de la Universidad de Alicante.

Mª Teresa del Olmo Ibáñez. Doctora en Metodologías Humanísticas y Máster en Ciencias de la Documentación. Profesora de la Universidad de Alicante. Investigadora adscrita al Instituto Universitario de Investigación Ortega y Gasset-Marañón. Pertenece al Laboratorio de Investigación Melpomene de la Università Roma Tre y al Grupo de Investigación Interdisciplinar en Docencia Universitaria-Educación y Tecnologías de la Información y la Comunicación/Educación Inclusiva (GIDU-EDUTIC/IN) de la Universidad de Alicante. Ha impartido docencia en Middlebury College, Università Roma Tre, Università de La Sapienza, Escuela Politécnica de Oporto, Programa en Alicante de Duke

University. Líneas de investigación: Didáctica de la Lengua y la Literatura, Teoría literaria, Biografía, humanismo y educación. Ha participado en diversos proyectos de investigación, comités científicos y comisiones de evaluación de proyectos internacionales y publicaciones nacionales e internacionales.

Alejandro Cremades Montesinos. Graduado en Español: Lengua y Literaturas en 2015 con máster en Profesorado de Secundaria, Formación Profesional e Idiomas en 2018 por la Universidad de Alicante. Becado por el Ministerio de Educación de la República de China (Taiwán) para el programa HUAYU 2016 donde estudió la lengua china y su cultura en la National Taiwan Normal University Mandarin Training Center (臺灣師範大學國語教學中心). Ha formado parte y colaborado con el grupo de investigación en innovación didáctica Didaclinguas para el estudio de metodologías didácticas para la lectura y la escritura. Investigación: formación de profesores de Primaria en L2 y plurilingüismo.

Raúl Gutiérrez Fresneda. Es profesor titular en la Facultad de Educación de la Universidad de Alicante. Es docente de amplia experiencia en las etapas de Educación Infantil y Primaria, así como en la enseñanza Universitaria. Ha impartido numerosos cursos de formación a profesores de todos los niveles educativos. Su línea de investigación está centrada en el proceso de adquisición de las habilidades lingüísticas y en las dificultades y trastornos de aprendizaje. Es autor de diferentes publicaciones en revistas de alto impacto, libros y proyectos editoriales, también ha participado en numerosos congresos nacionales e internacionales.

Martine Rebiere-Cornet. Doctora en Literatura Francesa, Francófona y Comparada. Catedrática y formadora en el ISFEC-François d'Assise, encargada del curso de Estilística y de la preparación de los exámenes escritos y orales para el Capes-Cafep de Letras Modernas. Asociada al Centro Universitario de Investigación del IC-Toulouse. Directora de tesis de máster en PE y Literatura Moderna en el ISFEC-François d'Assise. Publicaciones [MEA1] y participación en conferencias con posteriores publicaciones.

Alexandra Marti. Doctora por la Universidad de Alicante y la Universidad Sorbonne-Paris-Cité. Profesora ayudante doctora en el Departamento de Filologías Integradas de la Universidad de Alicante. Imparte docencia en el Grado de Estudios franceses, el Grado de Traducción e Interpretación, el Grado de Maestro en Educación Primaria y en el Máster del Profesorado. Líneas de investigación: política de plurilingüismo en las instituciones educativas, aprendizaje y adquisición de FLE y de ELE, tratamiento del error y el *feedback* correctivo (FC), optimización didáctica para promover la educación plurilingüe.

Vincenzo A. Piccione. Catedrático del Departamento de Ciencias de la Educación, Universidad Roma Tre. Coordina las actividades de investigación y experimentación del Laboratorio de Investigación "Melpomene". Imparte docencia en materias estratégicas, metodológicas y técnicas para profesiones socioeducativas; es miembro del Consejo Departamental de la Escuela Internacional de Doctorado del Departamento de Educación de la Universidad Roma Tre. Dirige/participa y es solicitante/socio de proyectos financiados nacionales/internacionales. Miembro de congresos y comités científicos de revistas, revisor internacional de revistas de clase A, evaluador de proyectos de investigación para el Ministerio de Educación italiano. Autor de libros y artículos de contenido pedagógico.

Marina Geat. Catedrática del Departamento de Ciencias de la Educación, Universidad Roma Tre. Becada por el Gobierno francés para realizar investigaciones en la Universidad de París III – Sorbona Nueva. Diplôme d'Etudes Approfondies (D.E.A.) en "Artes Escénicas" por la Universidad de París III – Sorbona Nueva. Doctora en Estudios Franceses por la Universidad de Roma "La Sapienza". Ha impartido docencia en la Universidad de Salerno. Miembro del Consejo Docente de los cursos de doctorado de la Universidad de Salerno "Textos y lenguas en las literaturas de Europa y América" y "Estudios literarios y lingüísticos". Evaluadora Erasmus para cursos de estudio en el ámbito educativo-pedagógico. Autora de libros y artículos de contenido lingüístico- cultural y literario.

Romina De Cicco. Profesora de Pedagogía Clínica en la Università Niccolò Cusano, coordina y supervisa las actividades de educación e integración de las maestras de jardín de infancia del Ayuntamiento de Roma; ha trabajado en diferentes tipos de equipos, en grupos y redes de investigación nacionales e internacionales. Experta en la selección de enfoques pedagógicos y herramientas didácticas en actividades interculturales y de mediación. Investiga en recursos didácticos diseñados para promover las competencias interculturales y cívicas de los niños, las competencias sociales de los jóvenes y los profesores, las competencias digitales de los profesores y formadores. Autora de libros y artículos de contenido pedagógico.

George K. Zarifis es catedrático de Educación Permanente en la Universidad Aristóteles de Tesalónica. Sus líneas de investigación se centran en la formación y profesionalización de los educadores de adultos, la educación continua universitaria, el examen comparatista de las políticas y prácticas de aprendizaje de adultos y de educación y formación profesional (EFP) en Europa. Es co-convocante de la Red de Investigación ESREA sobre el Desarrollo Profesional de Educadores de Adultos y Formadores Profesionales (ReNAdET). Investiga, publica, edita y es coautor en el área de la educación de adultos y continua y la EFP, y participa en un gran número de proyectos y estudios financiados por Europa en el mismo campo.